U0530798

本书由兰州中和集团提供出版资助

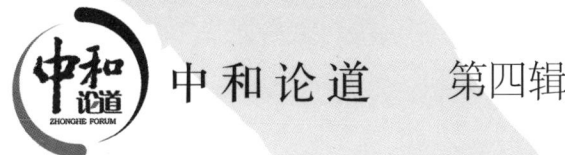

中和论道　第四辑

生命与生成

主　编　师庭雄
副主编　王　珅　田　希

文明的更替与思想的坐标
希腊悲剧精神
中庸之道与中和之境
《庄子·天下篇》首章释读
休谟问题
中医体系对生命的认知
人是什么

中国社会科学出版社

图书在版编目(CIP)数据

中和论道.第四辑,生命与生成／师庭雄主编.—北京:中国社会科学出版社,2019.12(2020.6重印)
ISBN 978-7-5203-5740-1

Ⅰ.①中⋯ Ⅱ.①师⋯ Ⅲ.①哲学—文集 Ⅳ.①B-53

中国版本图书馆CIP数据核字(2019)第270046号

出 版 人	赵剑英
责任编辑	冯春凤
责任校对	张爱华
责任印制	张雪娇

出　　版	中国社会科学出版社
社　　址	北京鼓楼西大街甲158号
邮　　编	100720
网　　址	http://www.csspw.cn
发 行 部	010-84083685
门 市 部	010-84029450
经　　销	新华书店及其他书店
印　　刷	北京君升印刷有限公司
装　　订	廊坊市广阳区广增装订厂
版　　次	2019年12月第1版
印　　次	2020年6月第2次印刷
开　　本	880×1230 1/32
印　　张	7.25
插　　页	4
字　　数	200千字
定　　价	49.00元

凡购买中国社会科学出版社图书,如有质量问题请与本社营销中心联系调换
电话:010-84083683
版权所有　侵权必究

序

我的爷爷和父亲都曾在大学任教，爷爷洪毅然是美学教授，父亲洪元基是外语教授，我也算是生长在知识分子家庭。从小时候起，就常常听爷爷、父亲和一些长辈们讨论一些很深奥的问题，诸如宇宙的本原、精神和物质、善与恶、美与丑、美的本质、世界是无限的还是有限的……

时常觉得这些问题神秘而有趣，自己也试着思考一些这个方向的问题，觉得思考这类问题好像更能让人透过现象较清晰地看到事物的本质和规律，可以让人有种超越现实的精神力量。

我觉得学习和思考哲学能使人在各个领域都比较快地把握本质和规律，也就能让人心智明确、理解得当，方法正确，身心能够更和谐，生活和工作更顺利。尽管我现在的工作与哲学没有直接的联系，但作为智慧之学，我一直对哲学问题保持浓厚的兴趣，对哲学保持一种神秘的敬畏……

2015年秋季，西北师范大学党委书记陈克恭同志倡议要尽可能活跃学校的学术活动，希望哲学在提升大学学术品位中发挥引领作用；哲学系李朝东教授与我商议，在西北师范大学组织一个哲学沙龙，我们一拍即合，并商定沙龙名称叫"中和论道"。我觉得这个沙龙应该能给西北师范大学增添一张学术名片，也能丰富大学的学术交流活动，给学校营造学术氛围，给师生提供一个交流学习的平台，所以欣然同意、积极参与其中。

中和论道从 2015 年秋季学期开始，每两周举办一次，每期一个主题，有发言，有互动，有问答，有辩论。在这里，我们思考，我们感悟，我们超越，时而安静聆听，时而热烈欢笑。大学之气象，欣欣然。

借此我也想说，任何哲学、科学、艺术、宗教都有三方面的价值：（1）让人们心灵更美好，更加快乐和智慧，从而使自己和他人更好地相处；（2）让人们更加理性，让社会更有秩序，从而使人和人更好地相处；（3）认识规律，感悟本质，让人理解自然规律以及未知的规律，从而人和自然能更好地相处。而我认为哲学在各领域都是有引领作用的。

就此而言，中和论道作为大学特殊的学术讲堂，是有益于自己，有益于学校师生，有益于社会的学术平台，是传播先进文化的阵地。相信各位哲人、老师在这个学术平台上能智慧闪烁，精彩纷呈。

我们希望，让中和论道成为广大师生交流学问、砥砺智慧的场所，将每学期学者们的精彩讲演集结为"中和论道"文集，更会使之成为思想宝库、学术家园。我们将竭诚合作，把中和论道办成西部地区传播知识、启迪智慧、培育人才的优秀平台，为理想枯萎的时代播种信念的希望……

兰州中和集团董事长　洪涛
2016 年 5 月 26 日

目 录

第一讲　文明的更替与思想的坐标 …………………（1）
第二讲　希腊悲剧精神
　　　　——以尼采的《悲剧的诞生》为主线 …………（30）
第三讲　中庸之道与中和之境 ………………………（60）
第四讲　《庄子·天下篇》首章释读 …………………（89）
第五讲　休谟问题 ……………………………………（120）
第六讲　中医体系对生命的认知 ……………………（158）
第七讲　人是什么？
　　　　——卡西尔与叔本华的回答 ………………（183）
后记 ……………………………………………………（225）

第一讲　文明的更替与思想的坐标

李朝东：各位老师、各位同学，大家晚上好！新学期开始了。按照以前的惯例，我们在每个双周的周四晚上举办"中和论道"。

"中和论道"创办至今，离不开中和集团、哲学学院和西北师范大学社科处的大力支持，也离不开各位老师、同学的热情参与。一直以来，我们都把"中和论道"定位为一项既有崇高思想维度又具有知识传播功能的活动。

今晚我们邀请的是兰州大学哲学社会学院院长陈春文教授。他是我国著名的"哲学学家"，至于"哲学家"这一称号，让他过几年、甚至过世后再去领受。陈老师和我都毕业于1984年，他毕业于兰州大学哲学系，我毕业于西北师范大学思政系。

他毕业以后就去德国留学六年，长期居住在弗莱堡大学。德国是哲学的故乡，弗莱堡大学是哲学的圣地之一。陈老师在国内外两种思想资源的滋补之下，获得了极高的学养。我认为他在国内属于最顶尖的哲学学者之列。因为他是兰州大学培养的，所以对甘肃有一种情怀，并且一直坚守在这个地方，这使得我们甘肃的哲学和思想在全国范围而言，虽不是一个高地，但至少也不是一块平地。

今晚他要讲述的题目是"文明的更替与思想的坐标"。按照我们的规定，陈老师讲述大约一个半小时，余下的时间供大家和陈老师交流讨论。下面我们就把时间交给陈老师，大家掌声欢迎！

陈春文：各位老师，各位同学，大家晚上好！我今天的讲座题目是"文明的更替与思想的坐标"，全程将以宣读论文的方式来进行。以下是文章的正文：

身处当代的人，往往觉得历史是远去的身影，以为只是研究对象，对仍簇拥着我们敦请我们做出种种回应的事实浑然不觉，历史仍在推动我们创造历史，我们不仅见证着历史，而且在创造历史，我们就在历史中，就身处历史内在命运的转折中。把物属性化为物理并工业化规模提取物理功能的希腊哲学已完成世界历史的合拢，世界历史已将整个地球当作自己的舞台，已经没有什么仍是非进化历史的，但一经完成了历史的世界化，此一历史的自我演化的动力也就枯竭了。我们曾经是什么，现在是什么，必须是什么，将要是什么，这些原本在种种伟大的可能性中生成的伟大尺度的问题，现在全都变成从结论倒推的事项，整个20世纪既是西方文明纵向开拓辉煌的终曲，也是世界历史转入横向的技术摆置的序曲。

从1900年马克斯·普朗克提出作用量子概念、1905年阿尔伯特·爱因斯坦提出狭义相对论，至今一个多世纪，这一个多世纪，不仅宇宙图景改变最巨，而且地球表面的人类世界也在经受多重事件的巨大变故，世界大战，种族屠杀，殖民与被殖民的抗争，国际秩序的一再调整，此伏彼起的革命浪潮，层出不穷的新技术，克隆人与智能世界，不断加快的代际更替，自然环境愈加可感的变化，僵持不下的全球气候谈判……可以说，自公元纪年以来，这个世纪是人类成就感最感辉煌的世纪，也是人类在自身认知上最感眩晕的世纪，而且可以预感，在加速度的运行中，还会经受更大程度的眩晕与困惑。

第一讲 文明的更替与思想的坐标

当代世界，并不是哪个国家的当代世界，也不是哪个民族的当代世界，无法在民族史和国家史中理解到它，它是世界历史的当代世界，以世界历史的大坐标来观察当代世界，既是思想的大解放，也是理解当代世界种种现实的最低要求。每一个人都有自己的历史，从出生、幼年、少年、青年、壮年直到老年，生命自我完成的时间轨迹和展开的个体节奏，就是他的历史，这种个人所属的历史是他的自然史，在科学上也被界定为动物学、生物学属性的历史，也是理解人性的基础成分。但人除了自然史，还有文化属性的历史，那就是人自我认知、自我建构的历史，历史学所涉猎的就是这种文化属性的历史，并构筑了地质时代、旧石器时代、新石器时代、古代、中世纪、近现代的历史叙事框架，在这个框架之前、之后和之外，人是没有历史的；人的这种文化属性的历史，实际上就是文化史，文化史事实上就是人类探索、构筑赖以栖居的家园的历史，人的种群自觉向类靠拢的过程，人类学意义上的人类不断形成的过程。这种历史构图还常截取两个根本要素：一个是进化论要素，猿向人转变（60万年前）的直立人的出现，以此来交待人得以出现的自然条件；另一个是有文字记载的语言条件，以此来标志人作为一个种类脱离自然进程，转入文化进程，在这种文化进程中，在旧石器后期、新石器前期（公元前15000年左右）已使用语言，可被现在解读的文化（埃及文字）出现在公元前5000年左右（如1815年商博良等破解了古埃及象形文字的脉络），中国的象形文字出现在公元前3000年左右。

人的历史起于把人的自然进程翻译成人的文化进程，此进程或回忆，或象征，或推断，或杜撰，或制造，是神人共体的世界构图。人的文化属性的历史，不同的民族有不同的源头，创造或杜撰了不同的世界图像，当然也创造了不同的生死观，前生来世观，创造了拟人的神或拟神的人。人的文化属性的历史并不是中断人的自然属性的历史,而是或出于对自然属性的无知,或为增加对自然属性的掌控,使人的生存世界不断增加其可控性和可预期性。随着认知坐标的愈加清晰和认知可靠性的增加,人的文化属性的历史感日加强盛,且一发而不可收拾。

但是,人的历史的文化属性的时代已经过去。自地理大发现和麦哲伦环海航行起,人类就转入世界史的共同宇宙观、世界观和共生共荣的命运,人的文化属性的历史(各文化史不同的源头)就已经被世界史的构图能力所支配,它们分别沦为近现代世界历史之世界观的配置要素,各自历史的独立解释权不同程度地被剥夺了,失语了。这些文化属性的历史并不能独自发现和解释自己的源头,而必须用世界史的眼光才能发现和解释自己文化属性的历史源头的意义,如中国的敦煌莫高窟,古埃及的罗塞达碑,伊文思在发掘诺萨斯古城时还原了爱琴文化,玛雅古祭司台的发现与解读等。中国也用世界史的眼光和格局对自己的历史进行了再建构(文化史、文学史、历史、哲学史、科技史等),甚至出现了近代科学为什么没有在中国生发等古怪的伪命题。

世界史是近代主体世界和人类中心主义思想不断扩展的结果,它的不断扩张不仅干扰并中断了其他文化各自的历史(如古巴比伦的,古埃及的,古印度的,古中国的),而且对自身的历史也不断地再建构(如重构了古希腊罗马哲学、艺术和神学等),使它们统统成为世界历史的构件和原料,使世界历史更能世界历史地构图世界、统治世界。

世界历史之世界,虽然完成于近代欧洲,但它的本质规定是希腊的,我们至今所问的问题仍是希腊的,而且提问的方式也仍是希腊的。所谓希腊的,就是哲学的,所谓哲学的,就是物理地界定出物理世界和解释出更加物理的世界,即不断抽出物理属性和功能为人所用的思想方式,直至声光电的世界,直至与人相关的世界的彻底的功能化,功能的价值化,价值的可计算,可提出，可转让，可生产，可操作。世界历史是基于希腊哲学的构造史，黑格尔说，整个西方的现实史和思想史都是一部打开的物理—后物理，也就是按照希腊哲学的样式一页一页地打开的。

希腊的思想世界是泛神论的世界，万物出自神的世界，太阳有太阳神，海有海神，月亮有月亮神，爱有爱神，美有美神，正义有正义神，万物神在先，由神而来，所有可感不可感的物都是神层层外化的结果，从公元前 2000 年直至公元前 800 年荷马史诗时代的结束，希腊的泛神论思想无所不能覆盖。在随后的悲剧阶段，由神向外推展世界和由人向神追溯世界开始僵持不下，直到公元前 4 世纪亚里士多德完成物理—后物理的哲学体系，人开始独自规定世界，规定物的属性，探索物在性质上的关联，定义物的概念，因此，西方人始终认为亚里士多德是哲学上不朽的人，是第一位严格意义上的科学家和哲学家，直到近现代对新的学术领域的命名仍要回到亚里士多德那里。亚里士多德的卓越贡献在于，自他以后，西方人要么不能思想，要思想就要按照他阐释出来的思想道路来思想，要思想就要哲学地思想，哲学地设问世界、假设世界。

在希腊之后的希腊化时期，虽然希腊人思想创造的高潮退去，但哲学地设定世界的方式把希伯来的信仰世界接应了过来，这既造成了西方人恒久不衰的心灵与肉体的二元论，但同时也扩展了西方思想的张力和精神生活的强度，人们总是充分强调"黑暗的中世纪"宗教残酷与桎梏的一面，但却忽视了神学训练铸就思想精细的一面，没有这种思想精细和精密实验的持久训练，近代世界的开端——由实验支撑的实证哲学和实证科学同样是不可假设的，培根、伽利略、达·芬奇所开辟出来的近代思想道路就是不可设想的。

由希腊哲学而来的世界史，其获得世界史统治地位的转折点是文艺复兴运动以后的近代世界。世界各国的历史教科书都反复提到的马丁·路德的宗教改革、哥伦布发现新大陆、麦哲伦的全球航行这些典型事件，每个事件都造成了巨大的思想解放，由希腊哲学而来的西方世界的边界都实现了跳跃式的扩展。由此，整个地球才在人类意义上构成了一个彼此相关的世界，世界史才真正开始，历史的文化属性、种族属性、民族属性、国家属性和语言属性才开始逐步消失，甚至连我们提到的世界、历史、文化、种族、民族、国家、语言这些概念本身就是由希腊哲学而来的世界史的概念，这些概念就在表明此一世界史的统治力量，更不用说现代法律、现代国家、现代制度、现代经济、现代科学、现代技术对世界史不断扩展其统治力量的更深层次的支撑了。仅凭一个世界史中现代国家的概念，就把整个的原有统治秩序冲得七零八落，依经纬线和自然地貌来划分国界，在世界各地造成了广泛的冲击和至今不能愈合的伤痛，不仅颠覆了中国文化属性历史有效自循环的朝代政治，也给整个亚洲和中东、非洲、拉丁美洲带来了自组织秩序的严重混乱，甚至亚洲、中东、非洲、拉丁美洲这些名字也是这种世界史强势命名的结果。

虽说宗教改革、全球航行和发现新大陆的每个事件都是思想解放的重大事件，但这些重大事件并不是自足的，它们是更大思想解放的某一层面的结果。最根本的思想解放，一切思想解放的最根本的解放，是1543年哥白尼发表的《天体运行论》一书。这是一个思想解放的大坐标，通过这一坐标的转换，原本一切基于天岸大地的宗教假设被连根拔起，一切无限黑夜的蒙昧学说被扫荡一空，大地变成了地球，地球变成太空中普通的行星球体。这一坐标转换让地球上的一切都变得透明了，从此，大规模的持续不断的去魅进程开始了。世俗的革命接踵而至，工业革命，资产阶级革命，还有思想的革命，狂飙运动，康德、黑格尔"颠倒了的革命"，主权国家调整导致的种种战争和革命。在所有这些革命中，最致命的革命就是集中于笛卡尔"我思故我在"命题中的革命。这个"我"是开启人类中心主义的我，这个"思"是拷问世界提取世界功能的思，后面的那个"我"是有用性的我，这个"在"是可在可不在的在，漂移的在，在功能需求中随处安置的在。这个命题意味着，文化属性的历史中断了，传统的传续变成了历史的构造，神属的人变成了人属的神，意味着人类中心主义的强大意志将变得更加强大，滚雪球一样倍加强大，这是一个抱负雄伟又十分嚣张的命题，不仅要割断传统，而且要干预自然法则，让自然痛，要为自然立法（康德），对其予取予夺。

如果说希腊哲学的本质就是把物属性化的话，那么近代哲学着力点则是工业化的规模提取物的属性。笛卡尔"我思故我在"的命题就是用思维为我所用地提取存在的最高属性，使存在成为可转介、可移动、可制作的功能物。在此基础上，康德的为自然立法更是图穷匕露，要让整个自然法则变成可干预、可修正的东西，整体变成人类中心主义的附庸。康德之后，近现代几乎所有富有创造气息的科学家、哲学家，没有哪个人没有读过康德，从这个意义上说，康德是近现代知识大工厂的总设计师。在这个已经被世界史所支配的知识大工厂的运转中，不仅对欧洲本土社会各阶层进行配置，而且对全球各文化属性的历史进行大规模、持续不断的再配置。中国的瓷器、丝绸、指南针、印刷术、火药，成为此一配置的元素，印度的香料，波斯的地毯，亚洲、美洲、澳洲的生物多样性，非洲的黑奴等等，全都成为世界史配置的原料或元素。欧洲中心主义的世界史成为垄断历史话语的潮流，即所谓世界潮流，此一潮流浩浩荡荡，摧枯拉朽，顺之者昌，逆之者亡。顺之者，如俄国、日本、北美，则顺之而起；逆之者或犹豫不决者，如中国、印度、伊朗、土耳其等，则在自己的近现代史上留下太多的坎坷和苦难。

从成就方面说，世界史的创造者和加之者当然是欧洲，所有哲学的创造，科学的创造，技术的创造，艺术的创造，政治制度的创造，经济模式的创造，乃至战争形式的创造都是欧洲属性的，所有的器械，所有的原理，所有的目标，都是欧洲中心主义世界史的书写，即便后来不是由欧洲人直接书写，也是以原发于欧洲的方式在书写。作为世界史的书写者，欧洲人自然满足于其创造的张力，但对这种世界史的书写胃口和过度扩张可能带来的灾难，也只有欧洲人最有认知高度。危机在哪里发生，拯救就会在哪里。帕斯卡尔是对此一世界史可能的灾难最先知先觉的人，卡尔·马克思则是与资本逻辑叫板的最系统、最坚决的人，而对此一世界史的内在命运理解最深的人则是尼采。他的"上帝死了"命题和所谓超人学说，正是对此一世界史的思想审判，并对超出欧洲中心主义之外的可能的人的非人类学面孔，进行了多角度实验性的尝试，甚至不惜引入东方的轮回学说。马克思和尼采的出现，在思想上已经终结了欧洲中心主义的世界史，但这并不意味着配置世界史要素的扁平化共振结束了，它不仅没有结束，而且向着更扁平的热力学熵的方向前进，直至达到熵的极大值，也就是全球化趋于饱和为止。但无论怎样，欧洲中心主义的世界史的创造的高峰已经一去不返，整个20世纪持续在欧洲上空徘徊的虚无主义所折射的就是此一世界史终结的现实。

从哥伦布发现美洲的1492年算起，或从哥白尼发表《天体运行论》的1543年算起，至今500多年。这5个世纪在人类展开史上意味的东西甚多，也甚为重大。这既是一个人类为自己的创造能力所惊叹的时期，也是为自己的创造物所困惑所绑架的时期，也是人类在整体上从自然世界迁移到人造世界的时期，这500年人类立了大业，也可能是闯了大祸，人在追求可控的人造世界的同时，却使人类整体的生存面对更大的不确定性。为什么说意味的东西甚多，也甚为重大？从大的坐标来说，大地变成了地球，地球变成了太阳系的行星，太阳系不过是银河系的一个局部，而银河系又不过是此起彼伏的宇宙生灭的一小段故事。在这样的视野中（人类在这里开了眼），地球是宇宙流浪的一个情节，地球上的人类也注定是流浪的，星际流浪的存在物，只不过，即便流浪，人类也秉持人类中心主义的意志，看看好莱坞的梦工厂和那些一再上演的探索外星人的故事，人在宇宙中还是要寻找人类的同类，这意味着人类认为，太阳系中地球的天地环境在宇宙中是普适的，一如欧洲中心主义人类学的普适价值一样。从次一级的坐标看，人类赖以栖居的地球已经没有什么神秘可言，任何地方都可预期地到达，都可预期地理解，甚至都可预期地掌控，任何异国情调和异域风情都可居高临下地驾驭和把玩，任何生命的奇妙联系都可因果关系地加以处理，任何奇迹、奇观的东西都可以在理性的时空坐标中加以确定，即便不触及任何真相，人们也愿意在信以为真的真理体系中继续相信下去，如进化论，这种典型的英国思想，他们把可验证的进化作为进化的事实，把不可验证的进化则放进更大的自然周期，以期证明进化不是不存在，而是由于太长的自然周期无法检验。不仅如此，他们把进化的原因限定在可重复的机械原因，并认为这些原因在地表系统中是自足的，这就把生命现象的宇宙相关性删除了，并认为凡是通过仪器而变得更为精致的感觉和通过理论而变得更为精确的思想所不能企及的东西，就是不存在的，并认为，当下尚不能解释的现象和眼下还不能控制的自然进程，在确定有效原因和有效原理的前提下，将来的某个时刻一定能做到。这种简化作用函数的知性思维当然是肤浅的，但它却有效地支撑了进化论乃至进步论的概念。生命是时间的创造，每个生命从生到死的过程本身就是时间的枝叉，是不可重复、不可置换、不可复数统计计算的，机械论意义上的进化论最多是一个大概率事件，却不是时间自身生成的事实，这就是为什么在所有的物理公式的演算中，t和$-t$都是可以反演的，因为它描述的是空间性质，并没有提示时间的生成，而生命的奥妙就深深地隐藏在时间的创造中。人不能两次踏进同一条河流，赫拉克利特的这句话点破了英国机械思想的进化论玄机。

经验归纳，通过仪器精致感觉，通过理论来精确思想，提取机械作用的有效原因（而不是真实原因），以实验不断修正可控的参数，达到可重复的稳定性，这种渊源的近代思想（从培根到牛顿无不如此），恰恰是英国经验主义成功的地方，随着英语逐步成为全球的统治性语言，这种科学模式、思想模式、哲学模式也日甚一日地支配着世界。相形之下，德语思想就显得深刻一些，也更少失真一些。人们总是觉得德语哲学更深沉肃穆一些，德语音乐艺术更浑厚恢弘一些，德语的科学也更具哲学味。这些印象是有支撑的，因为德国人把精神视为实体，德国的幸与不幸全在于此。在现代语言中，除了德语，没有哪种语言把精神当作实体，而只是视它为一系列相关概念中的一个。希腊哲学的物理传统便是推想最小构成元素，也就是原子，近现代哲学和科学也仍在这条道路上延续，唯德语思想界从莱布尼兹起就奠基于有灵的单子，直到1900年德国人普朗克提出作用量子概念（支配当代物理学的量子力学）仍然沿着德语思想中有灵的单子的思想道路。如果德语是当今的世界性语言，那么当代世界的思想版图、现实版图和价值观版图当会怎样？这个假设已经没有多少意义了，不要说影响世界，就连在德国内部，自二战之后，也是日甚一日的英美风气，基于精神是一种实体的伟大的日尔曼创造的时代业已坍塌，德国仿佛已是曾经的故事。基于英国思想而来的进化论不仅成为统治性的科学语言，而且已经演变为居于支配地位的价值语言，一经如此，就变成具有形而上学崇高感的教义了。自二战以后，世界范围内的创造性的流失与此有很大关联。

再从更小的坐标中看，从社会演变的层面看，这500年的社会变革也是空前剧烈和翻天覆地的。大学替代了神学院，知识分子的主体建构替代了传教士,工业革命催生的产业阶级代替了手工业者,工业资本家和商业资本家瓦解了城市贵族,一波又一波的城市拔地而起,冲垮了城堡国家和骑士阶层,也冲垮了封地封城封建领主和地主阶层……工业革命的社会性,其实质是大众化共振,把贵族变为大众,把农民培养为大众,把宗教领袖、舆论领袖、政治领袖变为大众的代言人,它瓦解一切特权,把大众共振作为工业革命的唯一特权,培养的大众越多,工业革命这台机器的燃料就越充足,市场的终端就越有规模,工业革命的外引力也就越大。并佐以伤感文学、抒情诗和文学的价值观重塑(如巴尔扎克、托尔斯泰),并佐以交响乐这种音乐元素的再配置重塑审美秩序和艺术哲学观,并佐以启蒙运动和百科全书运动,全面实现近代人自我重塑的世界观位序和价值观位序。相比之下,法国的资产阶级大革命革掉的只是贵族特权者的头颅,而启蒙运动和百科全书派则掐断了贵族的血脉。

在这 500 年的社会变化的运动中,有一个特殊的群体,他们光芒四射,群星闪耀,这就是犹太人群体。在近代精神生成时期,斯宾诺沙这个犹太人就在探索不同于其他如笛卡尔、休谟、莱布尼兹这些主流思想家的路,而是将其纳入到实体、样式、主体的辨析中,衍生出一套静态思想的生机勃勃的大自然。作为黑格尔的学生,卡尔·马克思这个犹太人并没有追随黑格尔绝对精神自我推导的希腊思想的外化史诗的大逻辑,而是专心探索资本运转的小逻辑,把黑格尔热衷于现实性的探索转为对现实的解剖和反抗。爱因斯坦这个犹太人,狭义和广义相对论的创造者,用一个 $E = mc^2$ 公式就完成了质量世界与能量世界的转换,原本人们认为牛顿已经把物理法则说完了,从事科学就等于从事绝望,但通过爱因斯坦的思想创造,发现牛顿的物理定律只能刚性坐标系的近似值、有限坐标的有限定律,实现了物理学思想的极大解放,但就是这个人,誓死捍卫实在性,至死不相信上帝在掷骰子，他本人就是量子力学的创始人之一，却与其他量子论创始人在忧怨中辩论了一辈子。还有卢森堡、卢卡奇、本雅明、哈耶克、阿伦特等数不清的犹太思想家，他们既是欧洲近现代进程的参与者、创造者，同时又是对这一主流进程的反抗者、消解者、怀疑者，他们因怀疑这一主流进程而奋起反抗，他们怀疑的越深，留下的反抗的足迹就越大，影响也就越持久。这充分暗示一个事实：欧洲的希腊渊源和希伯来渊源，虽经几千年的磨练与融合，仍是泾渭分明，两元论的身世始终是欧洲思想史和现实史的真实限度。主流的始终是希腊的物理思想以及由这种思想释放出来的科技文明和工业化推进的深度和幅度，出埃及的犹太人至今无法改变其游离于主流之外的命运。

在这500年中，还有一个不能说不小但却最本位的坐标，那就是人自身的坐标。人们公认近代起于文艺复兴运动，文艺复兴并非简单的文学艺术之复兴，而是从神正论世界的出逃，是通过回归希腊世界对人的发现，把希腊美少年的物理人性重新植入到文艺复兴的人性符号中，重新创造人性符号的人并不只有达·芬奇、米开朗基罗、拉斐尔这些人，它是由多重的思想解放共同铸就的。《天体运行论》的发表是思想解放，美洲新大陆的发现是思想解放，好望角的误打误撞是思想解放，印度的发现是思想解放，人对自身的感情还原也是思想解放，教士培根的实验方法也是思想解放，它们都在蚕食和融化旧世界体系，都在助推人的希腊物理属性的还原。先是完成人的物理还原，进而引伸到生理学层次，再进而扩展至心理学层面。维萨留斯的《人体结构》的发表时间与哥白尼的《天体运行论》同年，都是在1543年，它们是人的物理发现的两端，一端是天文学的，另一端是生理学的，这是何等尺度和幅度的人性解放！围绕着天文学的物理人性之解放，人重建了近代哲学观，围绕着生理学的物理人性之解放，人重建了人类学意义上的进化—进步观，围绕着心理学的物理人性之解放，人重建了感性、知性、理性一体的近代认知观，并在此基础上又区分出情感、意志和意识领域，在意识领域又细分出意识、潜意识、无意识，构建出多层次一体的加工反射信号的认知体系。这些逐步延伸的人的物理还原、生理还原和心理还原是近代以来的人自我建构世界观、知识观和价值观的基础。近代哲学的基础就在于把人还原为主体元素，再把这些主体元素作为近代科学的构成要素，解析这些要素的功能关联，从技术层面提取这些功能关联，再通过工程学的程序和资本运转的逻辑把功能投放到工业化大生产上。这是500年来持续推进的系统工程，此一工程在当今世界的辉煌表现值是：人制作人。500年的历程，从人的自我发现自我建构，到人向人造世界的迁居，直到人制作人。人制作人，这不仅意味着通过市场复印人（如消费观，化妆术，婚照），也不仅意味着在统计学上复制复数意义上的人（人只不过是一个统计单元），更重要的是，对人进行生物学的修改和制作（克隆）。

人类已经转移到人自己设定的智能世界。这一进程自上世纪70年代以来明显加快。工业城堡、超大城市这些工业化初中期的留存物已经过时，取而代之的是美国硅谷、印度班加罗尔、中国中关村这些智能设计中心和生产中心。从一个侧面看，这是世界史合成过程中的各元素的系统配置，是系统内的自调整，毕竟用牛马车的速度丈量不出宇宙空间，也无法支撑工业效率的最大化。但从另一个侧面看，智能世界消耗的是人类的血气，它自己却不能生成任何血气，这必将导致人类生命力的枯竭。一方水土养一方人，任何一个人的血脉都由天地养成，把所有人的天地血脉切断，使之成为智能世界体系的功能单元，势必会因供血不足而萎缩下去。除非能将智能世界的贪婪之胃控制在不伤及人的血气养成的范围内，但资本运行的市场法则告诉我们，这是一种极低智商的理想。世界历史高速运转和高速推进的动力，就在于它从不同文化属性的历史中抽取血气,但且不说文化属性的历史在世界史的抽取重压下不断萎缩,即便它不萎缩,也会在可预见的未来被世界历史榨干。这就如同供氧和需氧的关系,工业燃烧的耗氧量加上汽车燃烧的需氧量加在一起,尚不说不断增加的人口的吸氧量一年要多少?地球一年的氧气生成量是多少?且不说冰川融化、地下水下降、森林草原逐年的减少。中国伴随着工业化的城镇化便是被卷入世界历史的过程,它导致的中国乡村的空心化便是世界历史抽取文化属性历史之血气的最新例证。

就当代看当代并不能真正理解当代的轨迹,因此,以历史观当代尤其以世界历史观当代,这是巨大的思想解放;但历史的解释也有其任意性,历史的分期和框架也是历史学家根据自己的认知标准和愿望目标建立起来的,它只不过是人们建立的一套有关已发生事件的因果解释链条,并不能时间性地重合于时间的发生、创造和消失。因此,以地质概念来观历史,这又是需要且紧迫的思想解放。从地质时代的震旦纪出现简单生命,到60万年前出现直立猿人的史前史,再到公元前15000年新石器时代的现代人,直至公元前5000年的古埃及,公元前4000年的古巴比伦,公元前3000年的古中国,这才接续上了上古史,公元前2000—前1500年才是可考的希腊神话世界的创造期。至亚里士多德完成由神语世界向人语世界的转换,真正确立支配西方文明2000多年的物理—后物理哲学,已经是公元前4世纪的事了。以地质期来看,这两千多年就是一瞬,即便从公元前5000年算起,也仍然是一瞬。况且,地质学也是一套假说系统,基于地质学的考古就更是假说和猜测系统,而基于考古和地质学的历史学又能是什么呢?

6500万年前,统治地球的恐龙突然灭绝了,之前的恐龙世界和之后的生命世界裂开了一条巨大的鸿沟,这道鸿沟让所有的科学语言失语了。6500万年,这既是一个地质时间,也是一个天文学时间。如果用天文学时间看,地球上的一切生灭往复都不足为奇,再辉煌的创造也会归于无迹,如果任一座城市荒芜下去,大概用不了千年就会全部还原为物理的存在,一切人迹的东西都会抹去。在中国的新疆,人们喜欢赞美胡杨树,说胡杨千年不死,死了千年不倒,倒下后千年不朽。3000 年,这确乎是值得赞叹的奇迹,3000 年足以见证多少人间沧桑!但以天文学的眼光看,3000 年完全可以忽略。因而,以天文学的角度看地质期又将是一种巨大的思想解放,对地质学的假设性、模糊性也就不会那么苛刻了,人看待自己的历史和当代也一定会从容淡定得多。

再进一步看,无论是当代、历史、地质时代还是天文学尺度,这些都是哲学的衍生物,准确地说是希腊哲学的衍生物。公元前 4000 多年前古埃及人就已经有了一年 365 天的太阳历,公元前 3000 年前就依据丰富的天文知识建起了金字塔,当时的埃及人就知道有不动之星的恒星和不休息的活动星球的行星,并且知道有土星、火星、水星、金星和木星五颗行星。就是让现代人独自发现这样的天文现象和造一座这样的金字塔也不是轻而易举的事。但古埃及的这些近乎奇迹的发现和创造并不是严格的天文学,并不是基于希腊哲学物的分析传统抽引出质量、重力、引力概念所构造出来的天文学。古代中国的火药、印刷术等杰出发明也同样不是基于严格的哲学的物的分析推导出来的结果,只能是墙内开花墙外香,作为要素被其他文明再发现,在更广泛、更普适的范围赋予其全新的含义和意义。这就是说,文化属性的历史不能转化成世界历史的书写力量和在同化中创造的力量。欲真正理解各文化属性自身的历史,理解世界历史(尤其是近 500 年来)的由来,理解文化属性的历史怎样被世界历史重新书写和重新配置,就必须回到哲学,回到哲学的希腊性,回到希腊哲学探索物理属性的运动图景。希腊人提出了运动的四种因:质料因、形式因、动力因和目的因。近代以来的刚性物质学说基本是质料因的实现，诗学、乐理学、逻辑学、解释学、数学等基本是形式因的变形，近现代的动力学基本是动力因的外化，而近现代热力学和进化论思想则是目的因的现代阐发方式。原本的灵魂不朽现在变成了能量守恒，原本的上帝不死现在变成了质能转换。解释的语言在变，解释的范围和坐标在变，但只能哲学地阐发物的属性、提取物的属性的思想道路从未发生根本变化。这就是说，没有意愿和能力回归到哲学，回归到哲学的希腊性，就不可能读懂历史，更不用说文化属性的历史和世界历史了。

命运，这是任何文化源头和文化属性之历史的共同起点，不论是浑然不觉还是浑然有觉。伴随命运的是恐惧和好奇。哲学作为爱智慧之学，是人尝试解释命运和消解恐惧所留下的痕迹。当人警觉地看到魔法般变化的周遭世界时，当人无奈地意识到死亡的不可逃避时，宿命的观念成为无法克服的桎梏，人要打破此一桎梏，敲碎宿命的坚硬锁链，让命运成为可解释、可控制、可预期的科学。希腊哲学阐发了一套物理—后物理的哲学道路，一条存在哲学的道路，这样哲学把物敲碎为物的属性，把所获得的任何属性命名为存在物，再构建存在物的关联，最终将此一关联提纯为因果律，把因果律看作是反宿命的扩张之网，凭借这张不断扩张的网去构建人造世界的安全感，把自己掩护起来，并沿着人造世界的路径一直延展到当今世界。对任何文化历史来说，同样面对世界恐惧，同样面对人是必死者的命运，所不同的是，希腊哲学阐发了一套光的世界的学说，创设了一套刚性空间的理论。所谓存在就是显现在光中，否则就是非存在，而非存在什么都不是。但存在与运动并不相容，存在欲克服运动，而运动之所以是运动，恰恰在于它不能存在。为了解决这一矛盾，希腊哲学把光阻当作事物，从光阻中抽取空间概念，又把运动分解为前后序列，并将此一前后序列命名为时间。这种数列意义上的时间完全

第一讲　文明的更替与思想的坐标

是一种心智的创造，与生灭往复的时间性生成毫不相干，而把光阻阐发为存在物的空间思想却蓬勃发展起来了。某一物能否构成物理意义上的存在物，都在于它能不能反射光，能不能发射和吸收光，能不能在光中直接或间接地显示。这就是说，确定某一存在物是否存在，并不在于它实实在在地在那里，恰恰在于它不在那里，而只作为光信号反射的作用原理来显现。尼采和海德格尔都认为，西方历史在其缘起上就是虚无的，指的就是这层意思。因为由西方哲学所展开的全部历史，并不关心物本身，它关注于阐发物的功能，以及此一功能的为人所需，直至人本身也成为功能所需的要素。在这种解释体系中，人不是实体，而是力和机械地表象为进化进步的意志的载体，物也不是实体，而只是这些载体的手段和制作物，作为光阻的存在物被连续分解为原因与结果，事物与性质，对象与主体，并将其紧紧压缩在因果关系的循环解释中，直至可见与可知事物被完美地解释成一个闭合的因果链条。于是，自然世界活脱脱地跳出来了。人们无不惊诧于西方阐发出来的自然、自然科学、自然法则这些强大的词汇，非西方的文化也自知，不敌西方的关键因素就在于自然科学以及由此从自然法则中所摄取的能量！此一惊诧难以避免。因为西方的自然就是可分解为原因的自然，直至把整个世界都因果地转化为彻底的动力系统，经过连续的受控实验完成受控世界的构造，这种自然科学意义上的自然，实际上意味着排除知识性自然与非知识性自然之间的所有阻碍，直至自然成为透明的玻璃体，才算得上是回归自然了。这种重构自然并且是机械化地重构自然的构图法是其他任何文化历史所没有的。这既是它让真正的自然失真的路线图，也是它显示人造世界的力量所在。这种力量不仅把非西方的文化属性的历史排挤到边缘，而且也把西方的文化源头榨干，并且随着这股人造世界之力量的全球化，已经或必将把地球上一切天地养成的文化源头榨干，文化多样性、语言多样性和生物多样性的快速收缩，已经清晰地表明了这一点。

可是，就在西方因果化的自然连续推进人造世界跨越一切可能的边界的同时，哲学的物理—后物理的希腊道路也以其自身的连贯性完成了自己，它已经展开并耗尽了自己的所有可能性。在这条道路的结尾，所有生命的秘密都被揭示出来，生命的去魅完成了；所有自然非自然的文化形态价值形态都被转化为自然科学的机械图景的"自然"，非理性的去魅完成了；地球已经变成地球村，已经不存在人的他者、人种的他者和人类的他者，对大地母亲的好奇心荡然无存，大地的去魅完成了。有关观念、理念的大决战已经结束，人们不再为阐发观念而激动，不再有真正关于观念的争斗，不再有19—20世纪气吞山河的理想主义，不再有既定道路上火山喷发般的思想创造、艺术创造、科学创造，不再出现与人文历史等深的追问，好像一切都尘埃落定。这些迹象综合表明，希腊哲学道路的近现代显现方式，也就是人们常说的西方世界已经在达到高潮后塌陷，这种文明形式以往不断地创造各种观念，现在它自己现身为一种观念，并僵化地坚守着这一观念，伤感地回望着自己的创造生机随历史远去。

20世纪最深刻的思想家马丁·海德格尔说，哲学终结了，接下来是思的任务。为什么这么说？因为发端于希腊终结于欧洲近现代人类中心主义的哲学，已经把种种蕴含在这条道路上的潜能外化为现实的版图，它充分地实现了自己，仿佛一座狂虐沸腾了几千年的火山，在耗尽了所有的潜能后归于死寂。在希腊哲学开辟的西方文明这条道路上，一切都是哲学的，走在这条道路上的所有人都是哲学人，但现在哲学完成了自己，转身而去，消失在无精神的哲学外化物中，如同时间凝滞了，历史僵在那里被冻结了一般。20世纪初，以斯宾格勒为代表的相当多的德国思想家认为，在西欧其他民族都已经变成邦族（在同一文明格式中共振的单元）的情况下，德国是唯一能扭转欧洲乾坤的尚没有失去血气的民族。这一认知当然有更深思想层次的依据，但却被纳粹政治在浅层次上误导为种族主义学说，不仅使这一思想变得声名狼籍，而且错失了从根本上扭转欧洲虚无主义的时机，也使全球转入实用主义营运模式。事实上，哲学的终结意味着以西欧人类中心主义思想为基础的世界文明共振的开始，宇宙图景从纵向生成转为横向共振，思想失去了箭头，历史也失去了箭头。阿伦特说，物理—后物理哲学的崩塌已经临近，而把它推向崩塌点的人是海德格尔，他预见了这一崩塌进程，维护了思想的尊严。负载着纵向历史开拓使命的哲学已经外化成共振的世界历史，哲学终结了。而共振的世界历史被星际范围的技术摆置所支配，如果说物理—后物理的哲学是基于希腊性而开拓地球的历史尺度并最终完成了地球的去魅进程的话，那么星际范围的技术摆置则是以地球为出发点建立横向的星际坐标。这不是传统哲学所能理解的，这是更广阔的格局的思的任务。

诗人荷尔德林有句广为传颂的诗：Voll Verdienst/doch dichterisch wohnet/der Mensch auf dieser Erde。中文的翻译是：人，充满劳绩，然而却诗意的栖居，独在此一地球上。浩瀚宇宙，并无中心坐标可以假设，独在此一地球上，存在着伟大的生命奇迹，一众伟大奇迹中最为伟大者，人不仅命名了自己存在的奇迹，而且在思想自己的奇迹，而且用自己壮观的劳作持续地解释这一奇迹。人对自己这一伟大的造物，从被造物到自造物的史诗般的迁徙，理应感到无尽的震撼，应感到更加的不可思议，而且真的更加不可思议了。诗人说，人，充满劳绩……若没有劳作，人的历史就不是一部史诗，甚至不是史诗中孤单的句子，不是史诗中孤单的语词。劳作了，而且是创造性地劳作了，人才从天文现象转成地理性的生成，成为地理坐标的创立者和支配者，才从自然周期中突然腾起，转为人文社会的自主建构，建构了人类七千年的人文史、文化史、文明史。七千年，用天文尺度看，完全可以忽略，用七千年的人文史消解不了上亿年的地质史，用上亿年的地质史也置换不了无穷时间的天文史。况且，人，固然有文，并因文而有人迹；但天是否有文？文的坐标在哪里？文的母体在哪里？当人在说天文时，又是将天文理解为人文的外推了，一如将神作为人的外推一样。可是，七千年的人文史又确实令人自己惊叹不已，甚至可以说，人被自己的创造物惊呆了，从控制的动机不知不觉地变成了失控的结果！

人的劳作把自然世界转化为人造世界，这当然是了不起的成就，人类有充足的理由为自己的创造性成就感到骄傲。人，充满劳绩，然而却诗意的栖居，独在此一地球上。人，因为劳绩而成为了人，因物理的劳绩成为物理的人，因生物的劳绩成为生物的人，因社会的劳绩而成为社会的人，因信仰的劳绩而成为信仰的人。但不管有怎样辉煌的劳绩，人的身世是诗性的，人的方位被诗意地奠基，人的存在属性是诗的，那就是：独在此一地球上。在地球成为故土之前，人的一切都被地球所规定，甚至天文学所推算的天地之距也是为人在此一地球上的栖居而筹划的。诗意的栖居，离不开天地人神的四重交响，而在天地人神都被去魅的情形下，诗意栖居之人变成了无故土可依无家可归的流浪汉，尼采对此有深刻的洞见。他把自己的思想定义为反基督，把自己思想的最高命题归结为"上帝死了"，用意在于此，并企图藉自由意志的"超人"复活人诗意的栖居。诗意的栖居，这意味着人要掉头返回，从人类七千年辉煌的劳作成就中抽身出来，回到惊讶的故乡，并在故乡居住下来，谦卑地自问，七千年的人类文明史，真的像我们习惯地认为的那样值得信赖吗？有效的假设与真的假设是两回事，原初现象与作用现象是两回事。希腊的哲学传统以及这种传统的外化，其秘诀就在于用有效的假设替代真的假设，用作用现象置换原初现象，因此，这种思想传统从根本上说是虚无主义的。是诋毁诗意的栖居的，是要毁掉"独在此一地球上"的家园的。而且随着这一思想传统的全球化，毁掉家园的"伟大事业"已不再是杞人忧天的狂想，它已经变成高于任何现实性的现实。举凡全球变暖，冰川消融，土地毒化沙化，空气污染，大气层污染，生物多样性减少，物种进化紊乱，草原森林退化，生殖力下降，转基因产品与克隆肉，克隆技术对物种进化和伦理层面造成的巨大隐忧，智能世界与自然世界深度交错所造成的魔幻感，所有这一切都让"独在此一地球上"的地球不堪重负。要想把一件打碎的东西复原，那就要打碎更多的东西。这是已经世界化的西方现代科技文明的核心密码。拯救之途或许在于，把打碎的那件东西放置于原处，让自然的生息复活它的原貌！

独在此一地球上，我们没有也不可能有别的家园！任研究风气盛行并深信无限进步的科学家怎样畅想，也杜撰不出地球之外的第二个家园。诗人的天职是还乡，也许还有责任带领人类走向还乡的漫漫之途。在荷尔德林的这句诗中，包含了人类的全部核心要素。人是充满劳绩的，充满了创造的成就的，人类的文明史是灿烂辉煌的，在生命原本就是奇迹的基础上，创造了同样不可思议的奇迹，离开了人类和人类的劳作创造史，地球的寂寞将是宇宙水平的寂寞；人是诗意栖居的，人终将把自己的存在还原为最单纯的要素，我们既造不了天，也造不了地，既造不了人，也造不了神，人终归是被给予的，唯如此，人才比人更多，而不是在技术宰制的科学狂想中变成宇宙的尘埃；独在此一地球上，这是一切问题的前提，也是一切文化和文明的前提，更是人之为人的最终法则，离开这一认知，一切将变得毫无意义，无论是科学—技术的，还是宗教—神学的，也无论是哲学—艺术的。设若天地温度不在正负273华氏度之间，而是突然变为正负3000华氏度之间，一切的科学、哲学，一切的文明预设全无凭据，全部人类中心主义引以自豪的成就都要归零。每个人都不能选择自己的父母,也选择不了出生的时间和地点,一如选择不了作为必死者的命运,人终归是被给予的,人类也改变不了被地球重力法则所支配的命运,不管我们建立怎样富有雄心壮志而又富丽堂皇的科学坐标,地球是我们思想的原点、存在的原点的事实都无法改变。诗意的栖居便是惊心动魄的漫游之后的还乡,在经历了种种复杂性之后向单纯的回归,去深思的单纯之真和单纯者的辉煌。没有不死的人,同样没有永不衰落的文明,永动机诋毁不了宇宙的生灭法则,试图制作永生的人的种种科学尝试也注定湮灭在宇宙法则中。诗意的栖居,它敦请人类不是向更复杂的向度上挥发人的创造性,而是向更单纯的向度倾注智慧,让人类紧绷的心智松弛下来,回归生存的简单元素:湛蓝的天空,宁静的土地,甘甜的空气,明媚的阳光;回归到生活的简单元素:顺应自然,而不是对其强取豪夺,为自然的康复创造空间,以此为人类的自我康复赢得时间,这就要从根本上调整人类世界的资本法则、力量法则、利益法则和价值观法则;回到生命的简单元素:不仅要健全的人类理智,更要健壮的人性,珍惜生命的奇迹,而不是炫耀创造了多少财富和分割了多少财富,在常数和常识中安顿生命,而不是在变数中变出无限进步的魔术!

  人,充满劳绩,然而却诗意的栖居,独在此一地球上。这个世纪的人类,也许完不成转向的还乡壮举,这个世纪也许注定无法成为英雄的世纪,但彪炳这个世纪的或许是:不是在量增的道路上又增加了些什么,而是在回归单纯的道路上减少了些什么!

  李朝东:陈老师本人的语言组织能力非常强,是我们见过的学者里面最具有非凡的语言才能和语言组织能力的人,而且他的语言可谓字顺文从。他写过一本书,现已出版,书名是《栖居在思想的密林中》,后来再版的时候他就取名为《回到思的事情》。前面我说叫他哲学家不太妥当,而是思想家,因为取代哲学的是思,不是思想。我觉得在未来几十年里,他的《回到思的事情》这本书有可能会成为我们中国的经典。但我不知道有多少人读过，我觉得是一部学术价值很高的著作，另外他也写过一些论文，也翻译过一些德国哲学家（包括科学家）的著作，他现在在兰州大学主要做外国哲学，以前是"科学哲学"方向的负责人，所以他对科学的研究也具有相当深厚的学养。下面进入提问环节。

郭吉军：陈老师，我问个问题："思想坐标"和"路标"的关系，能不能请您再解释一下。

陈春文：路标（Wegmarken）已经成了海德格尔的一个专属词，它是在"无路"意义上而言的，就是他的这个"林中路"（Holzweg），德文里面就是"森林"的意思，无路可寻。那么这个路是怎么形成的呢？一开始是无路的。比如说我从小长在长白山，外人到这个山里去捕猎是难以得手的，他无法区分动物的气味，也不能识别森林里各种动物的蹄印、状貌及其活动的自然规律。但那些猎人却很清楚，他能根据随风而来的一股气味判断多远之外可能有一个什么猎物。这就是说，猎人和森林之间是一个共体关系。这不是说要把森林当做一个资源库或对象，进而要敲碎、提取它的功能，而是他跟森林有着一种共生、共体的关系。但是随着这种生存方式、作用量和范围的变化（比如狩猎、捕鱼），人们便从这种范畴里脱离出来，从事人工驯化。人们驯化了很多动物，如猪、羊、牛、狗等，驯化之后就可以养殖。植物也是如此，小麦、高粱或玉米，都是不断驯化的结果。驯化的好处在于：它可以大规模地养殖，而且养殖和人口之间的繁殖还构成一种比例关系。这个时候再想简单地依靠森林和共体关系来解决人作为一个群体的生存和繁衍问题，就做不到了。这个时候就要从森林里取东西了，要赶牛车、马车，你就得修路，乡村小街、乡村公路、省级公路、国家级公路，最后是高速公路。每一个路的覆盖，路上面之上的路，都伴随着人的活动空间的扩大和人的索取范围的增长，这之间是有个比例关系的。

在海德格尔看来，这就是西方意义上的物被属性化的过程，就是提取功能。如果你不提取功能，乡村公路或者无路之路完全可以满足；如果你要提取功能，那么原生态的东西就满足不了了。

此外，随着人口的增加，还得学习更快的信息的流动、资源的流动、供需关系的流动。所以成建制的工业化规模、工业化水平，变成了现在的工业之路。海德格尔才说哲学终结了，现在要掉头返还，要转身而去，要回到源头，把已然展开了西方文明的势能再收回去，使之归于单纯。

所以要寻求目标的话，就是在有了一条展开的路之后，追求一条无路之路。我讲的这个思想的坐标就是找方位，跟海德格尔讲的还有所差异。我思考的是：哲学终结之后，当下思想的方位在哪里，如何确定思想得以可能的问题，这还是有层次的差异。

李朝东：好。还有时间。海斌请说。

朱海斌：请陈老师再谈一谈功能化提取的问题。

陈春文：我刚才讲这个功能就是：近代以来，把物属性化和提取属性的功能。这个功能要提取功，比如说功率，要计算它有多大的功率，能产生多少功，这已经是近现代的一个发生方式。其实作为这种思想方式的初始基因，在希腊时代（比如在亚里士多德那里）就已经有了。你们上学时我就在谈这个问题，有一些是生存性的东西，有一些是生产性的东西，而生存性的东西需要进行存在自身的向后返还，但是我们谈这些东西的时候，仅限于西方哲学。你不能把某个要素拿出来，放到其他物化形态上。比如很多人在讲中西方思想差异的时候，常常认为中国的思想是综合的，西方的思想是分析的；把这种配率概念拿出来放在其他文化形态上，我觉得这些看法是不成立的。仅只取出某个要素，该要素就死亡了，没有任何的思想含量了。

刚才的讲座中引述了谈海德格尔的一句话，"危机在哪里发生，拯救也将在哪里发生"。现在的西方文明已经把整个地球铺设过很多遍了，要想把从它那里学来的东西都推倒重来，以现在这样的演化速度，不要说能力，仅仅时间一项都不允许；在你根本还没有消化它的时候，它就已进展到另外一个体制上去了，你能不能尾随和跟踪到它，都还是一个疑问。

李朝东：好。谢谢！下一个。

学生1：您是否把存在和非存在的关系理解成了表象与物自体的关系，巴门尼德就把存在定义为由思维把握的东西，就像桌子；而电动的东西，它就是非存在。

陈春文：我从来不用"思维"这个词。我曾经把巴门尼德这句话翻译为"能思者与能在者是统一的。"存在者存在，它不可能不存在。希腊人就是以能思者去呈现能在者。

我们一说思维，就转化成了现代的话语关系，即思维与存在的关系。这是近些年来教科书中的一个描述。为什么思维和思不一样呢？思维是带维度的思想，是被某种特定的维度牵引着走，要给思想铺设一个轨道。但是在古希腊时期，这个轨道还未铺成，还只是一个思想的探索、呈现的寻觅期。希腊世界不像我们今天谈的这个世界，都是现成的，都是既成世界。而当时是在浑沌中探索，所以我觉得翻译为"能思者与能在者是统一的"可能更准确、更具有希腊意义。

此外，当你假设这个存在者存在，它不可能不存在，说非存在者存在，这也是不可能的。为什么不可能，你做不到，你拿什么来定义非存在！我们汉语里就把它看成"无、虚无"，我觉得这些翻译都不能用。

学生2：您提到"空间现在时"与"时间现在时"，并认为后者比前者更深刻。因此我想请问，"时间现在时"怎么定义？它是一种空间化的时间还是那种有固定单位、有刻度的机械时间，还是生命体验到的那种内在时间？

陈春文：这就是我们现在做哲学的普遍困惑，我们一旦离开近代哲学的话语就不会说话了。刚才这个同学提到，你怎么定义时间，如果你把时间定义了，它就不是时间了。奥古斯丁曾讲过，如果你要不问我时间是什么，我还知道它是什么；如果你问我什么是时间，我就说不出来了。为什么会造成这个局面呢？这就是你定义了时间之后，时间就变成了一个集成物、现存物；而时间恰恰在于往复创造，处于不断的生成之中。

李朝东：好。小姜。

姜宗强：我们如何赶追西方文明？

陈春文：我讲的意思是：当你意识到有必要去追它的时候，它自己已经终结了，已经不需要去追了。

姜宗强：您的意思是，这种文明正在逐渐衰落？

陈春文：它自身正在衰落，而不是它之外的另外一种文化造成的衰落，这只是它自己生命的结束。前面我已提及，一种文明就像一个自然人，它有出生、婴儿、幼儿、少年、中年、老年的各个阶段，然后与时间一道进入了我们的生活之中，这是它的自然形态的一种呈现。

姜宗强：您的意思就是说，它自然地形成了衰落，而且它自身的命题没有更新的能力了。若果真如此，其他的东西也无法与之契合。那么地球的文明的进展是不是有某种规律？

陈春文：我作为一个研习海德格尔的人，在谈及悲剧、喜剧，悲观、乐观这些事情时，都非常谨慎。如果非要给出一个简单的结论，就我今天晚上通篇所讲内容而言，那就是西方文明已经达到了它的高峰，此后它就如同火山喷发完毕，形成石灰岩了。至于它将变成什么东西，那又形成了另外一个节奏，这个节奏转向了西方文明的内部。我认为西方文明达到它的高潮以后，还会趁机喷发的。这不是说让谁拯救它，谁也拯救不了它。

李朝东：有女同学提问吗，有没有？

女同学：那我也提一个行吗？

陈春文：女人的存在就是问题，不用提了。呵呵！

女同学：请问如何理解"世界图像"？

陈春文：我和海德格尔的意思大体一致。世界图像的时代不像画家那样，把世界作为一个对象来临摹，不是画一幅画，而是这个世界本身就已图像化了，它就是以图式的显现方式形成了一个图式的世界，而且世界本身就是这般模样。这样一来在这个世界终结之后，世界图像就只能从横向扩张。我认为它的纵向已经终结了。

李朝东：你有问题吗？我们把最后一个问题留给你吧！

同学3：陈老师您好，您刚才说，女人的存在本身就是个问题，为什么这样说？

陈春文：我无意中的一句话。

学生3：这引起了我的好奇。

陈春文：这不仅成为了问题，还成为了今晚的最后一个问题。女人的存在是一个问题，这本来是我一个插科打诨的说法，不必去认真追究，你一认真追究就涉及到：比如说女人做哲学，不是伤害哲学就是伤害女人。然后最糟糕的情况就是：女人和哲学都受到了伤害。这些东西，我们都不谈。因为这些都属于一个社会学范畴的东西，和哲学本身没什么关联。

我说女人本身就是问题，它是相对于男人的视野（并不需要用哲学的视野）来讲。男人更多地具有动物性，我们说男人要讲奋斗、养家糊口，还要追求猎物，谈恋爱时男方要主动；而我们的女性就是一种植物性的存在，她们受潮汐的影响，每个月都有几天不舒服。她们把男人当猎物来捕捉，一旦捕捉以后，就要把他榨干。作为一种配置，本来就是一个天文现象，是一个奇迹性的对象，而一种奇迹性的存在，有时候把它转化为一种社会学的描述就是对于人类的一种大不敬。

李朝东：好。时间过得真快，都已经十点钟了，我做个总结陈词。陈老师的基本观点就是：在古代西方有一个从神语向人语的转化过程，我们一开始用神话传说的方式来表述人与世界，后来渐渐以自己的语言和其他方式取代了神话与传说，用自己的言说方式来把握这个世界，从而产生了哲学。哲学在希腊达到了成熟的高度，由此也形成了物理、后物理，进而开拓了西方思想的历史长河。横向地看，较之其他文明形态，希腊文明的确是后来者；但是作为一个后起的文明，到了近代以后，一下子变得非常强大，个中原因则与希腊哲学有关，与物理和后物理的关系有关。在这种纵向延伸的过程中，希腊以及西方文明有一个大的爆发，我们把它叫做像火山一样的纵向爆发。那是一个伟大的时代，许多文艺复兴的思想家、文学家都在描述，那是一个非常伟大的时代。

到了20世纪的时候，哲学的思想资源最终耗尽了，科学和技术改变了我们的生存状况，纵向爆发的文明进程改变了，或者说终结了，它开始步入横向的进程。

在这样的背景下，所谓文明的更替，说的是：由西方哲学和思想主导的世界文明在20世纪的时候基本上就已经终结了。终结之后会不会出现一种新形态，或者说能不能拯救它？不存在这个问题！陈老师的意思是：现在只能以思的方式去思考如何把握技术，如何面对抛掷的命运。我们现代人已经被技术牢牢控制住了，不知道它会把我们带向何方。

我记得我此前讲过英国人查尔莫斯写的一本书《科学究竟是什么》，一开头的那句话就是，"人类社会是一列火车，科学技术是火车头，科学技术带着人类社会这一列火车，迅速向前奔驰着，速度越来越快，但可怕的是，驾驶室里没有驾驶员"。也就是说，科学家只是埋头做科学研究，发现所谓的万物的规律，给我们提供了越来越多的技术创造的核心，但是科学技术与科学家也已经无法驾驭科学研究和技术发现了。这个科学技术的火车头带着人类社会这列火车向前奔驰的速度越来越快，前面的岔道也越来越多，谁也不知道它会把人类社会带到哪里去。

这就是海德格尔所谓的我们能思的东西，现在就是要重新去思考人类的技术、安排与应用。这个问题当然是一个非常大的问题，而且必须要有对中西文化以及各种文化的一种综合思考，才会产生这样的一些大的命题和思想。我们经常这么说：大学不仅仅是一个职业培训所读大学的目的，不是为了习得一技傍身，以便将来谋得一个好的职业。不管我们学什么样的专业，这种专业知识都已经把知识本身分割成各种各样的曲线了。我们"中和论道"的功能或职责，首先就是要把知识碎片尽可能地缝合起来，使我们接受高等教育的绝大多数人都能够有一个思路，并在更大的范围内去思想，不只是关心自己的明天，还能够关怀人类的未来。

我认为这就是陈老师今晚的报告赋予我们的启示和应用价值。好。今天晚上的论坛就到这里。谢谢大家！再次感谢陈老师精彩报告！

（主讲人：陈春文）

第二讲　希腊悲剧精神
——以尼采的《悲剧的诞生》为主线

王金元：尊敬的洪涛董事长，各位老师，各位同学，大家晚上好！今晚的"中和论道"如约而至，今天给我们开设讲座的是哲学系的师庭雄博士。他给大家讲的是希腊悲剧。提到悲剧，大家都不陌生，我们在中学时候就读过鲁迅的那句话，"悲剧是把人世间最有价值的东西毁灭给人看"。尼采的悲剧观到底是怎样的？有请师老师给我们讲解。

师庭雄：尊敬的各位老师、各位同学，大家晚上好！为了给大家做这个报告，我写了一篇12000多字的论文，现在就以通读论文的方式给大家作讲演。

我们通常所理解的悲剧表现手法，乃是一种把毁灭性要素注入到文学作品中去的写作方法。这种毁灭性要素，要么是某种不可抗争的命运规定、要么是不合时宜的主人公性格、要么是峻厉峭刻的外在条件。每一个写作路向都把气运的限度、人生的终端和世界的极值一一展露于我们的眼前，而且是以最惨痛、最惨淡和最惨重的方式。于是，整个作品就被一种愁云惨雾所笼罩，屈从于悲怆情绪之簇拥，无奈于沉沉哀痛之裹挟；怅望来路之茫茫，焉知去日之所终？目之所见——世事凋零；耳之所接——杀伐戕贼；身之所受——砭肤锥心。然而，从尼采的悲剧观来看，这些写作内容都未能触及希腊悲剧的实质。

在他那里，希腊悲剧是酒神精神与日神精神共同作用的结果，其中真正起决定性作用的却是酒神精神。酒神精神最重要的标志就是对个体化原理的彻底摧毁——叔本华那里由盲目的意志让自身客体化而促成的个体化原理，在尼采这里走上了另一条道路。如果说，个体化原理于叔本华的"意志"而言成了一个随时可能被虚掷与毁灭的对象；那么，尼采通过对"个体化原理"的摧毁则意在摆脱这一盲目意志的支配，从而于此摧毁中达成对"生命"本身的肯定。这样一来，正是在如此这般罕有其匹的自我摧毁中，一种陶然忘我的狂喜从存在的深渊腾空而起。酒神信徒们形骸俱忘，他们在趱程去往酒神祭秘仪式的途中载歌载舞、且吟且唱，虎豹俯首前引，狐鹿帖耳随行，山林应声让道，名花异卉也在此时竞相绽放。就连那平日里自惭形秽的潘神也毫不掩饰地露出犄角、跨出羊蹄，跳一曲不知名的圆舞。一朝宴乐流散，酒神信徒们便倚树小憩、枕风长眠；这时，日神上场了，他用月桂枝轻触每一位酒神的仆从，赐予他们美的幻觉和梦的外观，每一个梦者就在这样没有惊扰、没有愧怍的情境里完成着最不可思议的升华和净化。酒神精神撕裂个体化原理，日神精神则以幻觉和梦的外观抚慰之，在理性的人们看来，这都是悖情悖理的偏执和迷狂。由此，观众只有两个选择，要么加入这一出悲剧的出演，把自己抓挠得遍体鳞伤而后快；要么径直站在那里大摇其头，根本无法理解这一出癫狂与救赎的戏剧，就像坐在剧场里的欧里庇得斯那样发出理解不了自己的伟大先辈的感慨。后来的阿提卡新喜剧依循"理解然后美"的原理演出了一出出"乐天"的闹剧，它们想要模仿日神的"乐天"，却只学会了日神抛给不懂悲剧的世人那一抹浮泛的笑靥；殊不知，"乐天"的身后，是酒神那从不曾轻易卸下的摩耶的面纱。敏感的人立即就能从这个新喜剧的口号里嗅出苏格拉底"知识即美德"的况味，恰好离这些哲学着的希腊人离美的形而上诉求千里之遥。在尼采那里，真正的形而上世界乃是由悲剧的美造就的，哲学不过是创造力如萤火之倏忽、生命力如腐尸之死寂的人的可笑伎俩。然而，尼采也看到了当下的德国精神里有一种朝着希腊悲剧回归的取向，那就是瓦格纳、康德和叔本华端呈给德国人的精神盛宴。他们盛赞酒神的音乐气质、日神的造型力量，从日益沉沦的"Abendland（'欧洲'之意，字面意思为'傍晚之地，傍晚之国'）"，向着希腊那早晨之国进发。恰如海德格尔说过的那样，"遮蔽在孤寂之中的傍晚的土地并没有没落；它作为向精灵之夜没落的土地期待着它的栖居者，从而保持下来。没落之土地乃是向那个被遮蔽在其中的早先之开端的转渡。"

（一）何谓酒神精神？

酒神精神在希腊人那里来自酒神祭秘祭，它表现为情绪的放纵，破除一切禁忌、常常表现为狂欢和性欲的放纵。在这样一些离经叛道的行径中，个体化的束缚通通消解，由此而复归一种原始的体验。一方面，个体的解体是所有苦痛中至高的酷苦。当人们把用来标志笑语晏晏的人伦符号撕个粉碎，把长久积习叠加起来的人格认定恣意摧毁，把"我等同于我"这样的同一律公式整个拆解，带来的必然是最高的痛苦。在这里，由于作为一切附加性语汇必得依托的那个"我"已然消解，我们也就再没有什么东西可以拿来为之塑造、为之辩护以及为之求证。另一方面，随着个体化原理的崩溃，所有痛苦中最高的痛苦宣告失效，也就解除了一切痛苦之源，我们从中反而会从中生出一种狂喜。

当然，尼采这里的"个体化原理"虽然也有上述意蕴，不过，他要破除的"个体化原理"却是针对叔本华而言的。当"意志"在其最高级别上把自己客体化于一个个体中时，在此种客体化镜像中最明晰的个体就是人。在惯常的状态下，人的行为保持着一种联贯性系列，但是更深入地看却是盲目的、昏聩的，"纯粹就其自身来看的意志是没有认识的，只是不能遏止的盲目冲动。我们在无机自然界，在植物繁生的自然界，在这两种自然界的规律中，以及在我们（人）自己生命成长发育的那些部分中所看到的意志现象都是这种冲动。这意志从后加的、为它服务而开展的表象世界才得以认识它的欲求，认识它所要的是什么，还认识这所要的并不是别的而就是这世界，就是如此存在着的生命"。也就是说，在叔本华这里，意志是世界的自在之物，一切现象乃至人都只是意志的客体化（亦即表象）；同时，该意志又是盲目的不可遏止的生命冲动，由此冲动生出欲望，欲望意味着缺欠，而缺欠正是一切痛苦的根源，所以生命在本质上就是痛苦的。由此而来，叔本华对"生命"本身持消极的悲观态度，要想解除生命的痛苦，唯一的办法就是否定"生命"。"这是因为大自然所关心的不是个体而仅仅只是物种的族类。对于种族的保存，大自然却十分认真，不惜以绝大超额数量的种子和繁殖冲动的巨大力量为之照顾……因此大自然也总是准备着让个体凋谢死亡。据此，个体就不仅是在千百种方式上由于极微小的偶然契机而冒着死亡的危险，而是从原始以来压根儿就注定要死亡的，并且是从个体既已为种族的保存尽了力的那一瞬起，大自然就在亲自把死亡迎面送给个体。由于这一点，大自然本身就很率直地透露了这一重大的真理：只有理念而不是个体才真正有真实性；即是说只有理念才是意志的恰如其分的客体性。于是，人既然是大自然本身，又在大自然最高度的自我意识中，而大自然又只是客体化了的生命意志，那么，一个人要是理解了这一观点并且守住这一观点，他诚然可以由于回顾大自然不死的生命，回顾他自己就是这自然而有理由为他（自己）的和他朋友的死获得安慰。"作为意志之表象的那些客体化对象（包括人）是无足重轻的，甚至要经常地拿来毁灭才能体现出意志那种超然物外的控制力和创造力。尼采借助酒神冲动来破除"个体化原理"，走出的却是另一条路：不是通过毁灭生命来彰显意志的威力，反而是通过毁灭个体化原理来摆脱意志的控制，让生命本身凸显出来，肯定生命。周国平先生一针见血地指出："尼采认为，叔本华在逻辑上是不彻底的。既然生命意志是世界的本质，它就是永恒的，必然时而毁灭个体生命，时而又产生个体生命。这表明了自然界本身生命力的强大……通过个体的毁灭，我们正应该体会到宇宙生命的丰盈充实才是。个体生命的毁灭本身是生命意志肯定自身的一种形式。悲观主义因为个体的毁灭而否定整个生命，乃是一叶障目。悲剧之所以能通过个体的毁灭给人快感，其秘密就在于它肯定了生命整体的力量。"尼采在《瓦格纳事件》中提出的"主人道德"恰好就是这种对生命的肯定：生命的自我美化、自我上升、自我超越，最后，对生命的一切可能性现象（包括死亡和毁灭）的肯定。在《瞧，这个人》中，他这样说到："最富于生命力的人，狄奥尼索斯式的神和人，不仅乐于看到那种可怜之物和可疑之物的景象，而且乐于看到那种可怕的行为，以及任何一种奢华的摧毁、分离、否定，——在他那里，凶恶、愚蠢、丑陋的东西仿佛是许可的，就像他在天性中显现为得到许可的那样，原因在于一种生产性的、重建性的力量的过剩，后者甚至能够从每一片沙漠中创造出一片丰富的沃土。"伯恩·玛格努斯这样评述到："尽管作为个体使人们经验到脆弱，但是只要他感受到自己也是这个欢愉生命力整体的一部分，就能投入到那具有内在价值的生命中。"

伴随着一切充足理由律的祛除和个体化原理的取消，酒神信徒就能一瞥酒神的本质——"醉"，"或者由于所有原始人群和民族的颂诗里都说到的那种麻醉饮料的威力，或者在春日熠熠照临万物欣欣向荣的季节，酒神的激情就苏醒了，随着这激情的高涨，主观逐渐化入浑然忘我之境"。尼采在《偶像的黄昏》中，对"醉"这种现象作了更为细致的描述："首先是性冲动的醉，这种最为古老、最为原始的醉。还有随着一切强大欲望、一切强烈情感而出现的醉；节日的醉，竞赛的醉，表演的醉，胜利的醉，一切极限运动的醉；酷刑的醉；破坏的醉；在特定气象影响下出现的醉，如春天的醉；或者在麻醉剂的影响下产生的醉；最后，还有意志的醉，一种积蓄的、膨胀的意志的醉。——醉的本质乃力的提升与充沛之感。从这种感觉出发，人们作用于物，人们强迫它们接受我们的意志，人们对其实施强暴，——人们把这个过程称为理想化。"在这种艺术化体验中，人由于自身生命力的充沛、甚至是过于充沛而实现着对他物的艺术心理学的转渡：人所看到的、人所愿望的，都是强大的和力量过剩的。这样的人领受着酒神狄奥尼索斯的一切馈赠，他经历一切人间苦难及困厄，却始终保有生命的质感，可以说，尼采借助酒神精神来破除"个体化原理"，意在摆脱叔本华那里作为本体的"意志"之束缚，超越这种漫无目的、恣意虚掷的意志，从而让"生命力"成为最高的原则。我们甚至可以说，尼采后来的"强力意志"（der Wille zur Macht）也不过是这种生命力的另一个注脚而已。

紧接着，"进入酒神状态确实意味着摧毁个体，但是随后因与自然重新结合而带来的狂喜却做了补偿。另外，与缺乏满足感的痛苦相对应的是时刻创造形式的快乐"。

酒神的魔力抚慰了历史烟尘里难以排解的遗传性苦难，抹去了人伦战争带来的满目疮痍，沟通了文化划界过程中的人格分裂，弭和着代际传承留下来的深度异化。在这里，不但人与人之间的疏远和敌对被克服了，达成了一种雍熙而乐的关系；而且一再被奴役的大自然也重新庆祝她同人类的和解。"大地自动地奉献它的贡品，危崖荒漠中的猛兽也驯良地前来。酒神的车辇满载着百卉花环，虎豹驾驭着它驱行……此刻，奴隶也是自由人。此刻，贫困、专断或'无耻的时尚'在人与人之间树立的僵硬的藩篱土崩瓦解了。此刻，在世界大同的福音中，每个人感到自己同邻人团结、和解、款洽，甚至融为一体了。摩耶（印度教中的虚幻之神）的面纱已被撕裂，只剩下碎片在神秘的太一之前瑟缩飘零。"关于"太一"，道格拉斯·伯纳姆认为："自然本来是一个'太一'（das Ureine），没有时间、空间及概念的区分。所有的'事物'最初都在这个整体里相互关联，他们的差异或独立是次要的、虚幻的；所有的事物都不过是这个根本的、涌动的"意志"的临时组合。"酒神信徒们陶然忘步，轻歌曼舞，如同着了魔一般。他们高视阔步，觉得自己就是神，就是那些日常状态下如弱草栖尘的他们只能带着敬畏去仰望并对之顶礼膜拜的神祇。这时，就连野兽也打破了族群分类意义的诸种藩篱，开始张口说话；大地则合上随时准备要择人而噬的豁口，从那精美的泉源汩汩流出牛奶和蜜。人们不再像欣赏一部舞台剧的观众那样正襟端坐、凛然自我，而是在酒神魔力的作用下都成了这出酒神剧的角色之一，他们不是在评骘作品之优劣，而是整个地化为了作品本身。"在这里，主体，即愿望着的和追求着一己目的的个人，只能看作艺术的敌人，不能看作艺术的泉源。但是，在下述意义上艺术家是主体：他已经摆脱了他个人的意志，好像变成了中介，通过这中介，一个真正的主体庆祝自己在外观中获得解脱。"这实际上暗喻着深沉的希腊人在其酒神祭秘仪中有一种形而上的思想诉求，他们的全部怀疑会借着酒神的魔性突然间向巍巍在上的奥林匹斯神系爆发出来。盗火者普罗米修斯，这位泰坦族后裔的身上闪耀着酒神信徒敢于亵渎诸神，敢于支配个人自由的光辉。关于普罗米修斯的神话意味着：一切至上的东西都必得亵渎一番而后得，更有甚者，最好连自己也要断然决然地亵渎一番。普罗米修斯因而有二重人格，"一切现存的都兼是合理的和不合理的，在两种情况下有同等的权利。"

第二讲　希腊悲剧精神

由上观之，尼采意在把酒神精神视为与"太一"（das Ur-eine）同属一体的形而上诉求。"太一"是无法用经验观察、价值认定和理性推导而得出的东西，它在位序上处于第一位，在层级上处于最高层，它才是真正的形而上学。通向这一形而上学的唯一之途只能是酒神那种毁弃一切并肯定生命的力量。如果说康德区分了现象与本体，叔本华则代之以表象与意志的话——叔本华对"意志"又进行了改造，把康德那里设定诸如"至善"之类的目的化活动破解为无目的的盲目的冲动，那么，尼采则通过酒神精神超越了康德与叔本华规定好了的意志序列。他把前两者均斥之为"颓废"（décadence），一个迷失在概念的丛林里，一个陷于否定生命的"悲观主义"不能自拔，这些做派都是敌视生命的典型。需要指出的是：融入"太一"的生命所体现出来的"自我"有两个含义，较低层次上是个人的生命本能（包括欲望、情绪、情感和体验等等），较高层次上则是精神性的"自我"，"自我"的生生不息的创造力。因此，尼采构造起来的形而上世界摆脱了西方传统（起自苏格拉底）的理性主义。

艺术上的表达式看，酒神精神更多地倾向于音乐。"只有从音乐精神出发，我们才能理解对于个体毁灭所生的快感。因为通过个体毁灭的单个事例，我们只是领悟了酒神艺术的永恒现象，这种艺术表现了那似乎隐藏在个体化原理背后的全能的意志，那在一切现象之彼岸的历万劫而长存的永恒生命。"与史诗宏大的叙事不同，酒神艺术是诗，是诗中流淌着、澎拜着、悸动着的音乐。一切酒神式的艺术形式都在模仿音乐，在音乐中耗竭了一切具象化的东西。随着音乐的起伏，酒神信徒那种生命之沉酣状态便盈然在场了。就在个体化原理被消解、酒神音乐响起之时，酒神本尊上场了。不过，这位神祇并不愿意以本来面目示人，他的出场类似于阿德墨托斯新亡的妻子阿尔刻提斯。一个体态和行姿酷似后者的蒙着面纱的女子突然被带到阿德墨托斯面前，面纱后面真实的人消解于一种精神的非现实之中。"这是日神的梦境……酒神冲动在其中客观化自身的日神现象,不再是像歌队音乐那样的'一片永恒的海,一匹变幻着的织物,一个炽热的生命',不再是使热情奔放的酒神仆人预感到神的降临的那种只可意会不可目睹的力量。"酒神套上的面具是日神赋予人们的梦的外观,他一旦发言,就总是以日神的方式娓娓道来。当然了,这一切都只是譬喻,因为音乐根本无法用某种形象化的东西表征出来。所以,尼采才说,"有些听众总想替贝多芬的一首交响曲寻找一种图解。由一段乐章产生的种种形象的组合,似乎本来就异常五光十色,甚至矛盾百出,却偏要在这种组合上练习其可怜的机智,反而忽略了真正值得弄清的现象。"一切把某阙交响曲称作"田园交响曲"、"河边小景"或"田夫同乐"的做法,在音乐的领受方面都是低能的表现。这些表达只是生于音乐的譬喻式观念,根本够不着音乐所模仿的那种酒神精神。

　　正是在酒神精神和日神精神的共同作用下,一种称之为阿提卡悲剧的艺术形式出现了。在酒神冲动冲决一切的作用力之下,日神精神之所以还能有所建树,恰恰在于酒神冲动解除的是种种日常的、价值的、理智的束缚,突出的是不羁的生命力本身。围绕着"过剩的生命力"本身,日神精神以梦的外观重塑个体化形象。"酒神狂欢体现了一种泛滥的生命感和力感,其中,甚至痛苦也成了兴奋剂……甚至在其最陌生、最艰难的问题上也肯定生命,生命意志在其最高类型的牺牲中感受到自己生生不息的乐趣——我把这叫作狄奥尼索斯式的,我猜想这才是通往悲剧诗人心理学的桥梁。不是为了摆脱恐惧和怜悯,不是为了通过激烈的爆发从一种危险的激动情绪中净化自己;而是为了超越恐惧和怜悯,成为永恒的生成乐趣本身——那种也把毁灭的乐趣包含于自身之中的乐趣。"由此观之,日神的抚慰作用绝非肤浅的乐观主义,这里依然秉持着尼采一贯以来的"悲观主义"色彩。不过,尼采的悲观主义不是弃世或出世，而是在惨淡的世风和不堪的世事中开创出一种超越性——承认人生的痛苦不是屈服于这种痛苦之摆布；允诺世界的无意义不是屈从于这种无意义之延伸；痛斥苏格拉底主义的颓废和堕落不是屈就于这种颓废和堕落之安置，而是要从这种悲观主义痛彻里体味生命的真实，感怀生成（Werden）的快乐，以一种真正超越的形而上的力量大尺度地跨越悲观主义的泥淖。在别的地方，尼采也把这种永恒的生命称之为永恒轮回，如果把尼采哲学中的佛教因素附会于此，则显得有些方枘圆凿：前者是充足得过剩的生命力，后者则是看透世情的脱身之法；前者是战天斗地的豪情，后者是万象寂灭的深沉；前者是对生命与生成的赞美，后者是对世事无常的补偿；前者并没有否弃痛苦与恐怖，反而视之为生命与生成的一部分，后者却从荆棘满布的有涯之生掉头而去，朝向彼岸的沉寂与解脱。

（二）酒神精神与日神精神合力构建的希腊悲剧传统

金发卷曲的光明之神阿波罗神手捧竖琴，肩背银弓。他依靠自己罕有其匹的射箭术，射杀威胁奥林匹斯神系的泰坦族余孽，捍卫了神族的尊严和荣耀。同时，他也是一位高明的乐师，他吹奏芦笛或拨弄竖琴的时候，"猛兽为美妙的乐声所迷醉，纷纷走出密林。凶猛的豹子和狮子在畜群中间安闲地走动。鹿和羚羊听见笛声也纷纷跑来，周围呈现出一片欢乐与祥和。"他的乐音也会在诸神身上产生不可思议的效果，"这时候，战神阿瑞斯忘却了浴血拼杀的喧嚣，乌云聚散者宙斯手中的雷电不闪亮，众神也不再争吵，奥林匹斯山一片和平和宁静"。由此，希腊人将阿波罗尊奉为光明之神，他传达神谕，深海领航、洗涤血污、创建城邑，是画家、诗人、歌唱家和乐师的保护神。

"阿波罗这个词的词根'scheinen'，在德语中是'光明的人'之意——因此，日神与光明、清晰、明朗的线条和外观有关……还有'外表''幻象'和'欺骗'的意思。"从德语的构词法看，一方面，scheinen 有"照耀、发光、发亮"之意，对于倡导光的去蔽作用的西方人来说，这个词就有了"理性"和"光明"之意——由此衍生出来的名词 Erscheinung（现象或显象）曾一度成为康德哲学展开讨论的基点；另一方面，scheinen 还有"看似、好像"之意，这里就有"能够和应该给予人一种外观"的意义，由此有了"幻象、表象"之意。日神阿波罗在尼采这里显然不具有"理性主义"特征，反而更多地是在后一种意义上去援引题中之义：日神的光辉是万物呈现美的外观，实质却是一种幻觉。"梦"是日神的经常状态，伟大的雕刻家总是在梦中看见各种美轮美奂的灵物闪烁着光辉的肢体结构。"叔本华直截了当地提出，一个人间或把人们和万物当作纯粹幻影和梦象这种禀赋是哲学才能的标志。正如哲学家面向存在的现实一样，艺术上敏感的人面向梦的现实。他聚精会神于梦，因为他要根据梦的景象来解释生活的真义，他为了生活而研习梦的过程。"日神精神试图告诉我们：在我们最内在的本质深处，有一种深刻的喜悦和愉快的必要性，它们披着梦的外衣熠熠生辉。"日神，作为一切造型力量之神，同时是预言之神。按照其语源，他是'发光者'，是光明之神，也支配着内心幻想世界的美丽外观。这更高的真理，与难以把握的日常现实相对立的这些状态的完美性，以及对在睡梦中起恢复和帮助作用的自然的深刻领悟，都既是预言能力的、一般而言又是艺术的象征的自然的深刻领悟，都既是预言能力的、一般而言又是艺术的象征性相似物，靠了它们，人生才成为可能并值得一过。"梦象的柔和轮廓在日神形象中表现为：适度的克制，免受强烈的刺激以及大智大慧的静穆。即使当日神愤激和怒视时，仍然保持着美丽光辉的尊严。叔本华以激情洋溢的文字描述到："喧腾的大海横无际涯，翻卷着咆哮的巨浪，舟子坐在船上，托身于一叶扁舟；同样地，孤独的人平静地置身于苦难世界之中，信赖个体化原则。"与酒神恣意毁灭个体化原则相反，日神通过梦的外观给这个原则重新厘定应有的尺度，让人类有秩序可循，让世界有层次可辨，让神族有等级的尊严。可以说，个体化原则一旦确立，世间的一切规则也就应运而生了。一方面梦的静观有一种深沉的内在快乐，让人沉湎于梦的幻觉"这是一个梦，我要把它梦下去"；另一方面，为了能够带着静观的快乐做梦，就必须完全忘掉白昼及其烦人的纠缠。正是基于这样的考虑，道格拉斯·伯纳姆说到："使日神艺术如此美丽、使我们如此愉悦的，不仅仅是它的形式特征（比如，对称或比例等美学特征），更是一种永恒的感受，即这个形式不过是一个幻象。梦境若丢掉对外表的这一感受，就会变成'病态'：因此日神艺术必须有所节制，冷静，不受狂野冲动的影响。"

需要强调的是：日神精神在尼采看来依然是人的一种本能，而且是最能体现人之本质的特性之一。因为它是人的梦境所展现出来的外观，在《偶像的黄昏》中，尼采于一段格言里告诉我们：人在梦境中的表现比日常状态下的行止来得更为本质。日常行径总是因为成败利钝的计较、对错是非的推定、善恶美丑的度量以及立场与角度之间的研揣而变得脸谱化；在梦境中，所有这一切都通通失效，人最为深沉的本质以毫无遮掩的方式展露在我们面前。这样一来，尼采也认为：（1）酒神精神融入了"太一"的形而上要求；（2）日神酒神亦能很好地接续"太一"的外化。如果没有两位神祇对于"太一"的这样一种自然的承续，我们在理解二者共同作用下的希腊悲剧精神之际就会误以为尼采在肆意杜撰——这是因为：打开每一部希腊神话故事集，二位神祇几乎没有任何交集，更谈不上精神上的互为支撑。

与酒神的音乐艺术相对，日神精神表达为造型艺术。多立克式建筑巍然矗立,整体、局部和细节都严格按照一种精确的比例来安排,整个外观给人以刚健有力且清秀柔美的印象。把多立克式建筑一砖一石地拆除,直达地基,"这时首先映入我们眼帘的是奥林匹斯众神的壮丽形象,他们耸立在大厦的山墙上,描绘他们事迹的光彩照人的浮雕装饰着大厦的腰线。在这些浮雕之中,如果日神仅同众神像比肩而立,并不要求坐第一把交椅,我们是不会因此受到迷惑的。体现在日神身上的同一个冲动,归根到底分娩出了整个奥林匹斯世界,在这个意义上,我们可以把日神看作奥林匹斯之父"。在这个神系里,没有明显的善恶之分,也没有圣洁与堕落的区别,只要生命感充盈,一切存在物良善与否都可以被尊奉为神。这里的生命感,不是肃杀的静观,不是随时都有灭顶之灾的深渊,更不是人性中那种多愁善感的天性,而是一种有力的幻觉和快乐的幻想。这一点,我们只要想一想诗人荷马在《伊里亚特》和《奥德赛》这两部史诗中的语言之使用、人物之刻划、神祇之在场就够了。荷马以并不绮丽的笔触写出终有一死者们不见得有多伟岸,那些游走于天界和人世的神祇更是显得有些庸常;但是,史诗中的这一切却被瞽者荷马赋予了一层梦的幻象。所有的真实目的都被掩盖了,当我们试图去抓住自然的本质状态的时候,我们遭遇到的不过是自然抛给我们的种种美的幻象。"然而,日神再一次作为个体化原理的神化出现在我们的面前,唯有在它身上,太一永远达到目的,通过外观而得救。它以崇高的姿态向我们指出,整个苦恼世界是多么必要,个人借之而产生有解脱作用的幻觉,并且潜心静观这幻觉,以便安坐于颠簸小舟,渡过苦海。"在这里,尼采用拉斐尔的名画《基督的变容图》做了形象的比喻。这幅图的下半部分是那些绝望的搬运工、惊慌的信徒,他们反映了永恒的原始痛苦;上半部分则是变了形象的耶稣,脸面明亮,衣裳洁白如光。这说的是:苦难是真实的,而光的幻象更是真实的。这就是"希腊的乐天",它不是盲目的傻乐，不是神经错乱的不知其所乐，更不是多愁善感的民族身上那种一丝笑料足可以饮一大觥的哈哈乐；它是在日神驱动下窥见了自然的奥秘和自然的恐怖的必然产物，是那用来医治因恐惧黑夜而失明的眼睛的闪光斑点。所以，就外在表现而言，日神的幻象总是在那反自然的酒神智慧把种种人格建制一一拆毁之后重又以梦的外观予以缝合。俄狄浦斯干了三件反自然的事，一是弑父、二是破解斯芬克斯之谜、三是娶母。唯有当他自剜双目，才又重获日神的眷顾，在梦的外观中安度晚年。真正的日神艺术不会执拗于某种一马平川的快意，而是与某种苦难的魔力跬步相随。真正的日神艺术家，"他观赏辉煌的舞台世界，却又否定了它。他看到眼前的悲剧英雄具有史诗的明朗和美，却又快意于英雄的毁灭。他对剧情的理解入木三分，却又宁愿逃入不可解的事物中去。他觉得英雄的行为是正当的，却又因为这行为毁了当事人而愈发精神昂扬。他为英雄即将遭遇的苦难颤栗，却又在这苦难中预感到一种更高的强烈得多的快乐。他比以往看得更多更深，却又但愿自己目盲。这种奇特的自我分裂，日神顶峰的这种崩溃，我们倘若不向酒神魔力去探寻其根源，又向哪里去探寻呢"？所以，真正的日神精神是从酒神精神那荆棘丛生的苦难里一步步艰难地走出来的，而这恰正是希腊悲剧精神的实质之所在。

上文提到酒神上场，就像蒙着面纱的摩耶，那层面纱就是日神的梦的外观。整个希腊悲剧艺术交织着日神和酒神的二元性，恰似生育有赖于"性"的二元性，其间充满着持续不断的斗争和间发性的和解。一方面是日神借外观和幻觉自我肯定，否定那种回归世界本体的冲动；另一方面则是酒神对个体化原理的毁坏，在无边的痛楚中实现与本体的融合。"两种如此不同的本能彼此共生并存，多半又彼此公开分离，相互不断地激发更有力的新生，以求在这新生中永远保持着对立面的斗争。直到最后，由于希腊'意志'的一个形而上的奇迹行为,它们才彼此结合起来,而通过这种结合,终于产生了阿提卡(希腊中部,雅典城邦所在地)悲剧这种既是酒神的又是日神的艺术作品。"这是"梦"和"醉"两个分开了的艺术世界,这两个世界均与人的智力水平或艺术修养无关,前者是一个充满幻象的世界,后者在毁掉个人的同时又以一种神秘的统一感解脱个人。"面对自然界的这些直接的艺术状态,每个艺术家都是'模仿者',要么是日神的梦艺术家,要么是酒神的醉艺术家,要么是希腊悲剧中二者的结合。关于后者(悲剧),我们不妨设想,他在酒神的沉醉和神秘的自弃中,独自一人,脱离游荡着的歌队,醉倒路边;然后,由于日神的梦的感应,他自己的境界,亦即他和世界最内在基础的统一,在一副譬喻性的梦像中向他显现了。"日神给梦者的外观,绝不会遵守所谓的线条、轮廓、颜色和布局的逻辑合理性;同样,酒神的希腊人与酒神的野蛮人之间也判若云泥:"在古代的各个地区(这里不谈现代世界),从罗马到巴比伦,我们都能够指出酒神节的存在,其类型之于希腊酒神节,至多如同公山羊借得名称和标志的长须萨提儿之于酒神自己。几乎在所有的地方,这些节日的核心都是一种癫狂的性放纵,它的浪潮冲决每个家庭及其庄严规矩;天性中最凶猛的野兽径直脱开缰绳,乃至肉欲与暴行令人憎恶地相混合,我始终视之为真正的'妖女的淫药',有关这些节日的知识从所有陆路和海路向希腊人源源渗透,面对它们的狂热刺激,他们几乎是用巍然屹立的日神形象长久完备地护卫了一个时代,日神举起美杜莎的头,便似乎能够抵抗任何比怪诞汹涌的旧酒神冲动更危险的力量。"酒神冲动与日神的抵抗只是偶尔达成媾和,但也恰是这种媾和使得席卷一切的野蛮狂欢具有了神性的意义,"与巴比伦的萨克亚节及其人向虎猿退化的陋习相比,希腊人的酒神宴乐含有一种救世节和神化日的意义。只有在希腊人那里,大自然才达到它的艺术欢呼,个体化原理的崩溃才成为一种艺术现象。在这里，肉欲和暴行混合而成的可憎恶的'妖女的淫药'也失效了，只有酒神信徒的激情中那种奇妙的混合和二元性才使人想起它来——就好像药物使人想起致命的毒药一样。其表现是，痛极生乐，发自肺腑的欢喊夺走哀音；乐极而惶恐惊呼，为悠悠千古之恨悲鸣。"如果从神族更迭的意义上来讲，酒神和日神的关系恰好如同奥林匹斯神系从泰坦诸神的恐怖秩序中挣扎出来的过程。光辉的奥林匹斯神系最终确立，其底下却是暗流涌动，泰坦式的破坏力随时都会鼓荡而出，而日神筑起的堤坝则随时都有决堤的危险。

日神对个体化原理进行深化，要求希腊人保持对个人界限的遵守，即所谓的适度，同时也要做到有自知之明。由此，在审美的艺术活动中，提出了"认识你自己"和"勿过度"两个外加的原则。而一切自负和过度则必遭天谴，"普罗米修斯因为他对人类的泰坦式的爱，必定遭到兀鹰的撕啄；俄狄浦斯因为他过分聪明，解开斯芬克斯之谜，必定陷进罪恶的混乱漩涡——这就是德尔菲神对希腊古史的解释"。毋庸置疑的是，酒神虽然被视为"泰坦的"和"蛮夷的"，但是，在日神式的希腊人看来，他们自己同那些被推翻的泰然诸神还有着割不断的血亲关系。他们整个生存及其全部的美和适度都来自于酒神冲动给他们提供了更大尺度范围内的运作空间，"在这里，个人带着他的全部界限和适度，进入酒神的陶然忘我之境，忘掉了日神的清规戒律。过度显现为真理，矛盾、生于痛苦的欢乐从大自然的心灵中现身说法。无论何处，只要酒神得以通行，日神就遭到扬弃和毁灭"。

到了此处，希腊人的"乐天"也得到了最为明确的表达，"在旧悲剧中，对于结局总可以感觉到那种形而上的慰藉，舍此便根本无从解释悲剧快感……于是，人们就寻求悲剧冲突的世俗解决，主角在受尽命运的折磨之后，终于大团圆或宠荣加身，得到了好报。悲剧英雄变成了格斗士，在他受尽摧残遍体鳞伤之后，偶尔也恩赐他自由。神机妙算取代了形而上的慰藉"。世俗的宠荣加身只是偶尔颁给英雄的奖赏，它绝不可能成为希腊悲剧的常态；日神精神的梦的外观也仅止于此，否则，悲剧就必将遭逢灭顶之灾。

可以说，具有音乐气质的酒神精神是希腊悲剧中起着支柱性作用的因素，唯有对个体化原理的彻底粉碎，才有可能一窥世界的形而上的深度。它没有任何形象，无需任何形象的襄助便能让每一个酒神信徒瞬间魔变，打破日常的一切规矩和应予服从的规则，应合着潘神的笛声陶然忘我。另一方面，作为造型艺术的日神精神则以梦的外观重新整合撕碎了的个体化原理，让戾气横行、苦难深重的人们有了重新建立秩序、再度服从秩序的勇气和可能性。"酒神的暴力在何处如我们所体验的那样汹涌上涨，日神就必定为我们披上云彩降落到何处，下一代人必将看到它的蔚为壮观的美的效果。"从这个意义上说，悲剧就是酒神智慧借日神艺术手段而达成的形象化。我们总是说希腊人的造型艺术有一种"静穆的哀伤"，从"拉奥孔"雕塑那刻在脸上的噬心之痛到山巅之上的希腊神庙危危乎凌虚而立，都给人一种僵硬的质感，这些形象的最深刻内核都是音乐，是酒神精神的譬喻式显现。酒神和日神二者的合力达成的希腊悲剧艺术当然无法用一切逻辑的方式来给定，更不是靠什么不着边际的知识来传达的，它留给后人的是无以排解的焦虑和上下求索却茫无定据的感慨。于是，欧里庇得斯这样的剧作家不得不感慨实在无法理解自己那些伟大的先辈。缺乏深沉品质的后来人只好一味地去发挥希腊悲剧中的"乐天"成分，于是阿提卡新喜剧出场了。在尼采看来，希腊悲剧精神从那时起便衰落了，直到他生活的 19 世纪末的德国才又让人们看到重燃复兴火焰的希望。

从酒神精神与日神精神共同作用下的希腊悲剧这里，我们还应该看出一种危险：一方面，酒神冲动试图在"太一"的整体里消解个体,这表现为"醉"的状态下,个体陶然忘我,个体的一切区分本领、评估能力都失去了自我意识的控制。"我"被消解了,由之维系的一切日常判断和深层推理都化为乌有,这是危险之一。另一方面,日神也是危险的,因为它意味着将作为整体的"太一"拆分为个体,虽则保证了个体沉浸于外观之中的形而上慰藉,却对"太一"造成了实质上的反制。这样一来,我们看到:希腊悲剧是一种勇敢者的危险游戏,随着酒神荡涤一切的"狂喜"而至的未必是雍熙而乐的个体性抚慰,反而可能是更为彻底的裂解和贬抑。"希腊人之所以需要以奥林匹斯众神形象为主要内容的史诗和雕塑艺术,是为了给痛苦的人生罩上一层美丽神圣的光辉,从而能够活下去;之所以需要激发情绪陶醉的音乐和悲剧艺术,是为了产生超脱短暂人生、融入宇宙大我的感觉,从而得到一种形而上学的安慰。在两种情况下,人生的痛苦和可悲性质都被默认是前提,而艺术则被看做解救之途。"这里的"可悲性质"完全可以视为上述"危险性"的一种回应,这种一种回应只能以悲剧艺术的方式来承继。由此观之,悲剧艺术是所有艺术中最具有"自噬"品性的艺术,它倨傲地给出自己的演绎方式,而真正能明白个中就里的人却是为数寥寥。

(三) 悲剧的沦亡及继起的剧作形式

希腊悲剧的沦亡可以按照两条路向去觅踪:一是希腊悲剧缘于一种无法自解的冲突而自噬;二是后继的艺术家们无法理解酒神精神和日神精神共同作用下的希腊悲剧,观众日趋平庸、剧作家日趋无能,最终导致了一种理智上可以被理解、情感上可以被接受的新型喜剧。由此观之,面对希腊悲剧,我们除了有一种黄钟毁弃的思古之幽情外,既无法全身而入悲剧的场景,更无法再现悲剧的创作。"就像提伯留斯时代的希腊舟子们曾在一座孤岛旁听到凄楚的呼叫:'大神潘(山林之神、牧人、猎人及牲畜的保护者)死了!'现在一声悲叹也回响在希腊世界:'悲剧死了!诗随着悲剧一去不复返了!滚吧,带着你们萎缩羸弱的子孙滚吧!滚到地府去,在那里他们还能够就着先辈大师的残羹剩饭饱餐一顿!'"

我们说过,希腊悲剧借助日神的作用,给我们提供了一种对于外观和静观的充分快感。但是,这种快感只是暂时的,酒神作用下那种来自至深之处的冲决一切的力量瞬间就会把这些梦幻的外观化为齑粉,以便在对外观世界的毁灭中获得更高的满足。我们甚至可以说,日神精神在悲剧中仅只起到"疗伤"作用,如果说日神的"乐天"精神在其中也有某种构成性作用的话,那也是基于一种对酒神精神的痴迷:因为,在这里,日神精神虽然与酒神精神互成抵牾关系;但是并非一方面毁灭另一方的关系,而是秉持不同的形式内容,共同达成一种精神上的壮采!其中真正起决定性作用的还是酒神精神那破坏一切的冲动,日神精神在经由酒神精神横加肢解的破碎世界中四处撷拾,重新弥合,重又等待着下一次酒神精神的更为猛烈的冲击。所以,我们才说,日神精神被酒神精神不断提高其层次,日神精神也是一种癫狂的表达,它没有围截和熄灭酒神冲动,反而是在更高层次上成全了后者。"在这里,酒神因素比之于日神因素,显示为永恒的本原的艺术力量,归根到底,是它呼唤整个现象世界进入人生。在人生中,必须有一种新的美化的外观,以使生气勃勃的个体化世界执着于生命。我们不妨设想一下不谐和音化身为人——否则人是什么呢?——那么,这个不谐和音为了能够生存,就需要一种壮丽的幻觉,以美的面纱遮住它自己的本来面目。这就是日神的真正艺术目的。我们用日神的名字统称美的外现的无数幻觉,它们在每一瞬间使人生一般来说值得一过,推动人去经历这每一瞬间。"这样一来,只要酒神精神发生作用的地方,一切东西都面临着彻底的崩溃,这种摧毁一切的力量同时也是一种自噬的力量。我们目之所及,没有所谓的建制,只有顽强的毁灭性力量。由是,希腊悲剧必然成为绝响。神话凋敝,哲学诞生、科学勃兴,历史按着程式化进展等等都不是杀死悲剧的原因,而只是悲剧灭亡后的续曲。真正能够杀死悲剧的还是悲剧自身。我们甚而还可以说,但凡谁想要和酒神传统保持一种外交式的合作,他也会招来不虞之祸,就像希腊神话世界里的卡德摩斯那样。卡德摩斯杀死战神所生的巨龙并种下龙牙,龙牙长出的武士自相残杀,最后剩下的五名武士帮他建造了忒拜城。最后,当两个女儿和一众孙女相继死后,他伤心地说:"众神是为了被我杀死的那条龙而惩罚我吗,为什么不让我变成龙?"言毕,化身成龙。是的,谁要是和酒神合作,酒神就会把他变成一条"龙",酒神就是这样坚决地自绝于人。

审慎的剧作家欧里庇得斯自然是懂得这一点的,于是,面对汪洋恣睢的希腊悲剧,他既无续貂的能力、亦无续凫的闲情,于是径直发展出了一个新剧种。这就为希腊悲剧的沦亡做了第二重准备。

现在,把悲剧奉为先妣和主母来敬奉的新的艺术种类阿提卡新喜剧诞生了。由于无法以一种明晰的理路理解悲剧,欧里庇得斯这样的剧作家就试着以"能够被理解"为主旨创作新剧目。现在的剧场舞台上,演员们按照既定的言语技巧和表演流程来展开表演。他们用最机智的诡辩术来观察世事人心、款款细语、喁喁相商并得出皆大欢喜的结论。于是,每一出剧目出演之前总会有人报幕,把整个剧情事无巨细地铺排一番,生怕哪一个细节被略过,哪一个表情被忽略。世俗生活的烟火气开始在整个舞台弥漫开来,叙事更生动、措词更考究、情节自然也就更合理。新喜剧只能靠斗智耍滑不断取胜,"可是,由于悲剧诗人之死,希腊人放弃了对不朽的信仰,既不相信理想的过去,也不相信理性的未来……得过且过，插科打诨，粗心大意，喜怒无常是他们至尊的神灵。"在这里彰显了欧里庇得斯洋洋自得的意图：他想要通过这个新剧种，把原始而全能的酒神因素从悲剧中驱除出去，从而把后者建立在非酒神的艺术、风俗和世界观基础上。事实也是如此，欧里庇得斯把原始希腊悲剧中那些扑朔迷离的结构、赋意模糊的歌队通通取消。一切伦理问题的处置、神话叙事的安排、幸福与不幸的设定都以一种体面的、世俗的方式表达出来；同样，过分浮华的人物关系、无限膨胀的人物性格以及乖张离奇的言词都变得可亲可近，关系变得合理了，人物变得驯服了，语言变得符合逻辑了。怀着一种"吾道不孤"的莫大感激，他回首一瞥那位同样蹙着额并大摇其头的观众：苏格拉底。"欧里庇得斯在某种意义上也是面具，借他之口说话的神祇不是酒神，也不是日神，而是一个崭新的灵物，名叫苏格拉底。这是新的对立，酒神精神与苏格拉底精神的对立，而希腊悲剧的艺术作品就毁灭于苏格拉底精神。"

如果说荷马的史诗还刻意地保持着一种悲剧色调，那是因为高明的荷马借助日神给最可怖的事物一个外观并通过对外观的喜悦给那些被酒神毁掉了的神和人一种解脱感。作为苏格拉底气质的剧作家，欧里庇得斯的剧作里即便还有史诗的痕迹，也是以"戏剧化史诗"的方式来出现的。"在这里，我们再也看不到对于外观的史诗式的陶醉，再也看不到真正的演员的无动于衷的冷静，真正的演员达到最高演艺时，完全成为外观和对外观的喜悦，欧里庇得斯是一个心脏悸动、毛骨悚然的演员；他作为苏格拉底式的思想家制订计划，作为情绪激昂的演员执行计划。"欧里庇得斯玩得一手好牌，他把悲剧中的酒神因素这种又冷又硬的东西去掉——酒神精神始终倨傲地保持着一种无从改易、无从模仿的姿态；同时把悲剧中的日神因素无限放大——抛开酒神精神的牵绊，单向度地从日神的"乐天"方面去发挥，这样，他的剧作就变成了一种又冷又烫的东西，既可以瞬间燃烧，又可以瞬间冻结。与苏格拉底的"知识即美德"的口号遥相呼应，欧里庇得斯把审美的最高原则表述为"理解然后美"。剧情的发展都要服从"理解"这个原则，即便演员的言词中涉及到梦境，后者也要与后来的事实相符，总之，一切振奋人心的东西都罄尽了。"没有'理性'，艺术创作里的万物就处于混乱的原始混沌状态，所以，欧里庇得斯必须以第一个'清醒者'的身份谴责那些'醉醺醺的'诗人。"以苏格拉底最清醒最智慧的语言来说话的欧里庇得斯实际上把创作方式倒了个个儿，"在一切创造者那里，直觉都是创造和肯定的力量，而知觉则起批判和劝阻的作用；在苏格拉底，却是直觉从事批判，知觉从事创造——真是一件赤裸裸的大怪事！"

在苏格拉底看来，悲剧艺术一是不说明真理；二是诉诸"不具备多大智力的人"。这成了他拒斥悲剧的双重理由。他认为悲剧不过是谄媚艺术之一种，写的尽是冶游乱性之事，不触及有用之事之分毫。剧作要想有益于世道人心，必须在清晰的逻辑和自觉的说理过程中去演绎。一切科学的使命均在于使人生显得可以理解并有充足理由。"我们只要看清楚，在苏格拉底这位科学秘教传播之后，哲学派别如何一浪高一浪地相继兴起；求知欲如何不可思议地泛滥于整个有教养阶层，科学被当作一切大智大能的真正使命汹涌高涨，从此不可逆转；由于求知欲的泛滥，一张普遍的思想之网如何笼罩全球，甚至奢望参透整个太阳系的规律。我们只要鲜明地看到这一切，以及现代高得吓人的知识金字塔，那么，我们就不禁要把苏格拉底看作所谓世界历史的转折点和漩涡了。"知识在苏格拉底这里成了包治百病的灵药，辨别真知与假象是人类最高尚的事情，于是，概念、判断和推理的逻辑被推崇为其他一切能力之上的最高级的活动和最值得赞叹的天赋。在尼采眼中，苏格拉底给出的这种论调只适合那些在求知欲方面贪得无厌的且肤浅至极的乐观主义者，真正的求知者还得一跃而入形而上的世界，颇有讽刺意味的是：这个世界并不是由知识打开的，而是由酒神秘仪打开的。"在我看来，日神是美化个体化原理的守护神，唯有通过它才能真正在外观中获得解脱；相反，在酒神神秘的欢呼下，个体化的魅力烟消云散，通向存在之母、万物核心的道路敞开了。这种巨大的对立，像一条鸿沟分割作为日神艺术的造型艺术与作为酒神艺术的音乐，在伟大思想家中只有一人对之了如指掌，以致他无需希腊神话的指导，就看出音乐与其他一切艺术有着不同的性质和起源，因为其他一切艺术是现象的摹本，而音乐却是意志本身的直接写照，所以它体现的不是世界的任何物理性质，而是其形而上性质，不是任何现象而是自在之物。由于这个全部美学中最重要的见解，才开始有严格意义上的美学。"这真正的大智大慧者就是叔本华。酒神精神表达为音乐艺术，在叔本华看来，音乐才是一种最高水平的普遍语言，这种普遍绝非抽象概念的空洞的普遍性，而是一种人所共知、一目了然的明确性。"音乐不同于其他一切艺术，它不是现象的摹本，或者更确切地说，不是意志的相应客体化，而是意志本身的直接写照，所以它体现的不是世界的任何物理性质而是其形而上性质，不是任何现象而是自在之物。"对于苏格拉底这样的人来说，这绝对是一个啼笑皆非的结论。他倚靠知识的衍生方式去孜孜以求的本质以及形而上学品质，恰好是从他弃之如敝屣的具有酒神气质的音乐中获致的。

于是，这里就出现了三种文化：苏格拉底文化、艺术文化和悲剧文化。"一种人被苏格拉底的求知欲束缚住，妄想知识可以治愈生存的永恒创伤；另一种人被眼前飘展的诱人的艺术美之幻幕包围住；第三种人求助于形而上的慰藉，相信永恒生命在现象的漩涡下川流不息，他们借此对意志随时准备好的更普遍甚至更有力的幻象保持沉默。"前两种文化想要为自己寻求某种深沉的本质，就得乞灵于悲剧文化。于是，苏格拉底所倡导的歌剧把所有这些东西杂糅在一起：歌手为了让听众听清每一个词，只好用说话的方式替代演唱；一旦加入情感色彩便立即跑调，滑向一种酒神的冲动。"由于他不能领悟音乐的酒神深度，他的音乐趣味就转变成了抒情调中理智所支配的渲染激情的绮声曼语，和对唱歌技巧的嗜好。由于他没有能力看见幻象，他就强迫机械师和布景画家为他效劳。由于他不能把握艺术家的真正特性，他就按照自己的趣味幻想出'艺术型的原始人'，即那种一激动就唱歌和说着韵文的人。他梦想自己生活在一个激情足以产生歌与诗的时代，仿佛激情真的创造过什么艺术品似的。"听众和演员只好把音乐、形象和语言做成一锅大杂烩。或许，苏格拉底只有在梦中才是清醒的，因为梦中有一个明确的声音向他呼喊"苏格拉底，从事音乐吧！"

现在，由于悲剧精神消耗殆尽，人们若还想谈日神精神中"希腊的乐天"，就只能谈成一种肤浅的喜剧。"那也只是奴隶的乐天，奴隶毫无对重大事物的责任心，毫无对伟大事物的憧憬，丝毫不懂得给予过去和未来比现在更高的尊重。"无独有偶，在施莱格尔看来，喜剧也是注解希腊精神的一大支柱，它以感官的刺激和被动接受为限，却又在此二者中抛出对自由的渴求。它的初期是精神自舞的满足，是希腊精神的最高形式，而一旦自由被过分地虚掷、感官上的纵欲过分地被强调，希腊喜剧就蜕化了——它没有能上升到"诗"（即主体中一种善的显露），便已成为满足个人的及政治的需要之手段了——较之悲剧的受众，喜剧的观众所受的教育较少，也就很少诉诸自身的意志力来欣赏喜剧以及延续喜剧。它的堕落只能以悲剧的能量来补充，随之，悲剧也堕落了，就只好以两者的混合来取悦大众，于是格调柔美了、人物的个性平均化了、措词优雅化了，言辞的精致成了戏剧的主角——由此，喜剧罄尽了一切深沉的本质。造成这一切的原因乃是：与希腊悲剧紧密相关的喜剧本来也有一种深沉的本质，而悲剧一旦沦亡了，残留下来的喜剧也就庸俗和浅薄了。

（四）结语：生命与生成的力量

现代诠释学的开创者汉斯·格奥尔格·伽达默尔认为尼采和海德格尔是立于现代性顶端的人，尼采通过对作为意志与表象的世界一番穷根究底戳破了自我意识的幻觉。具体到本文的论述，伽达默尔认为："当尼采借助狄奥尼索斯身上的反对力量对新人文主义中经典的希腊人形象、亦即奥林匹斯神界的阿波罗式明媚形象做出限定并最终在创造与毁灭的狄奥尼索斯这位神祇那里高度赞扬所有现实性的真正实质的时候，他从中预感到某种令人不安的西。"这种令人不安的东西就是所谓的"现代性"中到处弥漫着的颓废之气，当中既有对"知识"本身的刻意抬高，也有基督教的道德化倾向。而尼采本人抛出的酒神与日神理论，直指"太一"之境，这是任何一种既往的形而上学所未曾触及的领域。尼采给出的图式大约是这样的：太一处于第一层级，之下为涌动着的本能意识，最后是表象的展开。这样一个图式迥异于传统形而上学的展开方式，我们能够一窥这一图式的途径之一就是影随狄奥尼索斯的冲动全身而入"太一"之境。由此看来，尼采谈论酒神精神，抑或酒神精神与日神精神的协作之下的希腊悲剧，目的并不在于讲述一种新的艺术表达形式，而是要藉此深挖西方人"现代性"的虚伪与谵妄，让涌动着生命与生成的源头重新焕发应有的生机。尼采不无忧思地向我们喊道："一阵狂飙席卷一切衰亡、腐朽、残破、凋零的东西，把它们卷入一股猩红的尘雾，如苍鹰一般把它们带到云霄。我们的目光茫然寻找已经消失的东西，却看到仿佛从金光灿烂的沉没处升起了什么，这样繁茂青翠，这样生气盎然，这样含情脉脉。悲剧端坐在这洋溢的生命、痛苦和快乐之中，在庄严的欢欣之中，谛听一支遥远的忧郁的歌，它歌唱着万有之母，她们的名字是：幻觉，意志，痛苦。——是的，我的朋友，和我一起信仰酒神生活，信仰悲剧的再生吧。"信仰悲剧的再生就是要重拾希腊源头涌动着的生命的真实，要在庸碌晦暗之地和死阴幽谷中开创出一种超越的人生，与荼毒生命力的东西永不妥协，与狄奥尼索斯的门徒——尼采——锐意前行。

王金元：好，下面进入提问环节。

提问者1：师老师您好，我一直在读尼采，有个问题想和师老师商讨一下。有人说创作或者创造必须具有酒神精神，所以必须在狂欢或者如痴如醉的状态下才能做出创造。我想说的是：酒神精神虽然表现了一种毁灭性的力量，但最后它是否也意味着一种诞生，意味着一种重生？

师庭雄：在尼采那里确实有这么一种倾向：摧毁一切甚至于把个体化原理摧毁掉之后反而会从这里面生出一种至高无上的喜悦。这个东西就是生命力最原始的冲动——这就是酒神精神所要告诉我们的。不过，尼采改造了这个酒神形象，这个形象在歌剧和神话典籍中很难找到对应的内容——所以有些古典学者毫不客气地说，尼采在《悲剧的诞生》中所讲的一切东西都是错误的。

提问者2：师老师，请教一个问题，您在演讲过程中说到酒神已死，并且不可能再复生，这是尼采的观点还是您的想法？第二个问题是，如果我们可以把酒神精神与生命感和原始的生命冲动联系在一起，那么，要是这个酒神死了的话，这个生命冲动还有没有？如果酒神死了的话，这个酒神精神到哪里去寻求？

师庭雄：第一个问题，我直接拿尼采的原话回答你好了。尼采在中文版《悲剧的诞生》第44页里讲到："就像提伯留斯时代的希腊舟子们曾在一座孤岛旁听到凄楚的呼叫：'大神潘（山林之神、牧人、猎人及牲畜的保护者）死了！'现在一声悲叹也回响在希腊世界：'悲剧死了！诗随着悲剧一去不复返了！滚吧，带着你们萎缩羸弱的子孙滚吧！滚到地府去，在那里他们还能够就着先辈大师的残羹剩饭饱餐一顿！'"。尼采明确地说悲剧已经死亡了，它源自于酒神的这样一种破坏一切的内在冲动——这种精神冲动（破坏力）不仅向外而且向内，最后把自己给杀死了，把自己给吞噬掉了。

就第二个问题看，生命冲动，求生存的意志肯定是个事实，而且还反复出现在尼采后来的著作中，所以他曾经在一个地方说过，狄奥尼索斯和后来的查拉图斯特拉是一体的。从这个意义上讲，尼采此后的一切讨论都是围绕着这个主题展开的，并没有因为放弃了"酒神"这种说法就离弃了这种根本思想。生命冲动肯定是一个事实，问题只在于你是用人类学、文化学或心理学的眼光去看它，还是从尼采这样的超越的"生命"层面去看它。最糟糕的是：我们总是自觉不自觉地从一种人类学的立场去看待人、给定人和理解人，谈一些起源意义上、生理构成上以及文化传承上的人的理解，这些理解都只是从局部或有限的规定部分去论说人的意义，要想真正理解人的意义，还得从尼采和海德格尔那种超越的"生命"或"生存"层面去把握。

提问者3：师老师，我有一个问题。酒神冲动与理性精神之间有没有调和的可能性？

师庭雄：在尼采看来这是不可调和的。酒神精神绝对不会纤尊降贵地屈从于那种以苏格拉底为代表的理性主义，两者之间没有什么拿捏平衡的问题，尼采还不止一次地把这种理性主义斥之为"颓废"。酒神精神跟日神精神之间或许还可以偶尔达成一种暂时性的和解。但是我说了，那也是因为日神精神受到了酒神精神的支配，在尼采这里"日神精神"丧失了"光辉、理性"的希腊形象，它指征的是"美的幻觉和梦的外观"，后二者都游离于传统理性哲学之外。

提问者4：要么就是这种酒神精神冲动，要么就是理性——如何去遵从？感觉深深陷于这种矛盾之中。

师庭雄：对这个问题的回答应该就超出这个讲座的内容了。我想说的是：你有这种冲突感，说明你的存在是真实的；要是没有这种冲突感，那你的存在就是虚幻的、无根的；我倒觉得你这个状态是我想要而不可得的。就尼采本人来讲，这两者没有调和余地——他超越了两千多年的西方理性传统，在他这里是一种彻底的决裂，一种决绝的摒弃。时代的贫弱与肤浅恰恰就在于当代人忘却了源始的"创造"这回事，在尼采看来，直觉从事"创造"而知觉只能从事"批判"；理性哲学恰好把这一点弄颠倒了，知觉从事"创造"而直觉则从事"批判"。可以说，尼采的任务就是要一举颠覆传统哲学的表达方式、延伸方式和论证方式。

提问者5：尼采既然给我们指出了一条没有办法走出的道路，那么老师您觉得还有什么其他可以走得通的道路？

师庭雄：其实尼采还没有这么悲观，而且他本人虽然主张一种"悲观主义的人生观"，但是严格说来却是"悲剧主义的"——这个问题我在谈到尼采与叔本华的关系时已然交代过。此外，他在谈到他所处的那个时代的德国精神里面也看到了一种复兴的希望——瓦格纳的音乐以及叔本华的意志哲学。他从这两者里头看到了一种充盈的生命，一种涌动着的生命感；同时，哲学内部也出现了一种新气象，这主要是针对康德来说的。大家如果读过康德的《纯粹理性批判》就会发现：抛开具体细节不讲，康德通过自己的工作把所有哲学都叫停了，他说的是，在去进行各种哲学创造之前首先要问一问我们有什么样的认识能力。尼采推崇康德的原因，应该是他看到了康德身上那种厚重的怀疑精神——不是单纯为了"内心的宁静"而怀疑，或者为了找到一个认识论的起点而怀疑，而是从人的"知、情、意"各个方面贯彻一种怀疑精神，从而对传统哲学的论说方式予以调校。可以说，尼采在这三个德国精神的代表人身上看到了一种朝着希腊精神高歌猛进的可能性——宕开一笔，随着他的思想的进一步发展，他对这几个人的评价也渐渐变得负面，甚至常常以批判的方式来指责他们的理论。

提问者 6：如何理解尼采的"超人"？

师庭雄：对于超人的理解，我们先从"超人"一词的翻译角度来说明。我此前刚好读了一个德文版的《查拉图斯特拉如是说》，这里用的是 übermensch。über - 的意思就是"在……之上"。比如说，这个灯是在我们之上的，两者之间没有连结。超越性也不是很明显，就是在我上面，两个没有接触，两者之间存在距离。那么这个词能不能翻译成超人？其实尼采学要表达的意思是，做另外一种人，不是像你所理解的回到我自身那样，跟这个关联不大。

其实在这个地方，你不要相信尼采说的每一句话，他说的每一句话里面都有一个意味深长的、让你大吃一惊的意义在里面。尼采的"超人"想要表达的意思是：你要跟人本身保持必要的距离，这个人本身积聚了西方历史上那些关于人的给出方式、判定方式和指引方式；这些方式有多厚重，我们想要摆脱它时所遭遇的阻力也就有多强大。

提问者 7：请问师老师您怎么理解"矛盾"这个概念。

师庭雄：按照西方哲学的说法，真正的矛盾应该是：从事物 A 里生出了事物 B，而且 A 与 B 还是一种对立关系。——邓晓芒老师曾经就这个话题写过相关的学术论文，你可以去找来读一读。邓老师讲，从黑格尔的范畴体系看，第一个范畴是"存在"。"存在"的外延无限大，从而也就是一个空概念，空概念不就是"无"了？所以从这里面就生出第二个范畴——Nicht（无），然后两者又对立，这个才叫矛盾。

与之相对照，我们所理解矛盾其实只是对立，我们又往往把"对立"理解成外在的对立，所以对立物之间最后走向了和解——随着时间的推移、情境的改变、事态的变更，最终"和解了"。就像北宋大哲张载所说的那样"有象斯有对，对必反其为；有反斯有仇，仇必和而解"。但是，就上述关于"矛盾"的描述看，对立双方是永远也不可能和解的。只要有一个事物存在，就会有另外一个事物从它里面生出来与之对立。所以，我们才说矛盾的斗争性是永恒的，诸如此类。

王金元：好，我们今天的提问到此结束。师老师今天借尼采给大家讲了希腊的悲剧精神，同时还引发了各种积极的互动，可谓见仁见智。我个人觉得希腊的悲剧精神是不是可以概括为这样两句话：第一句是"浓浓的人文情怀"。第二句是"顽强地与命运相抗争的精神"。我觉得"命运"这个词在古希腊那里应该是一种高高在上的鲜活的存在，冥冥之中一旦注定，就无法改变的东西，包括神也无法改变。既然一切都命中注定，那我们该怎么办？我们等死不就行了，哲学家说不是这样的，死亡是必然的、不可避免的，可是生活的过程是自由的，也就是说，结论是注定的，而生命的过程却是可以自由选择的。

所以，结合师老师刚才讲的尼采，我想起我在课上引述过的一句名言，"每一个不曾随风起舞的日子，都是对美好生命的辜负"。所以，重要的是过好你的每一天；勇于承担自己的责任与使命。

好，今天的中和论道到此结束，谢谢大家！

（主讲人：师庭雄）

第三讲　中庸之道与中和之境

李朝东：各位领导、各位老师、各位同学大家晚上好！我们中华民族有着非常悠久的历史和文化，过去几千年，我们基本上都在领跑于全世界。大家都知道：马可·波罗写了《马可·波罗游记》，这本书激发了西方人对神秘的古老中国的向往。为了能够到东方来，他们就开始寻找通向东方的新航线，从而引发了"地理大发现"这一历史现象。但是我们也知道：1840年爆发了鸦片战争，从这个时候开始，我们国家就慢慢走下坡路了。近一个世纪过去了，我们基本上是在向西方学习的过程中摸索着救国救民的真理。在这个过程中也形成了一种非常不好的现象：现在的绝大多数人在很大的程度上都是以西方文化所造成的观念以及由该观念所塑造的价值观来判断一切，我们自己的文化优势反而被遗忘了。所以，"中和论道"从本学期开始，将向中国哲学和中国文化方面多多倾斜，请一些这方面的专家给我们提供一些重新认识中国文化的思想资源。

今晚，我们的题目是《中庸之道和中和之境》，邀请的主讲嘉宾是文学院院长、博士生导师，中国古代文学专家韩高年教授，大家欢迎。

韩高年：各位老师、各位同学，大家晚上好。今天是我第三次登上"中和论道"这个平台，跟大家分享自己读书和思考的经验。在讲这个题目之前，我先把这个题目的设想跟大家作一个

第三讲　中庸之道与中和之境

简单的介绍。这个题目实际上是一个命题作文，因为咱们"中和论道"这个论坛本身就是以"中和"作为名称。我今天讲的主要内容涉及三个方面：一是从语言学的角度梳理"中"与"和"这两个概念的本意，以及这两个概念在具体的运用中滋生出来的思想资源。二是梳理一番轴心时代里中国哲学的代表人物孔子是如何来总结和提升"中庸、中和"思想的。三是想探讨一下孔子之后"中庸与中和"思想在历代的发展以及在今天的社会背景下对这些思想资源的运用，谈谈它们的价值。

黑格尔曾说："哲学就是哲学史"。这个哲学的定义其实是成千上万个哲学定义里最容易操作的一个。这句话的意思就是：只要我们谈到哲学问题，首先就要从梳理哲学的历史开始。我今天的讲题就是从这个思路出发的。我的题目定为《中庸之道和中和之境》，乍一看，有的同学马上就会提出一个问题："中庸"和"中和"到底是什么关系？这里我先简要地解释一下。我的看法是："中庸"就是运用"中"道而致于"和"。"中庸"是方法，而"中和"是最终的目标和结果。这个题目还有一层意思："中庸"是儒家哲学最核心的范畴和概念，有的人甚至认为我们中华民族、"中国"的命名，都与中庸之道有关。大家读章太炎的《文始》，谈到中华民国简称中国，中国这个名称则与中庸之道有关。刚才李校长谈到西方文化和中国文化的区别，我认为二者最根本的区别在于：西方是宗教性的文化，而中国是礼乐性的文化。礼乐文化最核心的精神就是中庸之道，而"中和"则是行中庸之道而达成的最高精神境界。"中和"既是一种社会理想，也是一种人生理想。

我们进入第一个问题，主要去澄清"中"和"和"的本意，最好的做法就是对这些范畴作语源学的追溯。这是一种中西方学者都常用的分析方法，黑格尔的《哲学史讲演录》也好，中国哲学家关于中国哲学史论著也好，都可以从中看出对这种方法的运用。可以说，语言学的方法是一种思考哲学问题和进入研究的行之有效的方法。

"中和"这个合成词由"中"和"和"组成，"中庸"则由"中"和"庸"组成，是后起的。"中""和""庸"这几个概念最初是各自单行的。我们要了解"中和、中庸"就首先要了解"中、和、庸"的基本意思。从语源的角度来说，从字的本意、引申义这个角度来说，它们最初是什么意思，后来又引申出什么意思。我们先看"中"，甲骨文里就出现了这个字，大体有四种写法。这四种形体大同小异，唯一的区别就是中间这一竖以及竖所中分的这个结构不一样；有的中间这一块是圆形，有的中间这一块是长方形。按照文字学家的解释，这是一个会意字，有这么几个意思：一是指在古代氏族部落里面人们敲鼓召集大众做事，中的主体部分就是鼓，或是一种装置，或是一种乐器。还有一种写法中间是圆的，有文字学家说中间是太阳，表示时间的维度，是时之"中"，比如一天里有正午时分。还有人认为，"中"字中间这一竖上下有一些类似冕旒或者布匹迎风飘扬的笔画，由此引申出来另外意思——即"旗帜"，从文献当中来看，"中"也有旗帜的意思。再进一步说引申出"中正、公正"这些抽象的概念。中国哲学史上特别重要的概念和范畴在字义的演变上都有一个共同的规律，那就是"由具体到抽象"。

我们再来看"中"这个范畴在古代典籍是怎样被运用的。大家知道我们中国文化从典籍的角度来说，就是"五经""四书"。"五经"是承载中国文化的五部经典，可以说是在宋代以前最重要的典籍。"四书"则是宋元以后中国文化的代表性经典。过去对"五经"里面的《诗》《易》《春秋》特别重视，但是对《尚书》的研究则稍显不足。就"中"这个范畴来说，《尚书》里面提供了很多鲜活的例子。比如《尚书·虞夏书》就是重要的一篇，其中提到了大禹治水，开创夏朝的基业当中最重要的一个政治上的举措就是"允执厥中"。大家注意,这个"执"就是"执守、遵循",这个"中"指的就是中道。很显然,这里的"中"已经超越了具体的含义,已经进入到一个抽象范畴的领域。另外《尚书·商书》的《盘庚》是一篇文诰,里面记载说,商代中叶的时候有一位贤明的君主叫盘庚,他在因资源匮乏而率领民众迁都之前,对民众发表演说,劝说大家遵从他的决定一起迁都。这篇文诰里边他劝告大家说,要"各设中于乃心"。就是说,人人心中也应该有一个"中",这个显然也是指抽象的范畴。

另外在《尚书》的《周书》里面有篇《酒诰》,这个《酒诰》就是戒酒令。周朝人在总结商朝灭亡的经验时发现:商朝灭亡的一个重要原因就是贵族太喜欢喝酒了,以至于民心丧尽。这个"禁酒令"中也说到"中德"的重要性。所谓"丕惟曰尔克永观省,作稽中德","作"就是兴起,这时指行事。意思就是做事的时候在内心里有一个中德的概念,要有这个规范。说得通俗一点就是:喝酒吃饭都不要太过分,酒喝得差不多就行了。

其实《酒诰》讲"饮惟祀,德将无醉"的内容,对我们今天的社会也有启示,可以起到扼制不良社会风气的作用。可见在周朝这个政权建立之后,已经意识到无节制地饮酒这样的风气有很大的危害。《酒诰》里提倡的"中德"已经是一种抽象的规范,或者说是作为一个抽象的范畴来用的。

在"五经"之一的《周易》里曾经17次提到"中"。有的时候说"中行",有的时候说"中道",有的时候说"中德",我们依次来说。"中行"主要体现在《周易·益卦》之中,"益卦"对应的是"损卦",占得此卦是吉利的。这个"益卦"象征"增益"。其中六三爻辞说:"益之用凶事,无咎;有孚中行,告公用圭。"意思是说"受益至多应该努力施用于救凶平险的事务,必无咎害;必须心存诚信、持中慎行,时时像手执玉圭致意于王公一样虔心恭敬。"六四爻辞说:"中行告公从,利用为依迁国。"意思是说"持中慎行致意于王公必能言听计从,利于依附君上迁都益民。"卦爻辞重点说的这个"孚",就是诚信;有诚信有道德的人一定是遵从中行,走正道的。大家如果熟悉《中庸》的话,就会发现,益卦与《中庸》的某些说法很相近。《中庸》讲正心诚意的人就能够行中庸之道,《益·六三》的"有孚中行",有人认为是开了《中庸》思想的先河。

《周易》里面也提到"中道",共有五处。分别在《蛊》卦、《离》卦、《解》卦、《夬》卦和《既济》卦,《彖》传和《象》传,这几处都谈到因为"得中道",因而是大吉大利。既然刚才讲了"中道"很重要,那么,怎样才能做到中道?在《尚书·虞书》中的《皋陶谟》中,皋陶主张"慎厥身,修思永",也就是应该从人的德行上去获得中道。大法官皋陶特别善于断案,是一位智者。他对大禹说,为政做官,要有九德。即"宽而栗,柔而立,愿而恭,乱而敬,扰而毅,直而温,简而廉,刚而塞,强而义。彰厥有常,吉哉!"意思是说"宽大而能严肃,温和而能坚定自立,谨厚而能谦恭,治事有为而敬畏,和顺而刚毅,正直而温良,简率而节制,刚断而充实,强勇而好义",如果能够彰明此九德则是大吉之人。特别值得我们注意的是,上面这种"取两用中"的表述方式恰恰就是《中庸》所倡导的达到"中道",或者说在做事做人方面达到中庸之道的一种方法,或者是一种思维方式。

《左传》中也曾记载,春秋时期人们已经把"中"当作一种类似"本体"的范畴,把它和人的本质联系起来。如《左传·成公十三年》记载:贵族刘康公针对当时外交场合不遵礼仪的行为,发表评论说,"吾闻之,民受天地之中以生,所谓命也。是以有动作礼仪威仪之则,以定命也。能者养之以福,不能者败以取祸。是故君子勤礼,小人尽力。勤礼莫如致敬,尽力莫如敦笃。敬在养神,笃在守业。"所谓"民受天地之中以生",说的是人生下来,是因为禀受了天地之"中"而为人。"中"是人的本质所在。《庄子》认为人之生是"气之所聚",如《德充符》《齐物论》以及外篇和杂篇的有些文章里都有这样的论述。如果我们联系道家关于人的生命的表述就可以发现:刘康公的说法虽然没有明确提出"气"和"阴阳"的概念,但是讲生命的出现是因为得了"中",是很了不起的。从生物学的角度来说,"民受天地之中以生",其实指的就是卵子和精子的结合,也就是父母生子、人受天地之中的结果,只不过它没有明说而已。可见到了春秋时期,"中"这个概念已经和生命的本源联系在一起了。

以上所讨论的是"中",我主要是回顾了它在历史上被运用的过程,以及其范畴意义的生成。

接下来我们谈一谈"和"。"和"最初与"中"各自独立,没有联系在一起,最初亦见于甲骨文。过去认为,从汉字的演变来说,我们今天能够见到的最早的汉字是甲骨文。然而从我们今天的考古发现来看,还有比甲骨文更早的文字。比方说陶器上的文字符号。甘肃是彩陶文化最发达的省份,马家窑彩陶上就有好多刻画符号。还有在大地湾的彩陶器皿上也有好些符号。很多文字学家认为这些符号是甲骨文之前的早期汉字。当然,我个人觉得这些符号和甲骨文之间应当还有相当长的一段文字演进的空白,这段空白亟需新的材料来填补。"和"字在甲骨文中已经是成熟的字体,运用也比较广泛。"和"甲骨文作"龢",另外还有异体的写法。据许慎《说文解字》的解说,它也是一个会意字。有的文字学家说,"龢"字造字所取之象,是早期农业社会由房屋、篱笆墙、庄稼等构成的村落景象,尤其是原始村落的景象。大家注意,"龢"左半边上面这个部分,好像是一个房屋的顶子。下面这三个口相当于三个窗户,下边这个偏旁像是一个篱笆墙。右半边是一个禾苗的禾,就是庄稼。我觉得这个对"龢"

字的解说很形象,大体揭示了造字的原理,我们可以信而从之。有的学者因此就说,"龢"字犹如一首田园诗,洋溢着生命的和谐感。中国文化的基础是农耕,"龢"字就体现了农耕文化的特点,也反映出我们的先祖通过辛勤的劳作创造了安居乐业的幸福感和和谐感。这是这个字的含义。

《说文解字》言:"龢,调也。从龠禾聲。"又说"读与和同。""龢"的本义是"调",这个解释已将"龢"引申到音乐方面了。所谓"调",就是在乐队里的校音器。弹钢琴或者演奏一种乐器,时间久了,乐器的音会失准,这就需要校音器调音。调音的标准器,就是《说文解字》说的"调"。它是一种竹制有三个孔的装置。从音乐的角度来说它是一个标准。这个标准乐器吹出来的乐音应该是标准音,这就是许慎所说的"龢"的意义。严格说来,这已经是"龢"字的引申义了。

另外《说文解字》里面还著录了"和",也就是今天简化了的"和"字。许慎解释说:"和,相应也,从口和声。"实际上这个"和"应该读四声,意思是唱歌的时候一唱一和,一唱一和形成一种应答,呈现出和谐的状态,用音乐学上的术语来说就是一个乐段。《老子》中也说"音声相和",大家知道自然界有很多音调(dao ruai mi fa sao la si dao),不同的音调共鸣,会形成和声;自然的和声被庄子称为"天籁",尤其用来指称音乐之和谐。

以上是对"和"字的本意与引申义的讨论,下面我们来看一下"和"作为一个概念、一个名词、一个范畴,在历史性的具体社会生活语境里的运用。我们还是回到《尚书》。《尚书》就是"上古之书",这部书是历朝历代的帝王在年轻时候的必读书,为什么要读《尚书》?因为其中讲为政和做人的道理,记录了许多经验,是一部经典。如《尧典》中讲尧帝治国的经验。尧治国的经验是什么?说到底就是一个字,即"和"。《尧典》

第三讲 中庸之道与中和之境

说"钦明文思安安，允恭克让。光被四表，格于上下。克明俊德，以亲九族；九族既睦，平章百姓；百姓昭明，协和万邦。黎民于变时雍。"治国之要在于"协和万邦"，"和"是重要的政治智慧。上古时代的氏族社会，政权和神权合二为一，权威的维护要借助于特别手段，这个手段就是礼乐——通过祭祀行礼奏乐来维护最高统治者的权威。所以音乐的声律要非常和谐，这是基本要求。这是"和"这个概念最初的在政治上的一种应用。

到了西周，出现了一位大思想家周公。他也特别强调"和"的智慧。周公这个人我们今天把他庸俗化了，大家都知道"周公解梦"，却不知道他是思想家。讲思想史不讲周公，这是不全面的。其实孔子的思想很多是"述"周公的思想。周公的思想对孔子造成了特别深刻的影响。《尚书·周书》里有很多是周公的话，体现了他的思想。如《多方》这篇文献就很典型。周朝推翻了殷商王朝之后，殷商的一些遗民很不服气，在东方联合没有在朝廷里面任要职的周朝贵族一起来作乱、来造反，周公率领周朝的军队平定了叛乱。之后把这些殷商的遗民召集起来，对他们发表一番演说，训诫他们。其中说到这样的话："'呜呼！猷告尔有方多士暨殷多士……自作不和，尔惟和哉！尔室不睦，尔惟和哉！'"又曰："时惟尔初，不克敬于和，则无我怨。"孔安国《传》解释"和"曰："是惟汝初不能敬于和道，故诛汝。汝无怨我。"意思是说你们现在作乱，就是自作不和。所谓"不和"，是对"和"的否定，求"和"，国家才能稳定。在这里，周公显然把"和"视为一种政治经验和政治智慧。本质上看，"和"就是不同的政治势力之间达成均衡。

夏、商、周三代所实行的分封制和后来的封建制不一样，有点类似于联邦制。一个最重要的特征就是不同的政治势力之间要达到均衡，也就是"和"。周公谴责殷商遗民和其他造反的族群，说他们是"自作不和"。意谓你们应该做的就是不要作乱，而应该求和；也就是应该服从周人的统治。周公认为殷人不光是和周朝作对，而且内部也不团结，狗咬狗，内部闹起来了。内部为什么不和？也是因为没有遵循"和道"。《多方》记载周公最后告诫殷人：如果违背了建国之初"和"的原则，继续作乱，就不要怪杀戮，采取强有力手段镇压。汉代孔安国给这篇文献作传，有这样一段话，说"是惟汝初不能敬于和道，故诛汝。汝无怨我。"他在"和"字后边加了一个道，"和道"这个词已经在哲学上或者思想史上具备了范畴的特点，这是很关键的。这就是说，在孔安国看来，周公治国最重要的政治经验就是"和道"。

历史发展到西周末年，殷商末年的情形又一次出现。这就是所谓的历史周期律。一如夏朝和殷商末期那样，周朝末年也出现了政治衰败的乱象。当时有一位史官叫史伯，他和郑桓公有一番对话，引述如下：

夫和实生物，同则不继。以他平他谓之和，故能丰长而物归之；若以同裨（bì）同，尽乃弃矣！①

史伯总结周朝朝政衰乱的原因，认为周人违背了"和道"，推行"同"。他讲"和"与"同"的关系，有一段很经典的说法。其中最重要的观点是"和实生物，同则不继"。从为政的角度来说，各种政治力量、各种不同的政治观点，求同存异，达成一致，应该各自占有各自的政治地位。通俗地讲，就是大家求大同存小异，齐心协力把国家、社会治理好。史伯认为，如果朝堂之上只是一种声音，政治就搞不下去了。从万事万物的发展演变来说也是这样，史伯的思想早于老子，对老子的思想一定有影响。史伯总的意思是说："和"是万事万物发展演变、生生不息的内在原因，如果违背"和"而走向"同"，一味追求齐一化，

---

① 《国语·郑语》，上海古籍出版社1988年版。

就会使事物走向灭亡。史伯认为不只为政如此,在其他方面也应该追求"和而不同"。

我们再来看春秋时代"和"的运用。齐国政治家晏婴是春秋时代深通"和道"之人,我们就从他说起。晏婴就是晏子使楚这个故事的主角。据说晏婴这个人五短身材,但是非常有才干。孔子因其学识而在鲁国获得良好声誉之后,并未获得入仕的机会;这个时候,有人介绍他到齐国去做官。当时齐国的国君是齐景公,齐景公会见了孔子,特别欣赏孔子的才干,打算任用孔子。晏婴听说了,就向齐景公进谏说,其实孔丘这个人没什么真本事,他弄的那一套周礼显得繁文缛节,都是浪费钱财的,会损害国家的利益。因为晏婴在齐国的朝中是举足轻重的人物,所以他的这番话也使景公犹豫不决,最终放弃了孔子。可以说是晏婴影响了孔子的政治生涯,孔子没有办法,后来就离开齐国去鲁国,最后在鲁国做了官。在这个事件当中,我们看到的实际上是两种不同政治思想之间微妙的关系。虽然晏婴反对过孔子在齐国出仕,但是孔子后来却继承和吸收了晏婴的"和同思想"。孔子之所以能够超凡入圣,他的胸怀由此可见一斑。

晏婴主张要把"和"运用到具体的政治实践当中去,他有一个很经典的论述,就是"和如羹焉"——各种政治势力、各种不同的思想观点的碰撞最后达到"和"的境界就像是我们煮了一锅粥,粥里面既有大米、也有绿豆、有黄豆,还有其他各种各样的调味品。把它烹制成一锅美味的羹汤之后,就犹如事物进入到"和"的状态。我们虽然从羹中再也看不到各种原料原本的差异性,但其差异性融化在"羹"的整体中去了,确确实实达到了一种"和"的状态。其实晏婴继承了史伯以及周公的思想,他已经涉及到了事物对立统一的命题。在一个统一的、类似于羹的事物中,各种相反相成的要素之间达成了对立统一的关系。这是晏婴在"和同"问题上的贡献。以上是"中"与

"和"这两个概念的具体的运用。

我现在要谈的第二个问题是，孔子对"中""和"的总结提升与"中庸"的提出。到了春秋中叶以后，人类文明普遍进入到马克斯·韦伯所说的"哲学的突破的一个时代"。在我们中国的大地上，出现了百家争鸣的局面。在百家争鸣这个局面中开先河的有两位先哲，一位是老子，一位是孔子。

孔子对我们中国文化的贡献尤为重大。他的贡献之一就是提出了中庸和中和思想。他把此前人们在政治实践和道德修养的实践当中关于中庸和中和的这些思想资源作了理性的归纳和哲学上的提升。这也导致了我们中国文化的一些基本的特点，我想简要说一下。《周易》里面有两卦，一卦是损卦，一卦叫益卦。由此衍生出所谓"损益之道"，《周易》被称作群经之首，为什么？因为其中包含着如损益之道这样的、西方哲学家认为具有哲学色彩的思想。损益之道开启了诸子百家的思想的先河。《老子》当中就说"或损之而益，或益之而损"。有的时候你做事好像是吃了点亏，但可能是占便宜了。有时候可能是益、占了点便宜、得了点好处，但实际上从本质上讲是吃亏了。所以损益永远是辩证的。损益之道体现在对前代的思想文化资源的继承上，也具有方法论的色彩，损益成为继承前代文化资源的一种非常有效的方式。中国文化为什么会延续很多年，持续不断地发展到今天？关键就是深得损益之道的精髓。

我记得在去年"哲学日"的时候，我们在这里有一个讨论，我当时提出一个个人的看法，我觉得中国文化从来没有中绝过，也不可能中断。我的理由就是中国文化具有生生不息的精神，这种精神的内涵或底色就是损益之道。因此之故很多思想家也讲，在中国不管是从思想史的角度观察、从政治史的角度观察还是从伦理道德的角度观察，都有一个规律——那就是善革者必善因，甚至可以说"善革者不如善因才"。善于革新的那些朝代，善于出新思想的那些时代，一定也是善于继承前代思想的朝代和时代。思想家也是这样的，孔子是这方面的一个典范。

孔子说他自己"述而不作"。有很多人写文章讨论这个问题，我觉得都没有谈到要害处。"述而不作"的意思是说：孔子对前代的文化资源和思想资源作了合乎自己那个时代、合乎自己个体思考的一种继承和因袭，这是所谓"述"！所谓"作"就是创作。他的创作是在述的基础上的一种创作。落实到孔子和中庸与中和的关系上来说，我觉得有很重要的一点必须提及，就是孔子首次总结归纳了中庸与中和，并且赋予其范畴的意义。在此之前，《尚书》《周易》虽然也已经在抽象的、范畴的层面上去运用它们，但是还没有完全上升到理论的层面去思考。

孔子对"中庸"与"中和"思想的归纳、总结与提升，一个就是他把"中庸"提升到"至德大智"的层面。《论语·雍也》里面有一段很经典的话："中庸之为德也，其至矣乎！民鲜久矣。"大家注意，"中庸之为德也"，这是一个判断，这个判断句的主语是"中庸"，宾语是"德"。就是说："中庸"作为一种德，是至德，已经达到了人间的极致。"民鲜久矣"，说的是一般人很难做到"中庸"。另外大家知道《礼记》里的《中庸》这部书据说是子思做的，当然我们现在比较公允的看法认为，《中庸》这篇文章最早出现于《礼记》，大部分内容应该是子思的言论，也夹杂了汉代儒家后学的思想，但核心是子思的思想。子思是孔子的嫡孙，他在《中庸》里面引用了孔子说过的一些话。《中庸》的第六章说，"舜其大知也与！舜好问以好察迩言。隐恶而扬善。执其两端，用其中于民。其斯以为舜乎"，这说的是：舜成就伟业的重要的原因就是善用"中道"。善用"中道"体现在：他作为一个国家元首，在听民言这方面来说就是"好察迩言"，就是不耻下问，就是去兼听各方面之言。哪怕是市井之言他也姑妄听之。对那些说得不对的，就不再提；对说得好的、说得正确的就发扬光大，这就是隐恶扬善。这样就使得他在执政的时候能够"执其两端而叩其中"。

孔子对"中庸"和"中和"的第二个贡献在于他提出了"中不易、庸不长"，说白了就是：行中庸很难。近现代以来对"中庸"这个概念或范畴的误解特别多。比如有的人认为中庸就是骑墙派，中庸就是耍滑头，中庸就是折中主义，中庸就是好人主义等等。其实，这些看法都是误解，都是错误的。试想，如果把中庸降到这么低、这么庸俗的层面，那么"中庸"确实是不怎么样的。

在孔子这里，他把中庸、中道单独拎出来讲。《中庸》第三章引用孔子的话说"中庸其至矣乎，民鲜能久矣"。就是说普通人是做不到"中庸"的。自尧舜以降，民间也好、上层社会也好，真正能体察"中道"并把它运用到修身治国的实践当中的人是越来越少了，所以夫子才在这里发出这样的感叹。

《中庸》第七章也引用孔子的话说："人皆曰予知。驱而纳诸罟擭陷阱之中，而莫之知辟也。人皆曰予知，择乎中庸，而不能期月守也。"这句话很形象，老夫子有时候讲话讲得很通俗。意思是说：人家都说我孔丘特别智慧，其实我是个蠢货，为什么呢？因为人家挖了个坑叫我去跳，设了个陷阱想陷我于不义，我就直端端走过去自坠坑里。你说我是有智慧还是没有智慧？我是没有智慧的。"人皆曰予知"，人家都说我智慧，我选择了中庸，但是我坚持了一个月，后来就再没有坚持下来了。这句话讲的是：即使是像孔子这样体察到了"中道"之精髓、"中庸"之精微的人，对"中庸"也不能够"期月守也"。坚持中庸是特别难的，行中庸之道是特别难的。作为一个人的一生来说，你在年轻的时候有可能做到"中庸之道"，老了之后就可能做不到"中庸之道"了。

孔子的第三个贡献是提出了"唯圣者能行中庸"的观点。

第三讲 中庸之道与中和之境

"中庸"既然做起来很难,那么什么样的人才能够做到"中庸"呢?唯有圣者才能够行"中庸"。《中庸》第八章引用孔子的话说:"回之为人也择乎中庸,得一善,则拳拳服膺,而弗失之矣。"回就是颜回,孔子最喜爱的学生,一个是子路,一个是颜回。大家知道《论语》载孔子曾说:"一箪食,一瓢饮,在陋巷,人不堪其忧,回也不改其乐。贤哉回也!"颜回死了之后孔子拍着胸脯、拍着大腿哭着说,"天丧予!天丧予!"可见颜回在孔子的心目当中来说既是学生同时也是朋友,学问上的朋友,志同道合的朋友。他说颜回做人选择了"中庸",其表现就是他凡是得一善,就会一直坚持下去,忧道不忧贫,在精神和物质之间他选择了中道,选择了一个平衡点,所以他就一直坚持下去。在"义"和"利"之间他选择了"义",他也一直坚持下去。

另外《中庸》里面还记载了孔子和子路之间的对话:"子路问强,子曰:'南方之强与?北方之强与?抑而强与?宽柔以教,不报无道,南方之强也,君子居之。衽金革,死而不厌,北方之强也,而强者居之。故君子和而不流,强哉矫;中立而不倚,强哉矫;国有道不变塞焉,强哉矫;国无道至死不变,强哉矫。'"大家知道子路比孔子小六七岁,他是孔子周游列国 14 年里的"保卫处长"。子路这人本身就是一个侠客,他自称是强者,所以他总是挑战老师的底线,提出一些很难回答的问题。这里他问孔子什么是强者?孔子以问做答,说你问的是南方人的强还是北方人的强?还是你子路所说的强?子路问这个,言下之意是说他自己是强者。孔子就说"宽柔以教,不报无道,南方之强也,君子居之。"说南方人所谓的强者是对那些反对自己的人不去报复他,而是用教化的方式宽容,用以柔克刚的方式去改变他。大家知道楚地南方产生了老子学说,老子说柔弱胜刚强,又说"水善利万物而不争"。他完全是尚雌,示弱,处下,不争。

这是南方之强。说北方之强，是"衽金革，死而不厌，北方之强也，而强者居之。"北方人水深土厚，所以强者睡觉的时候都枕着宝剑、穿着铠甲，而且不把死亡这件事情当回事，这是北方人所说的强者。而强者居之，孔子对这个强者有批评的意思。《老子》中也说"强梁者不得其死"，也是说那些总是逞强的人，今天我不治你，明天他不治你，后面可能有人治你，总会受到教训。大家注意，孔子主张的是"故君子和而不流，强哉矫"。真正的强者是"和而不流"，这个"和"综合了南方和北方的强，而且不遵从流俗，不同流合污，这样的人才是真正的强者。《老子》中说："自知者明，自胜者强。"就是说一个人能够战胜自己才是真正的强者，胜人者只能叫有力。你在拳击台上把人家三拳两脚打翻了，叫KO，KO对手，这不算强者。真正的强者在于超越了肢体、超越了外在的力；从思想上、从观念上和人家达到一种"和而不流"的境界和状态，这才是真正的强者。后面又说"中立而不倚，强哉矫！"这个"中立"就是"中道"，就是"不偏不倚"。"强哉矫"，"矫"也是"强"的意思。说"国有道，不变塞焉，强哉矫"！国家有道，即使自己的理想不能实现，也一直坚持，对国家很忠诚，这样的人算是强者。说"国无道，至死不变，强哉矫"！尽管国家的政治处在一种混乱的状态，至死也不改变自己的理想，不改变自己的追求，这样的人也是强者。这里实际上已涉及到道德和伦理的层面——这也是孔子的一个贡献。

孔子对"和"也有总结和提升。他发现了"和"是有层次的，而且各层次之间是有逻辑关系的。不同层级的"和"之中，"礼乐之和"是基石。大家知道中华文明和西方文明最根本的区别就是：中华文明是一种礼乐文明。礼乐文明和宗教文明不一样的地方在于用"礼宜乐和"的社会理想来号召大众，以之设计治国的理念、治国的构架。《论语·学而》里，孔子曾经说过，

"礼之用,和为贵。先王之道,斯为美。小大由之,有所不行。知和而和,不以礼节之,亦不可行也。"前面我们讲过周公最大的功业就是治礼作乐,治礼作乐的精神就是"和"。礼乐之和的精髓就是礼以致和,乐以成和。

第二个层面是道德之和,由礼乐之和进一步推演,就是道德之和。孔子在《论语·子路》里说过,"君子和而不同,小人同而不和"。这是在道德层面讲君子和小人的区别。君子和人家交往过程中,讲求和不讲求同,小人则恰恰相反。《论语》当中还讲"君子之交淡如水",虽然淡,但是长久;也正因为淡如水,所以才能够久远。"小人之交甘若醴",小人之交好甜得如蜜一样,但是今天很好,明天就有可能反目。君子和小人的区别在于:君子"和而不同"。《为政》里也说"朝臣之间,君子周而不比"。这个比就是结党营私,小人是比而不周,"周"与"和"是一个意思。

由"道德之和"再加推衍,就上升到了"政治之和""治国之和"。治国在《论语》当中有大量的记载。孔子认为,治国既要注重发展经济,解决民生问题,同时也要解决精神的问题,解决文化的问题。孔子认为治国的总理念就是要"宽猛相济",《礼记》有一个小故事叫"苛政猛于虎",其实讲的也是这个意思。治国既要对老百姓有优惠政策,同时也要用法规来约束那些不法之人、不守规矩的人,这就是"政和"。

此外,孔子在艺术上也追求"和",就是审美之和。孔子是艺术家,精通音乐和绘画。他曾经自学古琴,成为琴道的高手。据《礼记》记载,孔子曾经向当时一位音乐家"师襄子"学习古琴,后来连老师也自叹弗如。孔子对诗歌和绘画也有很深的造诣,他在和学生讨论诗歌艺术的时候,探讨过审美的标准,认为中和美是美的极致。最典型的就是他论述《诗经》的一番言论。针对《诗经》的第一篇《关雎》,孔子认为《关雎》的音乐很美，体现了哀而不伤，乐而不淫。大家注意这里孔子对中和美的界定方式，这种句式和前面我引用过的《尚书·尧典》的那段话是相似的，都是"叩其两端而求其中"。"哀而不伤"，就是音乐崇尚悲哀，而又不过度悲哀；"乐而不淫"，就崇尚快乐，但不过度高兴。美就是达到情感抒发上的一个合适的度。这种对中和美的追求，即艺术境界之和，影响了中国的书法、绘画，甚至小说的写作。

孔子还有一个贡献，就是解决了如何才能达到"和的境界"这一问题。他有两个路径：一个是内求，一个是外求。从《论语》《中庸》《孔子家语》等有关材料看，孔子所说的内在的求"和"方式就是通过道德修养的提升。按《中庸》的说法，"修养之道"就是"慎独"，就是"正心诚意"。由修养"正心诚意"达到"心和"，"心和"进一步导致"德和"。另外一个路径是"外求"，关键是"以仁致和"。这一思想影响了"亚圣"孟子，他说人皆有"四心"，即"恻隐之心，羞恶之心，是非之心，辞让之心"。人的本性天然是善良的，只要通过仁义之行，发挥本性当中这些仁的端倪就可以达致"和"。《中庸》里也说，"喜怒哀乐之未发谓之中，发而皆中节谓之和。"发而皆中节就是以仁致和，以礼节和。

讨论至此，我可以简要地做个归纳：到孔子的时代他把"和"作了一个思想史的梳理，作了哲学和范畴上的提升。"和"的思想最初起源于西周，经过周公的开创、史伯的初步总结到春秋的晏婴在政治实践当中的具体运用，战国之后的思想家都只是就其中的某一个方面加以发挥和应用。孔子在"和"的这个问题上作出了重大的思想贡献，他从以下几个层次来谈"和"：最上层是"天道之和"。和本身是本体论层面的天人之和，和实生物，和气生财。万世万物存在的本然状态就是"和"，实际上就是西方思想家所说的"逻各斯"。其次是礼乐之和。就是礼之用，和为贵。其次是政治之和。再次是身心之和。几乎与《中庸》同时代的《黄帝内经》，里头讲到一个人要保持健康，必须要做到身心之和；如果身心失和的话，人就处于病态。

接下来我们进入本讲的第三个问题，即"中庸"和"中和"在后代的发展及其价值和意义。"中庸思想"在孔子之后的发展有几个点必须予以突出。第一个点就是《中庸》这本书，这涉及到子思和孟子对"中庸思想"的发展。在中国思想史上，子思和孟子被称作"思孟学派"。第二个点是宋代理学的代表人物朱熹；第三个点是新儒家；第四个点是冯友兰；第五个点是当代研究中国哲学的大家庞朴。

我们先讨论"思孟学派"的"中庸说"。"思孟学派"对"中庸"的发展集中体现在《中庸》和《孟子》这两个文献当中。我们先来看《中庸》，这篇文献最初是《礼记》里面的一篇；后来，朱熹把它单独拎出来，和《礼记》里面的《大学》，以及《论语》《孟子》放在一起，合称"四书"。为了发挥"四书"的微言大义，朱熹还给"四书"作了集注。由于朱熹的影响很大，"四书"就成为宋元以降科举考试的士子们必读的教材。《中庸》的作者，《史记·孔子世家》明确说是子思。司马迁是史官，也是文献学家。他的话应该是信而有征的。后来徐复观进一步补充了证据，他发现《孟子·离娄上》载："居下位而不获于上，民不可得而治也。获于上有道，不信于友，弗获于上矣。信于友有道，事亲弗悦，弗信于友矣。悦亲有道，反身不诚，不悦于亲矣。诚身有道，不明乎善，不诚其身矣。是故诚者，天之道也；思诚者，人之道也。至诚而不动者，未之有也；不诚，未有能动者也。"这段话和《中庸》的第二十章下半段完全相同。是《孟子》引述《中庸》的。另外他还认为今本《中庸》由上、下两部分构成，上篇是子思所作，下篇是孟子之前的后学所述。[1] 他的观点是从文献的考证中得出的，较其他各种说法更可靠。

《中庸》一书，或者说"思孟学派"对"中庸思想"的发展体现在什么地方呢？我认为有两个方面：一是从人的心理结构的角度来讨论什么是"中庸"、什么是"和"。《中庸》首章说："喜怒哀乐之未发，谓之中；发而皆中节，谓之和。"这里提了"中和"的概念。"中和"的核心是什么——就是"已发和未发"，或者叫做"未发已发"。喜、怒、哀、乐等七情六欲未发的时候叫做"中"，"已发"表现在人的行动上、言语上，合乎礼的要求就叫做"和"——这完全是从人的心理结构角度区分的。《中庸》说"天命谓之性，率性谓之道，修道谓之教"，这与孔子"罕言天命与性"不同，是《中庸》对孔子思想的一个发展。大家知道孔子并未就人的心性问题展开过讨论，《论语》中没有这方面的记载。而《中庸》向前推进了一步，从人的心理来讨论"和"、讨论"中庸"、讨论"中道"，可以说弥补了这一缺陷。

《中庸》的第二个贡献是从世界观的角度讨论"和"。《中庸》说："中也者，天下之大本也，和也者，天下之达道也，致中和，天地位焉，万物育焉。"这就把"中道""中和"上升到了本体论和世界观的高度。万事万物的起源，还有人心、道德伦理的起源都和"中"有关系。"中"是一种思维方式，同时也是达至"中和之境"的一个路径。具体说来，"中庸"是前提，是方法论，是途径，而"中和"是由此途径所达至的境界和目标。

《中庸》把"中"与"和"这两个原本单行的范畴组合起

---

[1] 徐复观：《中国人性论史》（先秦篇），上海三联书店2001年版，第91—94页。

来，解决了从"中庸之道"到"中和之境"之间的缺环问题。《中庸》首次提出了"中和"的概念，并强调"由直中而达于和"，将两者创造性地结合在一起，提出"中和"的概念。有的学者也指出：《中庸》把这两个概念结合起来，事实上体现了战国时代的文化综合了前代文化的特点，综合了殷商文化和周文化这两大文化传统。《中庸》的作者子思所面临的文化资源中，"中道"是由殷商这个王朝创造的。殷人起源于东方，在山东半岛，其图腾崇拜是鸟图腾，而且殷商王朝崇尚暴力和武功。而周文化崛起于西北，是农耕文化，崇尚的是"和谐稳定"：一年四季轮替，周而复始。当殷商文化和周文化在碰撞中趋于平衡，就形成了"中和"这个思想。

唐代大儒孔颖达主持编纂了《五经正义》，《礼记正义》疏解《中庸》这一篇，引述了汉代学者郑玄的话——"名曰《中庸》者，以其记中和之用也。庸，用也。"《中庸》之得名，就是因为他是记"中和"之用的，就是如何通过中庸之道达到中和之境，"庸"就是用的意思。现在好多人把"中庸"的"庸"解释为庸俗、平常，这是不对的。"庸"就是用，"中庸"的意思就是"用中之道"，亦即"用中"的方法。

孔子也曾经讲过如何致"中和"，有内在的里路，也有外在的途径，不过并没有讲透、讲深。《中庸》讲得特别透、特别深：用一句话概括，《中庸》提出的达到"中和之境"的关键，或者说方法，就是"正心诚意"；再进一步简化，达至"中和之境"的途径就是"诚"。《中庸》第二十章说"诚者不勉而中"，如果能做到"诚"的话，既使没有外在的那些劝勉，也已达到"中和之境"了。孟子和老子都特别崇尚"赤子之心"。"赤子"就是小孩子，小孩子心性出于天真，喜怒哀乐都发自内心，略等于"诚"的状态。魏晋文人特别喜爱这种"真"和"诚"的精神。《世说新语》记载的魏晋文人的生活侧面就反映了这种状态。如其中记载"建安七子"之一的王粲去世后,曹丕去吊唁,竟然提议同去者一起学驴叫——原来王粲活着的时候喜欢听驴叫,为什么呢?因为驴叫起来特别畅快,不掩饰。那是一种本然的状态,这恰恰也体现了《中庸》讲的"诚"是人的本色出演。《中庸》讲不勉而中,不思而得。示人门径,你不用去刻意地、违背本心地去求中道。当然,"从容中道,圣人也"。能够做到这样的人是不多的,只有圣人能够做到这一点,这就是所谓"诚者自诚也,而道自道也。"

孟子对"中庸"的思想也有丰富和发展,他是儒家学派中的另类,是没落贵族的后裔,但却胸怀天下,而且想要改变天下。孟子自称"当今天下舍我其谁",又说先知觉后知,先觉觉后觉。他自己就是先知和先觉,老天生孟轲,就是让他来拯救芸芸众生的。由他的言行来看,孟子是一个不折不扣的狂狷之人。孔子曾经在《论语》中说,做人如不能做圣贤,就做狂者狷者也是好的。孟子在儒家学派中的身份很特殊,他是孔子的私淑弟子,其实并没有真正在儒家的哪一个学者门下执弟子礼。用现在的话讲,他只是个旁听生,这一点他自己也讲过。孟子"中庸之道""中和之境"的贡献可以归纳为三句话——实际上是两个意思。一是"经权相济",就是说"中庸"是一个辩证的概念,不能把"中庸"绝对化。为了说明这个问题,《孟子·离娄上》讲了一个很有趣的故事。这个故事大家都很熟悉,就是"嫂溺而是否施救"。如果按照儒家的伦理规范,男女之间,即使是叔嫂之间,也不能有肢体上的接触;然而如果嫂子落水了,到底是施以援手,还是袖手旁观?如果施以援手,是否违礼?孟子认为,违礼与否,当有先决条件,遵礼也应当懂得权变,不能死守规矩。"仁者爱人",这才是礼的真谛。这个故事告诉人们,"中道"就是具体问题具体对待,要懂得"权"的概念。"经权相济"的"经"指的是儒家的伦理规范,"权"就是权变。孟子的这一思想将"中庸"又提升到了一个新的高度,在孟子看来,"中庸之道""中和"不是静止的;也不是线性的,而是一种动态的平衡,它是事物存在的一种特殊状态。

孟子第二个贡献是提出"仁义"为"中"之内涵。在孔子那里,"中庸"的概念虽然提出来了,但并没有赋予其实质性的内涵。作为一个哲学范畴来说,或者作为一个伦理学的范畴来说,你不能只有外延而没有内在的东西,没有内在的含义,孟子在他的言论当中赋予了"中庸"以仁义的内涵。

下面我们讨论朱熹在"中庸"的解说方面有哪些贡献。朱熹的贡献,除了继承前面各家的成就以外,表现为两个方面:一个是他的《中庸集注》用了中国传统的经学方法,也就是为"经"作传和作注疏的方法,对《中庸》的思想进行了理论上的阐发。首先,他将《中庸》文本划分为33章,这表面上是对文本进行文献学的整理,其实是在阐发其内在的思想结构。如果不分章的话,其中哪些是子思转述孔子的话,哪些是子思自己的发挥,就分不清楚了,也就无法厘清其内在的逻辑关系。经过朱熹对《中庸》文本的重新整理,该文本的内在逻辑结构就基本上呈现出来了。可以说,这是从文献学角度对《中庸》思想的一次理论上的系统化。

第二是朱熹在阐发《中庸》的时候综合地吸收了理学的思想,将其融合为一体。朱熹43岁的时候突然间"醒悟了",这一年是丙戌年,故而后来学者都称之为"丙戌之悟"。大家知道,宋明时代的理学家,尤其是心学一路的学者,特别强调顿悟,和释迦牟尼顿悟佛理很相像,他们吸收了佛学的修养方式。当然,朱子对佛学是排斥的。中国文化从唐代以后,道统、学统和政统都发生了较大的转化。在传统的儒家道统里面,渗透进来或者说是吸收了道家思想和佛学的精髓。丙戌之悟,就是朱熹在这一年突然之间领悟到了长期困扰他的思想问题的答案。他对

《中庸》所讲的"未发"、"已发"的体悟,一直百思不得其解,现在却一朝有了突破性的顿悟。该顿悟就表现在他找到了达至"中庸之境",或者体察"中庸之道"的具体路径——这是实践层面的突破。这个突破吸收了道家的"坐忘"和"心斋"。大家知道庄子的《逍遥游》里面提出了一个比《老子》更系统化的所谓体道的理想状态,也就是"逍遥游"。什么是逍遥游?简单讲就是一种身心都处在自由的状态,在自由的状态下漫游的状态——类似于宗白华所说的美学散步的状态,当人的精神和肉身都处在自由状态的时候,思想就不由自主地产生了。人通过一定的方式——不管是外在的方式还是内在的方式——达到了忘掉功名利禄和权势尊位的状态,这种方式叫"坐忘"。具体来说就是忘掉了我是庄周,忘掉了我是谁,忘掉了我是人还是物,物我两忘。所谓"心斋"就是:人本来生活在外在的大宇宙、大空间里面;经过一定的方式和方法就可以进入到一个与上述境界相似的极度宽广、自由和美好的境界。这种修养之法也为朱熹所吸收,这在《朱子语类》中可以看得出来。钱穆说30岁以前不要读《朱子语类》,读了也是白读,没有生活经验,理解不深刻。这倒也未必全对,不过却说明了《朱子语类》里面讲的都是修身体道之法,不到一定的阶段是领悟不到的。朱熹在40岁前后很痛苦,知识似也已经达到极致了,修养的功夫也下了不少,却不能达到中和之境、中庸之道。这时他突然顿悟了——这就是丙戌之悟。陈来的《朱子哲学研究》这部书,专门有一章讲"丙戌之悟"。朱子在丙戌年43岁的时候写过一篇文章叫《中和旧说序》,他主张的"涵养静学、主静致知",进一步发展了程颐的思想。[①] 其实对朱熹影响比较大的老师还有李侗。这个人在当时影响特别大,号称南学。但是朱子的思想其实是兼有格物致知

---

① 陈来:《朱子哲学研究》,华东师范大学出版社2000年版,第157–170页。

和正心诚意两派的,现在好多人认为朱熹是格物致知派,这是不对的,至少是不全面的。这是朱熹对《中庸》的贡献。朱熹之后,理学逐步走向僵化,再没有出现过大思想家,我们就不多说了。

我们再来看新儒家的代表人物冯友兰对《中庸》的阐发上有什么贡献。冯氏认为《中庸》大部分均为"孟学",这一观点还值得商榷,但是他对《中庸》的阐发也有很大的贡献,具体讲有以下几个方面。

首先,他充分肯定"中庸"的价值。冯友兰在79岁的时候写过一个对联:"阐旧邦以辅新命,极高明而道中庸。"这个对联很能体现他对"中庸"和"中和"的理解。在冯友兰的观念中,"中庸之道"和"中和之境"是中国文化的精髓。

其次,他澄清了对"中庸"的种种误解——比如说"中庸"不是折中主义,不是乡愿式的好人主义等等。但是他在后来又写过否定这些观点的文章,违心地说"中庸"就是好人主义,"中庸"其实是耍滑头。

再次,冯友兰对"中庸"的阐释还有一个贡献——那就是把中庸分为道德和功利两个层面;而且指出"中庸"是动态的,不是一个点,也不是一条线,而是一个立体的动态状态。这实际上是对二元论的一种反驳:世界上万世万物(还有人)的存在状态并非"非白即黑",可能还有更复杂的状态。他还指出"中和"从个体而至国家、而至社会、而至宇宙,是一种境界;"中和"的境界也是分层次的,从个人的理想、事业、道德来说,是一种境界;从一个社会来说,也是一种境界。一个社会如何达到"中和",他认为是儒家说的大同之世。再往上提升到本体论的高度,"中和"又可以叫"太和";"太和"如果从政治层面来说,就是"民主主义",或者叫"普遍的人类主义"——也就是我们今天说的"地球村"。《中庸》里面所说的"万物并育而不相害，道并行而不相悖，小德川流，大德敦化，此天地之所谓大也"——这就是"太和"。

接下来我想讨论晚近一位著名的学者——刚刚去世不久的庞朴先生对《中庸》的阐释。庞朴是治中国哲学史的学者中令人尊敬的学者之一。他有篇文章题为《中庸与三分》，文中认为：《中庸》所谓"中"就是第三者。大家知道，过去认为《中庸》之"中"就是两极之间的一个东西，它是不确定的；而庞朴明确指出"中庸"这个"中"是第三者。如果承认二分又承认"中庸"的存在，事实上就是承认了世界是一分为三的。这个看法与辩证法还有传统哲学中一分为二观点是不一样的。《老子》说："道生一，一生二，二生三，三生万物。"《周易》也讲"三才"，认为人生天地之间，人是"三才"之一。庞朴的第二个观点是："中"不是事物的居间环节，不是这个道伢子和那个道伢子之间的那条中线；也不是事物发展的过渡阶段，而是事物存在的本来状态。因为"极致的东西"是不存在的，《老子》中说"飘风不终日，骤雨不终朝"。狂风暴雨，来得快也去得快，不可能持续一天的。从天道的角度来讲，风和日丽是常态。所以，"中"是事物存在的本来状态。他又说既有一维的"中"，比如说像四季的轮替（春夏秋冬）；也有二维的"中"，比如说天、地、人，天道居中，然后是人和地。还有三维的"中"，等等多种形态。

最后我想要做一个简要的总结：第一，我认为"中庸"是一种方法论，是一种宇宙观；"中和"是混沌状态、是大同境界；第二，"中庸"和亚里士多德提出来的"中德"相通，中庸可以说是世界性的、富有通约性的一个伦理规范。第三，"中庸之道"的实质就是偶对平衡，"中和之境"的最好呈现方式就是太极图。太极图用数学方法表示就是一个太极坐标。这个观点受到了陈克恭先生的启发，请参阅他的相关论文。

好，以上所讲就是本讲座的基本内容，不当之处，敬请大家批评指正，谢谢。

李朝东：非常感谢韩教授的精彩报告，我虽然也是做哲学的，但是对中国哲学史、中国文化思考不多，今天很受教育、很受启发。下面进入提问环节：

提问者1：韩老师好，我也认为"中庸"和"好人主义"不一样，您是否能深入讲解一下它们在日常生活中不一样的地方？谢谢！

韩高年："中庸"和"折中"或者"好人主义"的区别，如果从道德层面来说，"中庸"往往会突破线性或者空间上的"中"的点，它最终会达成一种既利他也利我的状态，就是道德上的理想状态。它不是一个翘翘板的支点，也不是一个线段的终点。如果从功利的角度来判断，"中庸"是互惠互利的。而好人主义从道德层面来说，实际上是违背"仁"的，如果你称赞好人，没有问题，但如果对坏人也说好，就是姑息养奸了。

李朝东：我问个问题，有时候我们也讲"中庸"的意思不完全是两个极端的一个中间状态，它是一种理想和目标。"庸"至少应该有三层含义：一是"平常"，二是在你坚持这个目标、认同这个目标以后，不管该目标是伟大的还是平凡的，你都要坚持下去。前面讲到孔子赞扬颜回，只要我能够认同一个道理、一个真理，我就会持续不断地坚持下去。所以"庸"既是"平常"又是"恒常"。三是西方意义上的"中庸"。亚里士多德在《尼各马可伦理学》里也讲到了"中庸"，即一种"中间之道"。但他的"中间之道"是明确的，比如说在他看来勇敢是中间，他的两端一个是懦弱、一个是鲁莽；处在中间状态的是勇敢。处于放荡和畏缩之间的美德是"光明磊落"。请韩教授进一步谈一谈。

韩高年：谢谢。这个恰恰是我没展开说的。我觉得亚里士多德的"中道"和孔子的"中庸"之间确实有相通之处；但是孔子的"中庸之道"、"中和之境"更高明之处在于：在对"中道"的论述中，避免了一种执著——即试图从两极之间、两端之间找到一个确定、恒定的概念，亦即"中"，并且用一种范畴来命名它。"中间"是一种状态，它也是动态的，儒家讲的"时中"，时间的"时"，冯友兰称之为变动不居的状态。

提问者2：我请教韩老师一个问题，《中庸》里面我们讲"致中和，天地位焉，万物育焉"！这些都是存在论，而我们今天听到的更多的是一种方法论。说"中庸"就是不偏不倚，这种存在论和方法论怎么统一？谢谢！

韩高年：我刚才提到了庞朴先生观点，他有本书叫《一分为三》。这本书最大一个贡献在于：把"中庸"从存在论向本体论提升。用庞朴先生的话说，"中庸"不是一种事物的居间状态，也不是一个中间过程、中介过程，它是一种趋近的可能，也是万世万物存在的一种本然状态。这实际上就已经打通了方法论、存在论和本体论。

提问者4："中庸思想"用在治国方面可行吗？

韩高年：其实《论语》里面有一章讲的特别好，一般而言，治理国家有几件事情要做：一是足食，一个足兵，还有一个是礼乐教化。然而不得已要去掉三件事中的一件，应该如何呢？孔子认为应当先去兵，也就是军事。不得已再去掉一个，去食，把民生去掉都可以。最后剩下是道德基石。这是儒家的政治理想，他们认为道德教化是国家的基础。把"中庸"、"中和"的思想用到治国上，就是把道德基石放在第一位。其实在孔子的时代也是如此，比如管子就讲过"仓廪实而知荣辱"。肚子都吃不饱，你叫人家讲礼义廉耻根本就是胡扯。

李朝东：我还想说两句。一个是前面我们提到的亚里士多德。大家知道亚里士多德他有一个学科划分的思想，这涉及到他的逻辑学，这是方法论。第二种层次是理论哲学，主要包括形而上学、物理学和数学。第三个层次是实践哲学或者叫实践科学，分为三个学科：伦理学——制定个人行为规范的科学；经济学——制定家庭行为规范的科学；政治学——制定国家行为规范的科学。第四个层次是创制科学，主要是音乐、美术等等这些需要个人的才华和天赋的学科。从这些层次看，各个学科都应该引入哲学思考，把哲学思想融会贯通进去，但不是直接借用哲学的概念。从这一点来说，我们中国古代并没有学科分类的思想。孔子的《论语》可以作为文学学科来读、作为伦理学科来读、作为政治学科来读、作为哲学来读，一个文本可以包含各种学科，这恰好是古代学术的特色。

另外我想谈谈善和恶的问题。西方人也承认人一半是天使一半是魔鬼。像高年教授前面说的那样，孔孟尤为推崇赤子之心，认为婴幼儿的那个状态是最完美的。但问题在于：我们起初来到这个世界上的时候，通体纯洁透明，为什么一旦步向社会就变得"一半天使、一半魔鬼"，善恶参半？儒家开出的药方是：逐渐减少这种魔性的成分，逐渐增加圣性的成分，最后通向君子的境界成为圣人。君子和圣人历来是我们道德修养和道德追求的境界和目标。高年教授引述庞朴的观点，说我们在善和恶之间没有一个确定的概念，这是一个动态的辩证的东西，我想这个解释是合适的。不过还要增加些东西：西方的《圣经》中讲善和恶是两个极端，和这两个极端相对应的就是天国和地狱。人则处于中间状态，我们一定要向善的方向走，才能进入天国——这里的天国之路类似于中国的修道——否则你就会向下堕落、坠入地狱。在中国的道德设计中，我们一直在善和恶之间拿平衡，这是一种生存的状态。这个生存的状态如何能多多占有善的成分——这是我们中国文化中固有的内容；但是我们缺乏的东西，就是"一旦我向下走，我们的文化该如何制约"？我们最多说你不是人或者骂你就是个畜生。不过，如果某个人已经无耻到这个程度——像王朔所说的"我是流氓我怕谁"，我就是个畜牲你能把我怎么样？那又该怎么办？——西方文化的设计是：如果你是个畜生的话，你就要下地狱。我们的文化顶多就是说，如果你不向上修道，而是向下沉沦，那么我也就骂一骂而已。我们在道德的设计中没有一个身居高位、善善罚恶的上帝，也没有一个阴森恐怖、令人胆寒的地狱。一个往上拉，一个往上推，才使人向上。我们的道德理想就是"做圣人"，它可以把我们向上牵引；却由于没有一个地狱的设计，那就无法回答这个问题：如果我不做一个好人、不做一个善人，我会怎么样？中国文化在道德惩戒方面疏漏太多，以至于现在的学者们都倾向于认为：如果实在提升不起来，防止向下沉沦的倾向就只好交给法律来解决，也就是道德法律化。而道德法律造成的直接后果就是：为了回避法律的惩罚，我就以"伪善"的方式来应对。法律终归是一个外在的规定，服从法律并不意味着你就是善的；在宗教设计中，天国和地狱都是对内心的牵引和奖惩，都是"自律"的，由此才能真正走向"善的生活"。这是值得我们进一步思考的问题。好，谢谢大家，今天的讲座到此结束。

（主讲人：韩高年）

第四讲 《庄子·天下篇》首章释读

师庭雄（主持人）：尊敬的各位领导，各位老师，各位同学，大家晚上好！本期"中和论道"的主讲嘉宾是来自兰州大学哲学社会学院的李为学博士。他的研究兴趣集中在先秦政治哲学、当代西方大陆哲学。他今天给大家主讲的题目是：《庄子·天下篇》首章释读。好，下面以热烈的掌声欢迎李为学博士。

李为学：感谢"中和论道"给我提供这个和大家交流的机会。前段时间李朝东教授问我究竟在做什么研究，现在就借这个机会做一个回答。我这几年在重新阅读中国的古典，重新阅读西方哲学。我在硕士的时候做的是中西比较，博士阶段的学习，主攻的是现代西方哲学。做完研究德里达的博士论文之后，我把一半的精力放到了中国古典哲学。这几年我主编了几套丛书，邀集了一群古典学基础较好的同仁，对历代老子注疏进行点校，已经出版了几部著作——这实际上是重新返回中国古典哲学的一种尝试。

我今天为什么要讲《庄子·天下篇》呢？这跟我这几年的学习和研究有关。

第一个转折点是从阅读尼采和海德格尔得到的一个启示。以前，特别是80年代的时候，我们把尼采当成一个自由派的哲人，或者是一个拥有自由精神的哲人。但是如果我们仔细阅读尼采的话，我们就会发现尼采，也包括海德格尔身上有一个非常重要的角色值得我们重视。特别是海德格尔的黑皮书出来之后，里面很多的言论都是值得我们重视的，什么问题呢？尼采和海德格尔都有为西方文明重新立命的一个使命感。"立命"这个词当然是中国哲学的词。如果从这个角度来看尼采的整个著作体系，这种感觉就会越来越强烈。实际上，作为政治哲学家的尼采，在《敌基督》中我们能够看到他重新为欧洲文明，或者为整个西方文明重新立命的尝试——包括他的颓废概念、对浪漫主义、自由主义和基督教的批评，他最终的落脚点都在于此。所以说重新理解尼采，或者重新把尼采的整个运思线索摸索清楚，是我这几年正在做的一个事。我们读尼采的时候，发现尼采的著作中有些很刺耳的话。比如说，他认为最理想的政治是古罗马的贵族制，或者文艺复兴时期的意大利城邦。他后期的著作，特别是在关于权力意志的思想中，推崇的是印度的《摩奴法典》，他认为只有等级制才能孕育真正高级的文明。这个怎么理解？如果我们理解的西方是一个普世价值的西方，那为什么最深刻的哲人与我们理解的常见形象并不一致？这个问题实际上在我们读他的《善恶的彼岸》以及《查拉图斯特拉如是说》的时候，就有了回答。我们可以说《善恶的彼岸》是尼采作为政治哲人的一个前提或者准备；在尼采看来，如果不经过《善恶的彼岸》或者《查拉图斯特拉如是说》的训练，是不能够成为一个真正的自由哲人的。那么他的自由精神意味着什么呢？如果大家读过《善恶的彼岸》，第一章就是"自由的精神"——"自由的精神"首先用来反对柏拉图，尼采认为柏拉图的洞穴理论、洞穴比喻，是哲人颓废的一种表征。他的哲人的自由精神是什么呢？——就是能够摆脱这些体系，能够摆脱由体系构造的这种幻像。他还进一步认为只有具备了自由精神才能够成为立法者。这个立法者从某种意义来讲就是柏拉图的哲人王。以我自己的读书体会来看，从这个角度读尼采的《查拉图斯特拉如是说》就会读得非常顺利。《查拉图斯特拉如是说》里，查拉图斯特拉作为一个哲人，从日常意识上升到形而上学的山峰，又从形而上学的山峰下降到日常意识。最近这几年有一个美国教授叫朗佩特在读了《查拉图斯特拉如是说》之后，认为该书就是尼采的政治诗学——这个说法也许有点过分，但是如果我们按照这个路子去读尼采，那么尼采的文本就能够做到贯通一致。另一方面，如果我们诚实地对待自己的阅读经验，那么就不能够忽视这种对尼采的解读方式。

第二个就是海德格尔的《黑皮书》。最近，倪梁康老师、张志扬老师和靳希平老师都在写关于《黑皮书》的文章。一般人都揪住海德格尔反犹的言论，以此说明德国的海德格尔教席被撤消的原因。这个事姑且不论，我们要予以深究的是：海德格尔到底是一个最深刻的哲人，他为什么会犯这样的错误？他仅仅出于我们通常都会犯的一种偏见，抑或是一种政治投机吗？海德格尔的《黑皮书》我读了，我对海德格尔的理解是这样的（当然也有可能有不对的地方）：海德格尔想做的事情是重新决断西方文明的历史性此在，为这个历史性此在重新奠基。他对纳粹运动是非常清楚的，纳粹运动乃是现代性的一个变种。他给朋友布洛赫曼的信里面也反复提到了这一点——他说这是一个西方文明重新决断自己命运的时刻。从这个意义上来讲，尼采和海德格尔这两位哲人的立场是否正确乃是一个很复杂的问题。这两位哲人都有一种深切的关怀，海德格尔的这种关怀里隐藏着一种非常危险的浪漫主义因素——当然了，"浪漫主义"这个词也许不合适，海德格尔自己也不喜欢这个词。为什么呢？因为我们看到这种观念构成了一种文化革命的基础——而我们想要理解这个事件的话，就必须把这个基础放到西方现代性思想的脉络之上。这里面我们可以用浪漫主义的概念来说，但浪漫主义这个词可能还担负不起这个责任。所以我们看海德格尔对"存在的历史"进行反思的时候，把"存在"当作最高主权来思考。这是我这两年里在对尼采和海德格尔的阅读过程中得到的一个体会，也许不正确，但是我又说服不了我自己——按照这个路径阅读的话，他们的书能读通；如果不按这个路径阅读的话，他们的书只能读通和读懂一部分。

另外还有一个值得思考的问题：不管是尼采还是海德格尔，他们都在自己工作的晚期有一个共同的选择——那就是返回到古希腊，返回到他们自己的古典之中去。海德格尔在《黑皮书》第九卷里说必须返回到那个开端，我们才能够对预先决定我们的文明品质的这个东西做一个决断——所以他返回到这个开端，实际上是跟他的抱负息息相关的。既然西方最深刻的几个哲人都把自己的工作任务确定为重新返回到自己的源头，重新返回到自己的古典，那么在这样一个背景之中，我们作为一个中国的读书人，是不是也有必要重新回到自己的古典中去看看呢？我在完成了博士论文之后就意识到一个问题："解构"，或者说现代性理论思潮，最终恐怕是没有未来的。带着这个体会，我重新回到中国古典。我的硕士生毕业论文写的是老子，现在看来，那时候的读法可能有问题。这几年我在主编"老子历代注疏"这个丛书的过程中，越来越觉得回归中国古典的最基本的办法就是从清末民初的读书人那里开始，五四的这一批人要先放一放——这是我自己的办法，你们可能不认同。清末民初的一些读书人，他们还保留着中国古典的某些基本传承，当前中国哲学史的这种讲法，我觉得讲不出中国古典的重要性和问题所在——如果按照当前中国哲学史的讲法，孔子就是一个编辑家，就是一个教育家，他怎么能成圣人呢？如果我们不读清儒，不读康有为，我们就不知道孔子的重要性在什么地方。我不知道现在的中国哲学史的教材怎么样了，以前的教材讲孔子的内容只有两页纸，谈不出什么东西。我就是带着这些问题重新回到古典之中，这几年里我自己编书，编书的过程实际上也是一个重新阅读的过程。

思考这个问题的另一个缘起是什么呢？这涉及到最近比较热的一个争论：庄子到底是不是儒门一流？我们一般把庄子列为道家，但是最近我读到一篇文章，名字叫《儒门中的庄子》。这个题目并不新鲜，我们只要翻一下《中国庄学史》就会发现：主张庄子是儒门的论点可能占了全书的一多半。熊铁基先生编的《中国庄学史》，华东师大的方勇主编的《庄子学案》，里头的情形也差不多。针对"儒门中的庄子"这个话题，最近谈得比较多的就是方以智，他就认为庄子是儒门托孤，几千年的一个托孤。民国学者王树枬也说庄子之学实际上就是大同之学。他认为庄子是孔子的再传弟子，"专务孔子大同之道，有本之学，非玄道也"。什么意思呢？就是说庄子绝对不是一个玄学家，他是实学家，当然这个实学并不是颜李学派那个实学，范畴要比那个广。他的意思是说：庄子并不是魏晋以来我们理想中的那种逍遥、避世的形象，他是很积极的。他的"内篇"和"外篇"就是按照"内圣"和"外王"之道来编排的。这个说法到底对不对呢？我们可以再看一下康有为的说法。

康有为在《万木草堂口说》里面曾经有一句话，他说庄子"心极热"，什么意思？就是说他很积极，不是我们所理解的消极避世。在《孔子改制考》里面，他说庄子出于子夏，庄子的老师是田子方，田子方的老师是子夏，子夏算是公羊学的一个教祖了。康有为认为，"自古尊孔子、论孔子，未有若庄生者"。他的这个评论也很高，没有比庄子更尊敬孔子和重视孔子的。他说后世以《论语》见孔子，仅见其庸言。这里要解释一下，康有为有一本《论语注》，他在"序"里说《论语》是给中下等次的人读的——当然这个说法也引发了很多争论。廖平认为《论语》中的"微言"绝对不是给小孩做启蒙读物的。历史上的几部公羊家解《论语》的著作——宋翔凤的《论语议述》以及刘逢禄的《论语述何》——都是以公羊家解《论语》，把《论语》理解为具体的实学，不是小孩的启蒙读物。廖平坚决反对这种读经办法，他说这是错的，因为"经"不适合小孩读。公羊家很多人都有这个看法。"以《春秋》见孔子，仅见其据乱之制；以心学家论孔子，仅见其本数之端倪。"他们反对的是什么呢？就是反对按照考据或者史学的方法去理解孔子，也反对用心学的方法去理解孔子。他们认为心学沾了禅宗的习气，在这个问题上有很大争论，这些争论可能还会持续很多年。"心学"到底是不是儒门正宗，有没有禅宗的遗毒在里面，跟中国古典的道统有没有矛盾。康有为说，"以考究家论孔子，仅见其末度之一二，有庄生之说，乃知孔子是本数末度，小大粗精，无乎不在。六经之大义，六经之次序，皆赖庄生以传之。"这就是说，"六经"的次序和"六经"的大义都是依赖庄子传的。康有为这个说法很有意思，他为什么要这么说呢？待会儿我们会展开《天下篇》的"总论"，在那里我再来详谈这个问题。康有为还说"古之人所为诗书礼乐，非孔子而何？能明庄子此篇，可明当时诸子纷纷创教。"这是在《孔子改制考》里边，他对庄子和孔子之间关系的一个论述。康有为还以公羊家的"三世说"来解《天下篇》，道家是为未来太平世而作，孔子当时创教，也是在为太平世而作，康有为说"改制"的时候就是出于这个考虑。

廖平也有一个分析，他说得更清楚，儒门有四科，就是"言语、文学、政事、德性"。他认为现在的儒家是出于文学科，所以流为小人儒，道家是出自德性门，所深者为诗、易天学，道家尊诗、易，诗学和易学，道家是为君子儒。我们知道，"君子儒"和"小人儒"的区分在《论语》里面多次出现。孔子对他的弟子说，"汝为君子儒，勿为小人儒"。"君子和小人"在我们现代汉语里往往被视为一个道德的区分——好人就是君子，坏人就是小人，这个区分跟古典里的用法是完全不搭界的。这里面我插一句：现代汉语从某种意义上来讲是很不成熟的，是一种缺少思想能力的语言。我们现在读中国哲学时所使用的语言，也包括对中哲史进行讨论的语言，基本上是西方翻译过来的语言——我们学过语言哲学的人都知道，语词不仅仅是个词汇，它更是一条道路。所以我们用什么词，往往决定我们走在什么样的道路之上。比如说我们用"价值"，或者是"超验"这些词去描述中国古典哲学的时候，我们就已经掉入别人的坑里了。只有把西方哲学读通了，才能搞清楚中国哲学。我在兰大给学生上课的时候，就跟他们说西方哲学要是读不通，中国哲学就很难做；因为你很容易掉入别人的坑里面，还以为自己现在可以展开自己的言说，很自由了。廖平认为道家，"专详帝道与德性科，盖德行科皆帝学流于道家"。他在这里作出的区分需要给大家解释一下：他认为"道、德、仁、义"在"皇、帝、王、霸"那里表现为四种层级，即皇道、帝道、王道和霸道。孟子攻的是什么呢？是霸道，所以他认为孟子的地位不高，相当于佛教里的罗汉，也就处于"王道"那个层次上。接下来，他说道家的地位高于儒家，为什么？因为道家"所祖颜闵冉仲，固在游夏之上"，所以，"庄列于颜闵多所推尚。所诟病者，小人儒之孔子也"。这是什么意思呢？廖平认为道家是君子儒，儒家是小人儒，君子与小人之分，不是什么道德上的事，而是他们所从的"道"有根本的区别。廖平认为以诗和易学的这个传统读《庄子》就能读通。这里又出现一个问题：我们应该怎样去读《诗经》和《易经》？《诗经》在我们现在的教材里面写得很明确，就是一部古代民歌总集。那么问题就来了，这么一部民歌总集，像流行歌曲集一样的书，怎么会成经呢？说不通。《知圣续篇》里面说，《庄子》书多博士典礼，就是庄子自己对于礼教的东西，礼学的东西是通的，就跟我们读《老子》的时候，《老子》里面好多谈到君礼，谈到礼制的东西，也是通的，因为道家出于史家，史家是掌管这些典籍的人。廖平关于这个问题的讨论，就介绍到这个地方，如果有兴趣的同学可以参考他的《孔经哲学发微》和《庄子经说叙意》两篇文章。大家初读廖平，会觉得这个人是不是在故作惊人之论，他这个说法怎么跟我们大部分人习惯的说法差这么多呢？看他说的对不对，我们还是要回到庄子的文本，特别是到《天下篇》去看一下。庄子的文本里面是怎么说的，这就是我今天要讲的。上面讲的这些问题，还有下面要讲的问题，实际上就是一个近期读书的收获，有可能有不对的地方，或者路子上有不对的地方，有的话就请大家指出来。

《天下篇》总论很短，大体有四个部分，第一部分是总论，第二部分是天下七品，或者叫七等次说，第三部分讲经史诸子的缘由，第四部分讲道术分裂的缘由。第一部分是总论中提出的问题。如果大家把庄子的《天下篇》跟《汉书·艺文志》对比阅读的话，就会发现《艺文志》和《天下篇》有同样的安排，都是先六经而后九流。这里面包含着一个问题，就是《六经》包诸子；《六经》不止是儒家的经典，它是先秦所有诸子的经典，那时候的教材都是这个教材。所以《国语·楚语》里面问教育贵族子弟的时候需要用什么样的文本，里头就谈到《六经》。

我们首先去看"天下"的意思。《老子》里面有一句话："以家观家，以国观国，以天下观天下"。这是什么意思呢？就是家有家道，国有国道，天下有天下道，不能错乱。如果以天下道观国，会乱，以国道治家也不行。在古典典籍里面，不光是在《老子》里面，像《文子》、《庄子》和《韩非子》里面都有对于这种学问等次的明确说明。这里面需要提一句，我自己的体会是什么呢？是读古典的时候要有基本的古典常识。近几年我才注意到这个问题，古典中书法的问题，《公羊传》、《谷梁传》里面都是古典笔法的典型。经义不直说，而是通过修辞来跟你说。比如待会儿我们提到天下七品的时候，你会发现只有前四品，至人、神人、天人、圣人称人，君子、百官、民不称人，这很奇怪。如果大家读过《春秋》，我们知道《春秋》有变辞、正辞，诸子当时也会有这种修辞语法在里面。《汉书·艺文志》和《天下篇》也有这个问题，他们往往是通过这种结构的安排，把一些重要的东西隐含在里面，《汉书》整体的结构也是如此，如果以这个方式去读《汉书》，就会发现里面隐含的内容非常多。所以古典哲学，或者叫中国的古典道学，首先入门需要什么呢？是需要以天下观天下，才有可能去理解老子、庄子和孔子他们要做什么，不能够以家观天下，也不能以国观天下。这个区分不仅仅是在《老子》和《庄子》里面。道、德、仁、义，分别对着天下、海内、邦、乡，不同的政治德性对应着不同层次问题。这些观点都不是我的观点，我仅仅是让诸子和《六经》之间的文本能够互相参映，能够互相印证，这是我做的工作。

我们看一下《天下篇》第一句话："天下之治方术者多矣。"第一个问题就是方术和道术的区别在什么地方？方术之"方"，按照谭戒甫的解释，就是类似于方圆之方，它是一曲之界，不是古人之整体。用我们现代话来说，就是有可能陷入到一个自明体系里面。方术是坐井观天，道术则为整全。这个部分跟第三部分，也就是最后部分提出的为什么会出现道术分裂的原因，实际上是对应着的。为什么会是方术？最后为什么道术为天下裂，原因是什么？第一句话提醒我们，按照中国古典哲学的讲法就不能以一曲之见，或者方术来观道术，在我们刚开始提到尼采自由精神的时候就提到过类似的问题，不能以非自由精神去关照，否则就不能真正成为一个立法者。那么这个自由精神是如何自由的呢？自由精神是政治哲人的前厅，这是尼采的一个基本的判断，只有经过这个训练才能进入到下一个层次、下一个阶梯上去。

下一句话，"皆以其有为不可加矣"。这里边有一个断句上的问题，有的人把它断成"皆以其有，为不可加矣。"有的人把它断成"皆以其有为，不可加矣！"这个断句有两种读法，在这边我们先不管，但问题在于什么呢？在于"不可加矣"，就是自己都以为自己已经是终结了，已经是目的了，已经是那个终结点了。这就提醒我们一点，如果我们觉得自己的精神已经到了"不可加矣"的地步的话，那么我们就要考虑自己是不是陷入了"方术"里面，是不是陷入了"一曲之见"里面了。那么这个"不可加矣"，实际上就是日常理智的满足，与知识理智的满足，或者叫方法上的那种绝对的合法性，让人觉得已经没有问题了，越是这个时候，尼采就会不断地提醒我们，你在这个地方颓废了，精神停止了。他后期写的《尼采反瓦格纳》，读那本书的时候我感触非常深，他认为瓦格纳已经陷入到一种他自己的有限性之中，而且意识不到自己的这种有限性，实际上是在不断地重复自己。只要出现重复，就可以认为是尼采所谓的颓废出现了。所以在这里我们谈方术和道术之别的时候，对于我们这些读书人来讲，要不断地提醒自己，或者从哲学的角度来讲，就是这个合法性的圆满性到底是不是没有问题的。这种自明性，或者绝对的合法性，是不是真正可靠的。

那么"古之所谓道术"者，其实是全篇的总纲，整个《天下篇》都是在讨论古之道术，下面一段就是古之道术，果无乎在？在什么地方？曰："无乎不在。"到处都是，他的回答是这样的，下面一个问题就是最重要的四个概念："神何由降？明何由出？圣有所生，王有所成，皆原于一。"四个概念是什么呢？神、明、圣、王，这四个概念就很麻烦。四个概念的解法有几种解法，一种解法是神、明、圣、王是四个层次；另一种解法是神、明对圣、王，神对圣，明对王。钟泰就说神出于天，明出于地，所以圣王是与天地相对，也是基于天地的。这几种不同的解法，有兴趣的同学可以看一下。

我们来看一下这四个概念，就是古之道术在何处？无处不

第四讲 《庄子·天下篇》首章释读

在。道术虽裂，但仍然是总纲天地、提领天下。方术之中有精一，神明圣王的问题是什么呢？我们看一下《庄子》里面的神、明到底是什么意思？神这个字在《庄子》里面单独使用是36次，以《天地篇》最多，神明连用是6次，明这个字用得最少，单独使用只有3次。这里面值得说一说，如果我们再花点精力的话，我们发现神明这个词，神、明这两个字，除了《庄子》、《文子》、《管子》、《黄帝四经》，包括《汉书》里面都有出现，如果我们把神明这个概念梳理的话，也是一个非常有意义的事。今天咱们只针对《庄子》文本中的神明是怎么用的。"神"这个字在《庄子·天地篇》里面，我给大家读一下，神是针对什么人的呢？在《庄子·天地篇》里面说，夫王德之人，什么叫王德之人？就是我们说柏拉图式的理想的政治哲人，哲人王，王德之人所具的一个德行。王德之人是什么呢？"素逝而耻通于事"，"逝"是什么呢？就是远离这些日常的东西。"耻通于事"是什么？就是如果沉溺于具体的事物，他是觉得羞耻的。王德之人应该"立之于本源而知通于神"，这是王德之人通于神的描述，就是说"神"这个德行是立之于本源而知通于神的。他的描述是什么呢？他对这种人的德行描述是这样的："其心之出，有物采之。故形非道不生，生非德不明。存形穷生，立德明道，非王德者邪！"就是通神的德行，王德之人，他是存形穷生，立德明道，注意道和德，行和生，是"通于神"的概念前件，道、德在神这个概念之后了，这是《庄子》里面的古典概念史。所以我们谈道、德的时候觉得谈的是最根本的概念，实际上在庄子觉得不是。王德之人还有什么德行呢？这些人"视乎冥冥，听乎无声。冥冥之中，独见晓焉；无声之中，独闻和焉。故深之又深而能物焉，神之又神而能精焉。"就是物物而不物于物，使物成为物，但他本身不是物。"神之又神而能精焉"，这个"精"又出来了。不离于精，精和神在这里实际上我们说是同一个场域不同的面相。"故其与万物接也,至无而供其求,时骋而要其宿;大小、长短、修远,各有其居。"这里成玄英有一个疏,他说"神者,不测之用也,常在理上往而应物也"。就是他应物,是不测之有,所以说道、德是在"神"之后的。待会道和德咱们还要讲,"德者,物生之所依也。"就是物要生依的那个东西是德。另外一个解释是:"德者,道之所居也。"道和德这两个词在古典里面到底怎么用是一个很有意思的问题,在这里我们看到这个概念的次序是什么。我们知道这个概念的次序,我们就知道他指称的那个领域,指称的那个场域到底是什么样子的。孟子说什么呢?"圣而不可知谓之神。"就是"神"比圣人还要高一个层次,看来孟子知道儒家宣扬的圣人并不是最高等级的精神。这是《庄子·天地篇》关于"神"这个字的解释、用法,"明"也是在《天地篇》里,"明者,神之用。"明和神,是同一个东西的两个面相的体用。但神不简单是体,他是物物而不物于物。"神不显而知,为明、白、太、素,无为复朴,体性抱神,以游世俗之间,浑沌氏之术。"明、白、太、素,这个咱们可以跟《管子》四篇里面的《白心》《心术》联系起来考虑。《管子》四篇里面我们一般认为是黄老道家修身的记载。里面跟"明白太素"是有很大关联的,从里面我们看到跟神或者明的概念上的联系。在庄子看来是王德之人的层次要达到的基本修养是这样的。"圣"和"王"怎么解呢?《庄子·知北游》里面说:"天地有大美而不言,四时有明法而不议,万物有成理而不说。圣人者,原天地之美而达万物之理。是故至人无为,大圣不作。"至人和圣人实际上就是同一个层次不同侧面的描述。"至人无为,大圣不作,观于天地之谓也。"说无为和不做是在讨论圣人和至人的时候讨论的,不是在讨论君子百官的时候讨论的,这个语法是非常有意思的。如果说"君子无为"这个话的话,你会发现古典里面它的语法是错的,就跟我们说男人生小孩一样,你觉得语法是错的，是不对的。那么在古典里面呢？你如果说君子无为，那也觉得很怪，名法、名号就有问题了。

"今彼神明至精"，注意"神、明"和"精"的关系，"与彼百化。物已死生方圆，莫知其根也。扁然而万物，自古以固存。六合为巨，未离其内；秋豪为小，待之成体；天下莫不沈浮，终身不故；阴阳四时运行，各得其序；惛然若亡而存；油然不形而神；万物畜而不知：此之谓本根，可以观于天矣！"这个德性的描述就是"可以观于天"，并且"不离本根"。这个本根不是我们现在庸俗的宇宙论的意义上通过我们的知性体系建立起来的这种本根的含义。它是若存而亡，物行而神。所以你看神、明、精这几个字，在"圣"这个意思上又纠缠在一块了。那么"王"这个字什么意思呢？董仲舒的《深察名号》和《王道通三》里面说："三划者，天地与人。"王，三划天地与人，天地人，三才。王是什么呢？王是能通天地人的那个一，"连其中者，通其道也"，这是王的意思。另外一个讲法是："王者，往也。"就是归附的意思。"取天地与人之中以为贯而参通之，非王者孰能当是？"这是董仲舒在《王道通三》里边对"王"字的解释。我们会看到，就是在我们马上要讲的天下七品，圣和王是不一样的。王是通天地人的，但是这个圣是依于本根而居，观于天，但他没有讲到通天地。这个问题的重要性在什么地方呢？待会我们还要讲，《论语》里面有句话叫"君子下学而上达"，就是这个"上"和"下"，包括"本"和"末"，儒经里面非常重要的几个字，到底是什么意思呢？我们说只有把圣和王区别开之后，这些概念的意思我们才能够摸着。圣和王关系是古人治学的一个基本的格局。君子之学，所以孔子教学生的时候，教他下学而上达，实际上教的是什么呢？是王道，是君子道，不是圣人道。所以我们就可以理解，为什么不闻子言性与天道，听不见他说，讨论性和天道这个问题。这是这四个字的基本意思，这四个字包含的意思跟下面庄子提到的这种天人七品的说法是可以呼应的。接下来就是他分了七个等次，这是在《天下篇》里面分出来的中国古典哲人的七个品级：天人、神人、至人、圣人、君子、百官和民，这是七个层级，还有其他的分法，待会儿咱们还会讲。这七个层级首先要注意一个问题，只有天人、神人、至人、圣人，称之为人，其他层次不称人，这个基本的说法就是古人留给我们一个重要的暗示。"人者，偶也。"偶于天才配称人，所以你看《孟子》里面经常讨论，什么配称人，什么不配称人，他的讨论实际上是有一个古老的来源的。讨论天人、神人、至人的时候，他的句式都是非常简单的，都是四个字：不离于宗，不离于精，不离于真。讨论得非常简单，为什么呢？因为我们知道天人、神人、至人属于性和天道的范围，就是"子不语"的范围，孔子不说这些事。它的句式就是"不离于"，这意味着什么呢？意味着天人、神人、至人就是我们在读这个《知北游》和《天地篇》里面讨论的问题，依于本根而住。依于什么呢？"物物者，色色者，味味者"，而不是依于味、依于色、依于物而住。可他"不离于"意味着什么呢？意味着他在这边没有一个通达天地人的属性，通达天地人从哪开始？从圣、王开始，王之下是君子，君子也不需要通达天地人，他只要通圣人可以。圣人立法，君子依于法，君子再来负责百官，这是他整个的一个等级制，这是他的一个基本的层次。这个句式告诉我们，前三个等级，依于神明而住，他没有通的职能，圣人和王才开始有这个职能，开始贯彻天地的，圣人以下君子百官也没有这个职能。我们看天人，天人这个词在《庄子》里面只有两处见到，一个是《庚桑楚篇》，一个就是《天下篇》，他用的非常少。他是这么描述的："忘人，因以为天人。静之而不喜，侮之而不怒者，唯同乎天和者为然。出怒不怒，则怒出于不怒矣；出为无为，则为出于无为矣。欲静则平气，欲神则顺心，有为也。欲当则缘于不得已,不得已之类,圣人之道。"这里面他跟圣人的一个共通点是什么?就是"缘于不得已"。这个"不得已"非常有意思,特别是我们学现代西方哲学的时候经常看到,比如德里达就讨论过这个概念,说我们有一种不得已,一种不得不这样。在这边我们看到了圣人和天人之间共同的一点是什么?是缘于不得已,这里边基本的一个立足点是什么呢?就是"忘人",把人的属性忘掉,才能够成为天人。下面这些"出怒不怒,出于无为",全是对于这种状态的一个描述,但是非常有意思的一点是什么呢?天人在《庄子》里面为什么只出现过两次,我觉得这是一个现在还搞不大清楚的问题。天人与圣人之道相通,从这段话里面看到天人和圣人是相通的,他的相通之处在于不得已,缘于不得已,神人、至人亦然,神人至人也和圣人圣道是相通的。谭戒甫就认为神人、至人、圣人,是一而三者,就是同一个德行的三种表达方式。那又有一个问题了,就是圣人和天人、神人、至人的区别在什么地方?我们接着看神人,神人在《庄子》里面出现了八次,《天地篇》里面讲"愿闻神人",就是你给我讲一讲神人吧。他说什么呢?"上神乘光,与形灭亡,此谓照旷。天地乐而万事销亡,万物复情,此之谓混冥。"神人的特点是什么呢?上神乘光,乘的是光,不是物。这个光是跟什么在一块呢?与形灭亡,就是这个形,形灭之处那个光,这种状态在《天地篇》叫"照旷"。这是他的一个特点,另外一个特点是"致命尽情",尽情是参透了也好,或者扬弃了也好,命和情他都扬弃掉了。"天地乐而万事销亡,万物复情,此之谓混冥。"混冥和照旷就是神人的状态,他的特点是"上神乘光,与形灭亡"。

"至人"提到了24次,在《庄子》里面,至人的描述是这样的:孔子问老聃,请他讲一下"游心于物之初"什么意思。老子说:"心困焉而不能知,口辟焉而不能言。尝为汝议乎其将:至阴肃肃,至阳赫赫。肃肃出乎天,赫赫发乎地。两者交通成和而物生焉，或为之纪而莫见其形。"也是不见形，但他能见什么呢？"阴阳交通成和万物"，他能见这个。接着说"消息满虚，一晦一明，日改月化，日有所为而莫见其功。生有所乎萌，死有所乎归，始终相反乎无端而莫知乎其所穷。非是也，且孰为之宗！"这些描述都是对于"游心于物之初"的解释。什么叫物之初？就是物没有产生出来之前。我们知道"物"这个概念是中国哲学里面最普遍的一个概念，它不是指的现代性意义上的、客观上的物，不是我们对象意义上的物。"物之初"，这是理解至人的一个关键问题。

"得是至美至乐也。得至美而游乎至乐，是谓至人。"为什么叫至人呢？就是得至美、就是物之初那个地方。我们也知道无中如何生有，无中生有那个地方是这个至美。而游乎至乐是为至人，这是对至人的描述。那么至人、神人和天人，我们都看到共同的一点是什么呢？就是形和物没有诞生之前的那个状态，这种诞生我们不能把它用一个日常的范畴去理解，那样的话，我们可能就会陷入一个误区。那么我的问题就来了，它怎么过渡到圣人呢？我们说天人、神人、至人，听起来离我们很远，或者说这种经验为什么会过渡到圣人呢？圣人是儒家的最高理想，但这里面与天人、神人、至人的关系又是如何的呢？神人、至人、天人游乎方外，圣人是上学下达的关键，圣和王在这里面实际上我们说它有重合的地方。或者如荀子说"庄子蔽于天而不知人"，什么意思呢？荀子批评庄子的时候就说你庄子讨论这个天人、神人、至人，是讨论天学的部分，诗学和易学主要是讨论天学的。蔽于天而不知人，这是对庄子的一个批评，这也是儒家和道家道路的一个分别。我们在谈道通为一或者儒道关系的时候，只要我们搞清楚儒家和道家的区分在什么地方，还有概念的层次在什么地方，我们就能看清楚：儒家是在什么层次上讨论问题，道家是在什么层次上讨论问题，他们之间的关系是什么样的。我们讨论这个天人、神人、至人和圣人，君子、百官的时候，实际上就已经隐含了儒道关系的问题。他们知识的品级或者知识的品质，到底是什么样子？我们读《天下篇》的时候，特别是读到天人七等次的时候，七品的时候，就会有这个问题的提示。后世儒者是把圣人作为第一立法者的，但是在道家那里圣人之上还有三个等次，或者我们说同一个等次的三个不同的名称——前三个为内圣，圣人是外王的第一等次。这是谁说的呢，这是顾实的观点，就是写《天下篇注疏》的那个顾实。圣人是外王的第一等次，也就说他是上学下达的关键，有时候圣人必须有天人、神人、至人的德行，同时又能够下到君子百官和民的这个层次上去，只有这样才能实现一个贯通。要注意的是，到圣人的语法就变了，不是"不离于"了，而是"以天为宗，以德为本，以道为门"，道和德出来了。刚才我们在读神人的时候，神比这个道和德更早，概念更古老。道和德在这里才出来，圣人凭靠的是什么呢？他的原则是天、德和道，且不离于世。他不是说不离于天和道、德了，而是"以"，注意"以"这个字就是凭靠、依靠。就是说他的生活世界是有，或者他的德行是有自己的原则的。但是天人、神人、至人那一块，不是"以"，而是"不离于"，因为什么呢？因为"物物者"不能以，它不是物，它无形。我们看到那几段的时候，前面几段可以跟这几段相印证，就是我们讨论道、德的时候发现神是比他更早的一个概念。我们看圣人这个层次的时候，道和德出现的时间就比"神"要早。圣人，我们说德和道是在神和明之后的，圣人凭靠的是道和德。下面一个最重要的特点，圣人是"兆于变化"，天人、神人、至人没有说兆于变化。为什么圣人是"兆于变化"？"兆于变化"是他能够通君子、百官和民，能够通下面三个层次的一个最重要的特点。这个变化实际上可以说是易道，所以说《易经》里面经常讲的"君子知几"，说"阴阳初形谓之几"。在这边我们再看廖平今文家的读法，《中庸》讲的实际上是在这个层次上，就是他把《大学》、《中庸》都放在这个层次上，廖平认为这两部都是天学。天学就是讲圣人道的，不是讲其它层次的，当然这是公羊家的观点，对不对可以考虑。《中庸》所谓的变化就是所谓的"兆于变化"。《大学》、《中庸》儒家认为是根本经典，根本不是对于君子和百官，还有民来讲，他是最高境界，是在圣人这个层次上的。在这个"兆于变化"，就是神、明之后，跟道和德相关的层次上讨论变化问题，所以说"君子依乎中庸，遁世不见知而不悔，唯圣者能之"，这是《中庸》里面的话。"依乎中庸"对应的是什么呢？是圣者，是这个层次上讨论的问题。所以接着说，"道者，万物之所由生，德者道之所居"，道和德的关系是在圣人的层次上讨论的，不是在神明层次上讨论的，也不是在神人、至人、天人这个层次上讨论。在这个层次上讨论，我们就会对于这个概念使用的语法有一些了解，并且我们拿这个语法去读诸子的书，就会发现能够得到印证，比如说我们可以参照一下贾谊的《新书》，然后再参照一下《文子》里面的说法，我们发现这也是能够互相印证的，古人这个层次是非常明确的。

我一开始读廖平的时候，我觉得这个廖平是不是自己故作惊人之论，自己琢磨出来的，我后来发现不是。我跟一些儒家的朋友讨论，有的人就认为儒家不是这么讲的，有其他讲法，廖平是这么讲的，其他人不一定这么讲。事实证明读法，比如说你读《文中子》，再读《管子》，里面都有这个问题。如果带着这个问题去读，就会发现不是廖平自己发明的，古书里面有。《道德经》之"道、德"也是为圣人所有，也就是说他是在第四层次所用。

第五层次是"君子所由出"。君子这个层次的德行是依据于圣人这个德行出来的。所以说君子不言道德，而只可言仁义。我们在下面看君子德行的时候，只言仁义，不言道德，这是什么意思呢？庄子的这篇文章可能暗示我们一个问题：不同层次的精神有不同的居所。所以我们讨论圣人论的时候，实际上我们讨论的是圣人精神的处所到底在什么地方；讨论君子概念的时候，君子的精神处所到底在什么地方。所以会发现一个问题，就是我们读七等次的时候没有"王"。但是按照某些人的观点，圣和王实际上是一个事情。七等次里面没有王，他第一句话里面"圣有所生，王有所成"，"王"跑哪去了？就在"圣"里，因为"王"贯通天、地、人，起到一个非常重要的贯通作用。那么"道、德"这个层次就不能知"仁、义"，"仁、义"这个层次也不能知百官。这个话也不是廖平自己瞎讲的，也不是我瞎讲的，是有材料支撑的。我们再看君子。君子和圣人是一样的，"以仁为恩，以义为理，以礼为行，以乐为和，熏然慈仁，谓之君子。""以"还是凭靠的意思，也就是说他自己是有自己公理性的一个出发点的，圣人有自己公理性的出发点，但这个出发点是通于神、明的。所以"不离于"和"以"这个区别非常大，它实际上是方术和道术的一个最重要的指标，就是你到底是凭靠什么东西，还是说你依于什么，你不离于什么。君子的这四种凭靠是什么呢？是仁、义、礼、乐。这里边我发现一个问题，就是这个话在古书里面讲了很多，特别是老子里面讲，他说"失道而后德，失德而后仁，失仁而后义"。失道、德之后，而后有仁、义，这个区分我们不管是读《庄子》，特别比如庄子《缮性篇》里面，还是读《礼记》里面的《礼运篇》，你都会看到。这一点不管是后世的儒家书，还是道家书，都有一点共同点，就是这个区分，道、德、仁、义是相对于什么呢？相对于上古之事，中古之事和他所谓的近世，它是有一个历史哲学的演变在里边，它实际上是一个历史哲学问题。"失道而后德"，实有所指，所以他们讨论道和德的时候往往说的是皇、帝的事。仁、义、礼、乐跟《中庸》的"中"是什么关系呢？我们看一下，"君子之道，造端乎夫妇，及其至也，察乎天地"。《中庸》里面讲君子的活动空间是什么呢？下起于夫妇，上至于天地，这是他的一个精神领域，这是《中庸》的讲法。所以我们看到诸经放在一块，放在《庄子》的七等次里面，它们是通的，这一点让我们觉得非常精细。他说君子上通的"天地"为圣人"兆于变化"之后的"天地"，就是君子上通的这个天地，是圣人"兆于变化"之后，就是物有所生之后那个"天地"。他的精神领域在圣人之下，君子的立身依据为圣人制礼作乐之后的原则，君子依靠这些原则实施教化，统领百官，所以说"君子道也"。《中庸》里的说法，说"君子尊德性，道问学，致广大，而尽精微，极高明而道中庸，温故而知新，敦厚以崇礼。"一方面，他是致广大，尽精微；另一方面，是敦厚以崇礼。你看他上下的范围，上通精微以入天地；下以崇礼，崇礼就是造端乎夫妇，他自己的精神空间是在这的。所以说从精微到崇礼是君子所处的这种历史逻辑的位置，在君子里面我们看到不同概念之间的衔接、和圣人概念的衔接以及跟之前等次里概念的衔接。

按照顾实的看法，君子是"特谓儒家"，特指的是儒家。《艺文志》对儒家的说法，就是君子道的这个说法。"儒家者流，助人君顺阴阳明教化者。"《艺文志》把儒家说得很清楚，它是什么呢？它是帮助人君——就是我们说的圣人，所谓的王德之人——"顺阴阳明教化"，儒家是帮助这些人干这个事的。所以《艺文志》这一点说得非常清楚，它说儒家本为助者，"礼法皆治之具也"，就是工具。"然惑者既失精微，而辟者又随时扬抑，违离道本。苟以哗众取宠，后进循之，是以五经乖析，儒学渐衰，此辟儒之患。"后来儒家有问题了，什么问题呢？把"精微"这一块，就是"通天地"这一块丢掉了，只谈礼乐，就麻烦了，这个问题在《汉书》里面就已经指出来了。这个就是辟儒之患，小人儒，他把天地精微这一块丢掉了，把道本丢掉了。所以我们现在看到的好多儒家，实际上就是《汉书》里面说的这种辟儒——打着"国学"旗号的各种学习班,让小学生去给爹妈洗脚,去给爹妈倒水,这种是典型的小人儒,儒家不是这样的。我们自己的这个传统,我们如果按照《庄子》里的理解,或者按照《艺文志》这个记载,跟尼采批评西方基督教的做法极为类似——我们也有一个不断颓废的过程。当然这个争论很大。如果我们按照《庄子》的读法来读,或者按照《汉书·艺文志》的读法来读,我们就要提醒自己,我们现在尊奉的这个东西,到底在古学的次第里面到底处于一个什么样的位置?

君子道之下就是百官。百官还是"凭靠"、"以"开头:"以法为分,以名为表,以参为验,以稽为决,其数一二三四是也。百官以此相齿。"百官的层次,注意"官"这个字,古代"官以称德,吏以称禄",官和吏是不一样的。官是跟这个人的德行相关,官职,实际上是跟德行相配的,我们现在经常讲"德不配位"什么的。吏是给他禄,他做这个事情,官,还不是吏。所以我们看到诸子,按照《汉书·艺文志》记载"以法为分",法家;"以名为表",表者,标也,标准,名家;"刑名之名,理法之法,以名为标,以法为分"。《天道篇》里面讲"礼法度数,刑名比详,治之末也。"什么叫"治之末也"?政教体系的最末端这个东西,就是"礼法刑名"。这已经慢慢地下降到跟我们生活有关的部分了。按照古典的看法,礼、法的关系是什么呢?是"国无法不治,法无礼不立",我们往往忘了法和礼都是治之具,不是目的,如果我们忘了这一点的话,就会把它当成一个绝对的公理。以绝对性的原则去看的话就有问题了,工具绝对不可变成目的,工具变成目的,是一个逻辑上的彻底错误。

在这里还有一个逻辑上的变化,下面《天道篇》里面有一个更具体的论述,讲"小大粗精"七等次之间贯通关系的概念史。我给大家读一下,这个就是《庄子》里面把七等次统起来的概念史:"明大道者,先明天而道德次之;道德已明而仁义次之；仁义已明而分守次之；分守已明而形名次之；形名已明而因任次之；因任已明而原省次之；原省已明而是非次之；是非已明而赏罚次之；赏罚已明而愚知处宜，贵贱履位，仁贤不肖袭情。必分其能，必由其名。以此事上，以此畜下。"这是古代政教体系，它的概念逻辑史。"以此治物，以此修身，知谋不用，必归其天，此之谓太平，治之至也。"这是《庄子》里面的一个逻辑顺序。下面一块值得我们注意，"五变而形名可举，九变而赏罚可言"。我们现在讨论赏罚和形名的时候，要注意它前面有五个逻辑层次。"骤而语形名，不知其本也；骤而语赏罚，不知其始也。倒道而言，迕道而说者，人之所治也，安能治人！"这是古代对自己古典政教体系的一个逻辑说明。所以后面接着说，"可用于天下，不足以用天下，此之谓辩士，一曲之人也"。这个一曲之人就是最后那一段，我们讲道术何以为天下裂的时候，那个一曲之人的样子。《庄子》在这里提醒我们什么呢？就是我们看这些问题的时候，要从整个的逻辑整体之中去看，而不能把它单独列出来，要不然你就是一曲之士。一曲之士看待问题往往只居于一隅。也就是后面说的，"其数一二三四"，就是我们经常说的数字化管理，或者叫计算性的思维。所以说作为大立法者的君子，绝对与百官的德行是不一样的。官吏与立法者之间的德行区分亦然。民众的德行就是下面所说的，"以事为常，衣食为主，蕃息畜藏，老弱孤寡，皆有以养，民之理也"。这是老百姓忙活的事，这是《庄子》的七等次，这里面还有一些材料，比如说《文子》里面分二十五等次。《黄帝内经·素问》里面，上古天之论里面，也分等次。还有《管子·宙合篇》里面也有。《汉书·古今人物表》里面也分等次。这不是廖平的一家之言，或者《庄子》的一家之言，它是可以印证的。

时间关系，还有一段材料我没给大家读，涉及到几个最重要的问题。最重要的一个是什么呢？"六通四辟，小大粗精，其运无乎不在。"实际上就是我们刚才读的那个逻辑史、概念史,用概念史读完之后我们就能知道"六通四辟,小大粗精"到底指的是什么。下面这段比较重要的,"古之道统所存乎世者有三",要注意这里的语法,以"其"字标头的有三个:第一个,"其明而在于数度旧法,世传之事尚多有之"。也就是古典的道统,旧法世传之事保留在这个系统里边;第二个是说在诗书礼乐里边保留在儒家里面;第三个,"其数散于天下",就是诸子,"散于天下"是什么意思?我们明显能看到,六经、诗书、礼乐是包括诸子在内的。道统散掉之后才有了诸子百家,这是我们要注意的一个问题。最后一个问题就是为什么会出现"道术为天下裂"的问题。《艺文志》里面总结了一个原因:"道之乱也,患出于小人,而强欲知天道者,坏大与小,削远以为近,是以道术破碎而难知也。"为什么呢?就是坏大与小,不分大小,不分本末。所以《中庸》、《大学》里面,最重要就是"知其本末"。知道"本末大小",那么你就达到最智慧的层级了。《艺文志》总结的原因就是:混淆大小,混淆远近,把一曲之见当成古人道术的全部,乃是后来发生分裂的一个主要原因。

李朝东:你再用十分钟的时间,把这一段话,用我们能听明白的白话文翻译一遍。

李为学:我先谈谈我的感受。有时候我觉得把古代汉语翻译成现代汉语,比英语翻译成现代汉语还难。为什么呀?因为我们现在的汉语跟古代汉语距离太远了,或者你没办法用一个现代汉语去翻译它。阅读古典的时候,我觉得最好的办法是不说自己的话,让古人说话。刚才我引证的一些话,比如说"精、神、名、物"这些概念,它的语法是包含在自身的用法里面的,如果用现在的话讲,语法就混淆了。翻译可以,但是翻译出来有可能更不明白。

李朝东:那我就明白了。禅宗里讲到一个故事,弟子入门的时候，师父两个手掌拍在一起，然后问这一个手掌的声音是什么？弟子回去面壁思考三年或五年，思考清楚了，回答师父说我知道了一个手掌的声音是啥——只可意会不可言说。你现在不能让我们只可意会，我自己实在是意会不了。

李为学：《文子》里面说"知之者为不知者，言之者为不言也。"如果我们讨论儒法问题的时候可能就没这么费劲。

姜宗强：我问一个字，"圣有所生，王有所成，皆原于一。"我想问这个"一"是啥意思，庄子和老子都说"一"，他们的"一"有没有区别？

李为学：姜老师提的这个问题非常好，老子和庄子的"一"，我自己感觉是不一样的。这里面牵涉到一个非常困难的问题，就是老庄之间的区别到底是什么？老庄到底是不是一派的，如果我们认为庄子是儒门中人的话，那他的"一"偏重于何处，老子这个"一"偏重于何处，这是一个值得深究的问题。

李朝东：他如果是儒门的话，他的"一"是啥？

李为学：我们可以说"一"就是"兆于变化"。如果我们把庄子当成儒门中人，他的"一"肯定跟老子是不一样的。《天下篇》后面解老子的时候，说"古之真人"。他在讨论老子的时候，他这个"一"仍然侧重于天人、神人和真人这部分，不像我们读天人七等次的时候，讲天地人、圣王这个层面的内容比较多。

学生1：《中庸》里也讲物生无物，也讲一种世界体系如何产生，以及如何具体地圆融；道家当然也有，在这个地方我觉得他们两个都有自己的存在。您怎么看？

李为学：你说的这个道家恐怕是道教吧？有一个问题就是《中庸》这个书怎么读？我到现在为止没有完全读懂《中庸》。我现在正在按照清儒的读法，礼学的读法、经学的读法去读《中庸》。如果按照《庄子·天下篇》的说法，《中庸》的"中"

就是在圣人的层次上讨论的问题。不是天人、至人、神人，也不是君子百官，经学家认为《大学》、《中庸》是儒家的根本经典就是出于这个考虑。

学生2：老师您好，我有一个问题，你这个角度让我想起了社会学中帕维克的经济循环理论。您提到了七种人——天人、神人、至人、圣人、君子、官、民——这七种人刚开始不离于宗，谓之天人，如果他离了宗是不是就不可以做天人了？是不是就归到别的民里面，或者官里面？这个系统是如何成立的？天人的系统是封闭的还是开放的？民的系统是不是固定的？谢谢老师。

李为学：按照我的理解，我们不能把天人、神人、至人放到道教的脉络上来理解，要注意道教和庄子是有区别的。如果我们把他们真的理解成具体的神仙一样的个体，那就是对庄子哲学的一个误读。你后面这个问题我觉得很好，为什么呢？我们读了这七等次之后，我们会不会得出一个结论？——人是不是分等级的，等级之间是不是不可流动的，我觉得恐怕得不出这样的结论。柏拉图在《理想国》里面讲了灵魂的几种等次，黄金、白银、青铜，并不意味着这几个阶层之间就是固定的，而且是世袭的，不是的。中国古典也谈到等级的区别，但并不意味着等级是固定的。这里面的问题实际上是：由一种理论如何延伸成一种具体的社会秩序，这里头还有一个漫长的过程。

李朝东：十多年前我带的研究生也是作中西比较研究，但是相比较来说，我觉得为学的文本读得很专、很精。但有两个问题。第一个是：你说西方哲学读懂了，我们才能够把中国哲学解释清楚，这个可能是一个治学方法。你解释《庄子·天下篇》的时候，多次提到和引用了尼采和海德格尔，我觉得这是现在一些学者的研究路子。近代以来，一些非常著名的学者，比如说像牟宗三，基本上就是先读康德，从康德来解释王阳明，因此牟宗三的王阳明解释带有很明显的康德印记。张岱年、贺麟也基本上是先读黑格尔，然后从黑格尔来解释宋明理学。我可不可以说，你是从尼采和海德格尔来解释庄子？这样一来我就在想：牟宗三解释出来的王阳明，究竟是王阳明本身，还是带有康德印记的王阳明？张岱年、贺麟解释的宋明理学，是宋明理学本身还是带有黑格尔印记的宋明理学？从治学方法上来说，我们能不能够换过来？我不认为以这样的方式去解释西方哲学，才能够建立起我们自己的文化自信；我反而认为，如果从西方的角度来解释我们中国文化，越解释越没自信。不知道你是怎么看的？

第二个问题，你前面提到等级的问题，我也有这个感觉。比如说尼采的超人，海德格尔的天地神人和你解释的庄子；比如说庄子把人划分为天人、神人、至人、圣人、君子，还有百姓。不管这种划分是一种精神性的人格划分，还是社会性的生活划分，你得出的结论是：人是分等级的，由此会不会引申出或者演变出社会等级秩序？你认为在人格上也好，还是在生活上也好，虽然有不同人的划分，但是并不能演变为一种等级秩序。但我总觉得传统中国社会的等级秩序就来自于等级划分。我们反过来解释，海德格尔和尼采那个地方，也是在用这种人的一种等级性吗？你找到的这种解释路径究竟合适不合适，我觉得还是应该进一步讨论和反思的。如果说西方社会在传统社会里边也是有等级差别的，那么在社会的发展过程是如何打破这种等级，并最后达成了一种民主体制下的平等的？文艺复兴之后，西方文化提出民主、平等、博爱、自由，西方社会和文化的发展有一个不断走向和追求平等的趋向——至少做到了上帝面前人人平等，法律面前人人平等，理性面前人人平等，这个平等是人格成熟的社会给自己设定的理想目标。你今天给我们提出一个新观点，就是在现代学术界里边，庄子究竟是儒家，还是道家，还是儒道各半？你的观点似乎是说"既是儒者又是道家"。如果说儒道在庄子这个地方达到了一种综合，以至于儒道互补，最后无法在中国文化中区别开来，那么我们的文化如何打破天人、神人、至人、圣人等这些对人不同层次的划分，从而实现一种平等公正的社会秩序？

李为学：我觉得李老师提的这些问题非常好。第一个问题我简单说一下，牟宗三的那个问题。前几年，清华大学的唐文明出了一本书《隐秘的颠覆》，对牟宗三做了一个批评。咱们大陆的几个儒学专家较为反对用西方哲学来解释中国哲学。牟宗三这个解法我是反对的，我基本上不太认同那条路；但是我非常尊重牟先生那一代人这种不得已的做法。我们都想做一件事——重新把汉语的思想能力和言说能力给树立起来。但是像牟先生，还有其他用西哲来解释中哲的人，有一种不得已在里面，恐怕我们这一代人还得活动在这种不得已里面。还有一个问题就是：现代汉语已经被西方自然科学语言和西方概念浸透了，基于这样一个现实，所以我才说我们必须搞通西哲，再来搞中哲。这倒不是说用西哲来解中哲，而是要清楚这些概念的来龙去脉。比如说你用"价值"这个词的时候，你要知道这个词在西方哲学史的哪个时代出现，它的来龙去脉是什么？我们了解它的最终目的是什么？就是想把它抛弃掉，然后自己说自己的话。所以讨论大陆这些儒家，讨论牟宗三的问题，我第一个是同意，第二个是同情和理解——包括后来贺麟先生，还有冯友兰先生。第二个问题，我非常理解李老师的那个担忧——就是在这种等级制里面有没有隐含了一种反启蒙的危险？有没有呢？第一，我不认为从这种理论上的等级制就能直接导引出一种社会上的等级制，特别是种性上的等级制；第二个，我这几年一直有一个问题——西方民主到底有没有去除了这种等级制或者规则？我没事的时候读了好多书，比如《联邦党人文集》、《美国新共和主义》，研究洛克、辉格党和他们关于美国建国思想史的研究。有一个左派的人写了一本书叫《美国政治传统及其缔造者》，很有意思的一个细节是在华盛顿会议过程中，首先提出的立场就是：建立政体的首要原则是防止暴民政治。我在美国访学的时候，我觉得美国社会不是我们想象的那个样子，但是问题出在什么地方，我那时候还说不出来。回国之后，有一些朋友也在读《独立宣言》背后的政治思想史，我看了一下他们的东西，似乎明白一些。我认为：不能说民主制里就没有等级制。但这个等级制——就像您说的一样——是一种在最大程度上能够给民众以生存尊严的一种制度。还有一点，在尼采和海德格尔那里确实有一些危险的东西——比如说海德格尔在《黑皮书》里明确说，群众只有在领导者那边才首先成为自己。包括尼采对待群众的办法，应该说都不是一个启蒙论者的观点。我们在讲社会的公平正义的时候，不能够不讲启蒙，但是如果启蒙讲多了之后，会不会影响一个稳定的，真正的政教体制，也是一个问题。我是这么考虑的。

李朝东：启蒙有可能会走向它的反面？

李为学：对，就像《启蒙的辩证法》里面说的那样。

李朝东：启蒙用理性打垮了上帝，结果启蒙代替了上帝，变得比上帝还专制？

李为学：对，是这样的。

学生3：李老师您好，第二段的第一句"不离于宗，谓之天人；不离于精，谓之神人"我不理解。希望李老师或在座的老师给我解释一下。我刚好看了一个理论体系，在这个体系里边，这句话其实很简单。这个"宗"字就是藏象，就是中医里面所说的心肺肾脾、肝、经络组成的一个系统。这个系统是独立于解剖系统存在的另外一种生命形式——比如说人是一个共生体的解释。这个"宗"在这里也就可以理解为"本"的意思，就是"以……为宗""以……为本""以……为原"，"不离于宗，谓之天人"就是天人回到了藏象生命的境界，这样一来就不再是跟我们人类这种身体，或者肉体处于同一个境界里，而是回到了它本来的境界。不知道我的理解是否合适，请李老师批评指正。

李为学：廖平就是用《黄帝内经·素问》里的"上古天人论"来解"天人、真人"的，但这个"宗"是不是就能具体落实到心肺这个理论模型？这是不是庄子的理论模型？我自己还是持怀疑态度的。如果碰到难题，突然觉得自己恍然开悟了，那你八成就要小心一点，没准踏上了邪路。廖平曾经解说过《黄帝内经》六篇，但主要是把它当成一个诸子的东西。

师庭雄：好，时间关系，今天的答疑环节就到此为止。作为主持人，我还要谈几点感受。为学跟我是多年的老朋友了，我在读研究生的时候，他高我一级。他会时常介入到我们的讨论中，当我们争得面红耳赤、百思不得其解的时候，他突然间冲进屋来，一语道破，然后一摔门就走了——留给我们若干个问号，这些问号给我们的讨论提供了更多的开放性和启发性。他今天谈西方哲学只是点了一个题，留下一串问号；接着就去给我们讲中国哲学——谈中国哲学，他像一个老学究，我非常佩服他的也是这一点——他"蜻蜓点水式"地一提点，很多问题就变得豁然开朗了。他在讲座中引用了很多书，提供了很多证明，我在头脑里面过了一遍，大概涉及二三十本书，应该说他在文献方面的准备还是做得非常充分的。做中国哲学的研究就应该这样，大而化之地以线条化、脸谱化的方式去搞研究是很可笑的。我的另一点感受，算是一种启发，也跟我自己的经历有关。在刚刚过去的假期里，我受同学之约，翻译了一篇文章。文章的作者是一个罗马尼亚人，用德语写作。后来我发现很多地方我处理不了：一个罗马尼亚人，说的是罗马尼亚语，却用德语来写作，里头还掺杂着很多英语、法语、拉丁语和希腊语——这些内容大概占到整个篇幅的四分之一。我头都大了，不知道该怎么弄，英语、德语可以处理，其他语言就束手无策了。作为一个从汉语文本中涵养出来的文化个体，我总在反思这样一个问题：我们读西方哲学也好，学西方文化也好，搞不好就像李朝东老师说的那样，永远只能跟在西方人的后面，甚至连语言关都过不了。西方人懂这么多门语言，我们花了几十年的时间也就学会了一门外语，对这门外语的掌握程度还远远谈不上精通——语言这一关过不了，学习西方文化或哲学，不是陷入"羝羊触藩"的窘境，就是闹出"燕书郢说"的笑话。另一个启发则与我当前的工作相关，我突然间觉得诠释学是一门很有意思的学问。我这段时间正在翻译《伽达默尔文集》第6卷，里头有篇文章涉及到黑格尔。有意思的是，伽达默尔在该文中用了绝大部分篇幅来讲尼采和海德格尔，而不是黑格尔——作为本文的结论性陈述，伽达默尔说，海德格尔和尼采是处于现代性顶端的人。当黑格尔像一个哲学的王者那样，宣告哲学终结的时候，哲学却转换了话题，为学今天谈到的尼采和海德格尔正是现代性话语的领语者。伽达默尔在自己的多篇文章里总是念念不忘地提到一个场景，他说他多年前参观过黑森林里海德格尔的小木屋。小木屋的门楣上引用了赫拉克利特的一句话：闪电执掌一切。我们讲赫拉克利特的哲学是火的哲学，火的那种耗竭一切，四处蔓延的力量；我们还强调，这样一种力量是按照逻各斯的方式来展开。但是作为一个重新确立解释基点的人，当海德格尔去解释赫拉克利特的时候，他谈的不是火，却是闪电。闪电在一瞬间照彻一切，之后又使一切归于黑暗，归于沉寂。由这里我们就可以做一些进一步的引申，比如说海德格尔使用的 Lichtung 这个词，我们此前把它翻译为"澄明"。这个词的词根 Licht 就是"光"的意思，Lichtung 却是光和影的游戏，所以现在一般译为"林中空场"。如果我们联想到这里关于"闪电"的说法就容易理解了：一瞬间照亮一切，熄灭之后又使一切归于沉寂。今天这个讲座给我们敞开了多种解释的可能性,这说明:在哲学研究过程中,应该有更多的阐释空间被打开,结论应该保持更大的开放性、应该有更多的接纳,有更多的宽容,有更多的尊重。这就是我的几点感受,谢谢大家。

(主讲人:李为学)

第五讲　休谟问题

李朝东：经过商议，这一次我们讨论一个大家都感兴趣的话题：因果问题。康德认为休谟问题就是因果关系的问题，但是后面人们在进一步的讨论中又把休谟探讨的另外一些问题也加了进去。所以，讲座的题目原本还有一个副标题——"因果关系与事实和价值的关系"：一个是原因和结果的关系；另一个是事实和价值的关系，我们通常把这两个问题作为"休谟问题"提出来。今天贾克防博士主要讲事实与价值的关系；胡好博士主要讲因果关系。

休谟出生于1711年，他的"休谟问题"成型于18世纪，这个问题直到今天仍然让我们觉得趣味盎然。休谟的著作比较多，其中最有名的，就是现在已经被认为是学术经典的《人性论》。休谟写这本书的时候是21岁，写了4年的时间，出版于1740年。该书一共有三卷，第一卷讨论的是知性，第二卷讨论的是情感，第三卷讨论的是道德。年轻的时候读休谟，感觉他真是个天才。我们21岁的时候还懵懵懂懂，徘徊在知识的大门之外，而休谟就已经为我们的这个时代开启了知识之门。回到本书去看，今天晚上讨论的这两个问题，分属于《人性论》的第一卷和第三卷。我们读西方哲学的同仁都知道：休谟后来改写了《人性论》的第一卷，以单行本的方式出版，这就是我们所熟知的《人类理解研究》。

接下来我简要介绍一下休谟的思想背景。我们都知道，亚里士多德在其一生中写了很多著作，据说有千卷之多——当然那里的"卷"不是我们今天说的一本书，篇幅只相当于一本著作中的"一章"。即便如此，一千多卷加起来也有好几十本书呢。我们同时代的孔子和老子只写了一个薄薄的小册子的时候，希腊人就已经大致完成了自己对世界的认知和表达。亚里士多德最重要的两本书，一本书是《物理学》，一本书是《形而上学》。

亚里士多德在《物理学》中的主要工作是对词语进行了分类。他把我们人类使用的词类划分为十类，每一类表达一种存在；把词类划分为十种，也就意味着一共有十种存在。接下来，他区别了第一本体和第二本体：第一本体指的是个别事物；第二本体用逻辑学的观点来表达就是种或者类概念。在"张三是人"这个例子中，"张三"就是个别概念，"人"就是种或者类概念，那么"人"和"张三"哪一个更真实？亚里士多德的结论是："张三"比"人"更真实，换句话说，个别事物要比一般更真实。

在《形而上学》这本书里，亚里士多德又谈到了"潜能与现实"以及"形式与质料"。比如说我现在有一堆布料，这个布料就是质料，经由裁缝师傅的加工，它可以做成衣服；做成衣服以后，质料和形式就结合在一起了。衣服的剪裁样式还没有与布料统一起来之前，就这个衣服的存在而言，布料就只是质料，只是一个潜能的存在。只有当质料和形式结合在一起以后，这个衣服才变成了现实的存在。所以亚里士多德才说任何质料追求形式的过程就是一个从潜能变成现实的过程。

那么在这个变化过程中就有一个谁主动、谁被动的问题——"形式"高高在上，处于下端的"质料"则不断地去追求"形式"，质料和形式结合在一起的时候，一个事物的现实存在才能产生——那么"形式"和"质料"哪一个更真实？在《形而上学》中，亚里士多德说"形式"比"质料"更真实。那么问题来了，这个"形式"又是什么？"形式"就是一般，这就与亚里士多德在《物理学》中的说法相矛盾了。亚里士多德去世后，他的弟子和整个希腊世界就围绕着"一般"与"个别"哪一个更真实的问题展开了激烈的讨论。

公元1世纪的古罗马学者波菲利写了《亚里士多德＜范畴篇＞导论》。在这本书中，面对"究竟一般和个别哪一个更真实"的问题，他从三个方面进行了讨论：（1）共相是独立存在的实体，还是仅存于思想中？（2）如果共相是实体，它是有形的还是无形的？（3）如果共相是无形的，它是与可感物分离的还是存在于可感物中？这些问题提出来以后，中世纪的神学家们进行了进一步的讨论与阐发。既然"上帝"是形式，人是个别，那么人和上帝哪个更真实？有些人认为是形式，一般比个别更真实。也有一些人认为个别比一般更真实。由此而来，中世纪形成了两大哲学派别：一个是唯名论，另一个是实在论。"唯名论"认为作为"一般"的"人"只是一个名称，不可能正式存在，存在的只能是具体的张三、李四、王五。"人"只不过是"张三、李四、王五"这些个别人的一个共有的名称，所以"一般"只是一个名称——这就是"唯名论"的由来。还有一些人则认为"一般"比"个别"更真实，他们的观点被称为"实在论"。

文艺复兴以后的学者们转化了这个话题。有一个叫做奥卡姆的人——我们学哲学史的人都知道，奥卡姆给出了一个著名的思想经济原则叫"奥卡姆剃刀"——他说"一般"和"个别"哪一个更真实的问题，上帝是否存在等问题如果无法讲清楚，那就应该像剃头一样统统"剃掉"。不必在这些问题上伤脑筋，这就是"思维经济原则"的表现。由于奥卡姆这一思想的影响，再加上文艺复兴等一系列非常复杂的背景转换，近代哲学家便不再讨论一般和个别哪一个更真实的问题了。现在出现的问题是：究竟什么东西能够给我们提供真理性的知识,所以一般与个别的关系问题就变成了:理性和经验谁能够给我们提供真理性知识的问题。

这样一来就形成了近代哲学的两大流派:即经验论和唯理论。我们都知道,近代自然科学有两大典范:一个是数学,一个是力学。还在古希腊人那里,数学就已经是一门演绎的学问。例如,从大前提到小前提,最后推出结论。具体说来,大前提:人们都是要死的;小前提:苏格拉底是人;结论:所以苏格拉底是要死的。这就是"演绎",数学则是演绎科学的典范。

经验论更强调的是力学,力学是实证科学,物体的受力情况是怎么样的,我们要通过实验来完成。一般说来,唯理论比较倾向于以数学为典范,经验论比较倾向于以力学为典范。唯理论的三个代表人物中,笛卡尔是法国人,莱布尼茨是德国人,斯宾诺莎是荷兰人;经验论的 5 个代表人物(培根、霍布斯、洛克、贝克莱、休谟)全都是英国人——这才有了欧洲大陆的唯理论和英国的经验论之分。

我们今天要讲到的休谟就是英国经验论的最后一位代表人物。他既是经验论的极致发挥者,也是经验论的最终摧毁者。经验论有一个最主要的原则就是:一切知识都来自于感觉经验。我拿起这个东西,我觉得这个东西比较轻;你问我怎么知道,我说我刚刚经验过它;我拿起这个杯子,我说这个杯子是温热的;你说我怎么知道,我说我刚刚感觉过它。在英国的经验论那里,感觉和经验基本上是同一名词——说一切知识来自于感觉也就意味着一切知识来自于经验。

我下面要谈的是"形而上学"这个词,德语读做 Metaphysik,英语读做 metaphysics。我们把 physics 翻译成"物理学",前面加一个前缀 meta(意为"在……之后")那就成了"后物理学",也就是"哲学"。

physics 这个词的希腊语词源是 physis，这个词现在在西方语言中已经消失了，它的意思是"自然"；不过却不等同于英语里的 nature 这个词。physis 在希腊人那里指的是我们还没有来到这个世界上就已存在着的"自然"；或者是指我们的智慧和知识还不能控制的那个"自然"。我有时候说 physis 就好像草原上的一匹野马，还没有和人亲近过，也没有被人驯化过，它就在草原上按照自己的野性恣意奔驰。那个时候，人类只能用神话的方式来表达自己对 physis 的崇敬和恐惧。当人类逐渐长大之后，人类就开始用自己的语言来表达对这个世界的认识，这个时候就出现了哲学和各门学科。

人类语言开始以认识的方式来表达自然之际，我们每获得一个认识，就好像给这匹 physis 野马套上了一个笼头，接着装上了马鞍、马镫等等；一旦全副装备都齐全了，我们就把 physis 这匹野马驾驭住了，physis 也就变成了我们今天所说的 nature。

这就是说 nature 意义上的自然实际上是各种科学描述给我们的自然，不是自然而然的"自然"本身。我们今天说地球是圆，这是地理学科告诉我们的；我们说地球表面是由几大板块构造起来的，这也是地理学科告诉我们的。所以这个 nature 是科学意义上的自然。

那么，什么是 physics 呢？physics 就是我们对 physis 意义上的自然进行规律性的认识和把握，认识到的自然之理就叫做物理，所以"物理学"是一个最直接的翻译。希腊意义上的"物理学"应该翻译成"物之理学"，生物学、化学等各门学科只不过是我们后面分工、归类之后对自然之理的认识——从这个意义上讲，不只是物理系学生学的那个"物理"才叫物理，化学系学生学的化学也是物之理论，区别在于：用今天的科学概念来说，物理系学生学的是分子、原子意义上的物理，而化学的知识则是其他层次上的物理。希腊意义上的 Metaphysics，其功用就在于给科学研究奠定基础。近代人在继承希腊人遗产之际认为以数学为代表的演绎科学从古希腊以来就已经有《形而上学》为它奠基了，它的基础是牢固的。但是休谟的《人性论》却认为我们人类获得的知识首先来自于印象和观念，也就是来自于我们的感觉和经验。他认为，"包括力学在内的事实科学、实证科学是从哪里来的"这个问题还没有人回答过，他现在要解决的就是这些科学认识的来源问题。演绎科学是从大前提推出来；实证科学则是归纳来的，比如说铁能导电，铜能导电，铝能导电等等，而所有的这些铜、铁、铝都是金属，所以我们最后归纳出一个一般的结论：所有的金属都能导电。如果说演绎法是从一般走向个别；那么归纳法就是从个别归纳出一般。实证科学采用的主要是归纳法——通过实证调查，观察研究，找到各个同样的事实，然后从里面归纳出一个一般的规律，一般的结论，这就有了知识。

我今天晚上看到太阳从西边落下去了，那么明天早上太阳还能够从东边升起来吗？按照英国经验论的原则，感觉经验是我们知识的界限或边界，超出感觉经验我们就不会有知识。明天还没到来，对明天早上我们没有感觉和经验——既然一切知识都来自于感觉经验，所以我们就不可能有"明天太阳能不能从东方升起来"这个知识。这是因为：明天还没到来，我们没办法超出感觉经验去回答明天的问题。

所以休谟就要思考：我们从个别的感觉经验中归纳出来的知识如何才能具有普遍性？比如说我们可以得出每天24小时都会有一个轮回，晚上太阳从西边落下去，第二天早上肯定会从东边升起来。但是知识要想成为真理必须具备两个条件：一是普遍性；二是必然性。普遍性就是在任何事情下都适用。比如说，"凡是人都是要死的"，只要你是人，谁也无法回避死亡；必然性则是，哪怕你活80岁，活90岁，活100岁，总有一天你必然会死。知识只有在具备了普遍性和必然性的时候，才能被称之为真理——这是近代人在知识与真理问题上的思想贡献。

休谟进一步说，明天还没有来，对明天我们没有感觉；那么我们如何能够使"太阳每天都会从西边落下去，从东边升起来"的这个知识既具有普遍性也具有必然性呢？他没有办法回答这个问题，所以他认为一切实证科学的知识和基础都不牢固。我看到天下雨，然后看看地上湿了，天下雨是原因，地上湿是结果，所以我就可以做出一个判断，天下雨引起了地上湿。我们如果把这个过程拉长一下会怎么样呢？我记得有一天我的一个同学早上起来在微信朋友圈发了条消息，说"地上湿了，难道昨天晚上下雨了吗？"他这样说的时候没发现原因，他只看到了结果，他感觉到了结果，但没感觉到原因，那能不能从结果推出原因？我开玩笑地回了一句，我说"你起得太迟了，没看到下雨"。就这个例子而言，我把"下雨"放到昨天，把"地上湿"放到今天。天上在下雨，雨像雪花一样在天空飘着不下来；然后我们睡着了，睡了一觉起来以后，第二天早上我们感觉到的是"地上湿"，这时，"天下雨"这个现象已经过去了，如果我们把这两个现象在时空中拉开，那么我们是如何得出"天下雨是地上湿的原因，地上湿是天下雨的结果"的呢？休谟给我们的答复是：这两个现象恒常地结合在一起，久而久之，我们形成了一种习惯性联想。从"天下雨"这个现象，我们必然会联想到"地上湿"这个结果会出现，那么由此我们就可以回答"明天早上太阳会不会出来"这个问题。答案是：会出来——但是"明天太阳会出来"不是我们感觉到的一个事实现象，而是我们的一种习惯性联想。我们期望着，想象着太阳明天会出来，在康德看来，休谟的这个结论是人类理智的一个耻辱；他决定一辈子不结婚，腾出时间来解决休谟的问题——所以康德就把休谟的这个问题称之为"休谟问题"。

康德真的一辈子没结婚，他用来回答"休谟问题"的著作叫《纯粹理性批判》。到了20世纪，胡塞尔的现象学从某种程度上说也是在康德之后继续进一步去解决"休谟问题"。从这一点上讲，要是不了解"休谟问题"，我们就不知道西方哲学的走向。

此外，我还想再谈一点。我们说，"事实判断"就是对存在状态的描述。"我是人"，这就是一个事实判断。关键词是中间的"是"。"这是一个女人"，也是个事实判断，它是描述性的，事物怎么存在，我们就把它怎么描述出来，呈现出来，用知识的方式呈现出来。与之相对，价值判断里则加上了一个"应该"，比如说："我是人"是个事实判断；而"我应该是一个好人"，就成了价值判断。这是一个女人——事实判断；这不应该是个恶毒的女人——价值判断。事实判断不掺杂我们的价值偏好，只有真和假，亦即逻辑上的真与假。价值判断则涉及到了好与坏。我前面说休谟的《人性论》分为三部分：知识论、情感论和道德。他的知识论起到给他的道德论奠定基础的作用；知识论主要是研究事实判断，我们如何去获得关于事实的知识，道德论讲的是我们如何基于知识去形成对事物的价值判断。

我们中国人有一个倾向——直接走向价值判断而没有一个事实的奠基。我们一上来就把人分为好人和坏人，不太习惯做真和假的逻辑判断。由此来看，今晚谈的"休谟问题"不仅是一个学理问题，而且也是一个思维模式之转换的问题。好，下面有请两位博士给我们作报告。

胡好：尊敬的李老师，洪总，各位老师各位同学，大家晚上好。我们今天要讲的这个主题分为两个部分：第一部分由我主讲，第二部分由贾克防老师主讲。我讲的是休谟的因果关系，贾老师讲的是休谟的事实和价值问题。我主讲的问题从一部电视剧开始。

《人民的名义》应该大家都看过，大屏幕上有张海报，海报里有两个主角：左边这个叫高育良，右边那个叫祁同伟。大家都看了结局对不对？高育良的结局是被判了18年——如果你没看过，我现在告诉你，高育良是被判了18年，祁同伟的结局是自杀了。那么你可能就会问，他们为什么落到这般下场？为什么一个被判了18年，一个自杀了？是因为他们腐败了，对不对？我们问的是"为什么他们落到这般下场？"，回答是"因为他们腐败，所以他们没有好下场"——这里面就有一个因果关系。不过大家想过没有，我们一般讲的因果关系是可能犯错的。"雄鸡一唱天下白"，"天下白"并不是雄鸡叫出来的，对不对？我们视之为因果关系，却很可能并不是真正的因果关系——这就是我们在日常生活中对因果关系的一种怀疑，但这还不是最深刻的怀疑。那么，哲学家讲的最深刻的怀疑是什么呢？我们会想到这个世界上有因果关系吗？有可能没有！一般人不会怀疑到一点，但是有一个人就真的提出了这样的怀疑，这个人就是休谟。接下来我们就来看看休谟的因果观。我的讲解分成两个部分：首先进行一种哲学史的考察，其次讲一点后续的影响。

什么是哲学史的考察？那就是我们去考察休谟的一些文本，尤其是他的《人性论》和《人类理解研究》，从这些文本中梳理出休谟对因果观的认知。

我首先要介绍的是休谟的概然因果关系。在休谟那里，因果关系分为两种：一类是概然的因果关系；一类是必然的因果关系；在必然的因果关系里又有两类因果律：一类是普遍因果律，一类是特殊因果律。我要讨论的重点将放在特殊因果律这个部分，这是我的一个结构。我们首先了解一下什么是因果关系——简单地说就是 A 导致 B，或者换句话说，A 引起 B 或者 A 产生 B，这就说明 A 和 B 之间有因果关系；也就是说，A 和 B 之间有一种引起、导致、产生的关系。那么概然因果关系又是什么呢？意思是这样的，即 A 和 B 之间的那种引起关系是概然的，通俗地说，A 可能引起 B，也可能不引起 B，而引起 C 引起 D，引起其他的结果，这就叫概然因果关系。有一个非常典型的例子可以用来说明概然因果关系——比如手头有一把左轮手枪，手枪有六个孔，你在里面装一颗子弹，滑动那个滑轮，然后定住，你不知道那颗子弹在哪个孔了。你现在扣动扳机，它会不会开火？它既可能哑火，也可能开火，对不对？现在我告诉你的是："你扣动扳机"这样一个事情，它有可能是开火，有可能是哑火，这样一个事例体现的就是概然因果关系。A 可能导致 B，也可能导致 C，这就叫概然因果关系，很好理解。

那么对于概然因果关系，休谟是怎么讲的呢？他说，如果我现在做出的这些提示能激起哲学家们的好奇心，使他们觉察到：一切通常的理论在处理哲学的题目时有多么大的缺陷，那就足够了。

这里还得提示几点：休谟谈概然因果关系只是为了引起哲学家的好奇心，让他们觉察到自己正在处理一个卓越的题目，即因果关系。他的意思是说，我现在对概然因果关系讲得那么多，只是想让你们好奇而已。为什么让你们好奇，因为以往的那些哲学家们只考虑到必然的因果关系，他们不知道因果关系居然能够跟概率论有一种相容关系——休谟说，真的因果关系是可以跟概率论相容的；但是另外一方面，休谟的意思是说：只要是哲学家注意到还有一种概然因果关系就足够了。也就是说，休谟只是提一提概然因果关系而已，他并不想深究。他在《人性论》和《人类理解研究》里都讲到了概然因果关系，但都未予深究。他思考的重点放在了"必然因果关系"之上。

那么，什么是必然因果关系呢？它的定义是这样的：A 和 B 之间的那种引起的关系是必然的，你想象它不会这样发生，这是不可能的，这就叫必然因果关系。休谟说，关于因果观念中的"必然联系"的问题可以分为两个：第一，我们有什么理由认为

"每一个有开始存在的东西,也都有一个原因,这是必然的"。这句话好像不好理解,其实很简单,每一个有开始存在的东西是什么意思呢?就是每一个发生的事情,什么叫发生的事情——我现在给大家开讲座,这就是一件发生的事情——休谟的第一个问题是说:为什么每一个发生的事情都是必然的呢?第二个问题,我们为什么断言:那些特定的原因,必然要有那些特定的结果呢?实际上,休谟讨论的必然因果关系,可以划分两个问题:为什么一切发生的事都是有原因的?为什么特定的原因有特定的结果?换句话说,他在问必然因果关系的根据到底在哪里?而当我们去追问根据的时候,可以分成两个问题——这两个问题我们分别起了两个名字:第一个我们叫做普遍因果律,因为他说的是一切发生的事情都有原因;第二个我们叫做特殊因果律,说的是特定的原因有特定的结果。这样一来,休谟的问题就转化成了"普遍因果律和特殊因果律的根据究竟在哪里?"

休谟在《人性论》第一卷第三章的第三节讨论了这个问题。他首先回答的是普遍因果律的问题,由于根本找不到答案,所以他接下来就说了这么一句话——他说经验如何产生普遍因果律的原则呢?我发现把这个问题降低到下面这个问题将会比较方便,即我们为什么断言那些特定的原因必然有特定的结果呢?我们要回答什么是普遍因果律的问题,就先要回答特殊因果律的问题,换句话说,我们应该从特殊因果律来推出普遍因果律——这是他的思路。

随后,他说我们会发现,同一个答复将会解决这两个问题,换句话说,我们回答了特殊因果律的根据的问题就同时也就回答了普遍因果律的问题。这是他的第三点,最后讲到这个部分,但是很遗憾,如果你们看过《人性论》你就会发现:他在后面其实没有回到普遍因果律,《人类理解研究》也没有回到普遍因果律问题上来。

第五讲 休谟问题

我们待会儿讲完特殊因果律以后，可以脑补一下，看看他是如何回到普遍因果律的；现在的核心问题是为什么特定的原因必然要有特定的结果？

我们会涉及到两个前提，第一个前提是：当休谟讲特殊因果律就等于讲 A 和 B 的一种必然的联系；换句话说，当我们去追究因果关系的时候，我们去追究的是必然联系，追究的是能力，这是第一个前提；第二个前提：他说一切观念都来自印象，那观念和印象有什么关系？其实，观念就相当于我们说的理性认识，印象则是感性认识，而理性认识来自于感性认识。所以在休谟的这个体系里面，我们的一切观念都来自于印象就没有什么问题了。

因果关系到底是什么呢？实际上因果关系就是一种观念，它也需要来自于印象，现在的问题是那个印象究竟是什么？我们先看看他是怎么考察的。他首先考察的是单一的事例。单一事例就是说：从一次 A 导致 B，我们能不能去总结出那个因果关系呢？能不能总结出来呢？他说我们来试一试，单一的事例里面他分了四个方面来讲。

首先是在单一的因果关系里面，A 导致 B，这一次的 A 导致了 B，看物体之间的作用，看意志对身体的作用，看心灵对自身的作用，看上帝的作用，能不能给出因果关系的来源，我们一个一个看，首先看单一事例里面物体的作用。

他说如果 A 和 B 的必然联系来自单一的事例，则只能来自理性的先天推理。如果来自单一事例则必然是先天推理，如果是先天推理，就不能有经验，但事实上必然要依靠经验，所以否定后件得出结论。那现在的问题是凭什么说事实并非如此呢？理由在哪里？他得出了这么一个例子，我觉得非常好，他讲了这个例子。

他说不能从水的流动性和透明性推论出水能把人给窒息，也不能从火的光和热推论出火能将人灼伤或者烧伤。也就是说当我们去分析水这个词的时候，你发现你能分析出水的流动性，水的透明性，水的分子是 H_2O，还有氧元素有氢元素，但是你分析不出它能把人窒息。

为什么呢？因为那需要经验。火也是一样的，你能分析出有光有热，但是你分析不出它能把人烧伤。为什么？因为需要经验。如果需要经验的话，那当然就不是一个单一事例了，需要多次的单个经验，对不对？所以他说，如果物体的作用通过单一的事例，必然是先天推理，而先天推理不需要经验，但实际上必须要经验才能知道，水能把人窒息，火能把人烧伤，这都需要经验。先天的推理是推不出来的，没有人一生出来就知道，水能把人窒息，没有人一生出来就知道火能把人灼伤，只有当他在触碰火被烫伤的时候，他才感觉到原来火能烧伤人，这需要什么？这需要经验，单一的事例做不到这一点，这是第一个方面。

有人可能会反驳他。拿打台球来做例子。当你一杆子打在球上的时候你会发现球被撞动了。即便你第一次去打台球，你从来没有打过，你都知道这一杆子打过去，那些球都会动。这个例子说明有些事情好像可以先天地得知而不需要经验，这个事例貌似不需要经验，这可能构成了对休谟的一个反驳。这个反驳说明：有的事情需要经验，但有的事情可能先天就能推理，比如说打台球。那休谟怎么回应这样一些问题呢？他的回应是这样的：他说你为什么不会想到两个球碰到一起就粘住了，就不动了，你为什么想到球打过去之后就会把另外一个球碰走呢？因为你曾经有过类似的经验，当你推门的时候你发现，你能推得动，当你来到这里听讲座搬椅子的时候，你发现能搬得动，你曾经有力的那种作用的经验，力能够使别的东西运动，你有过这个类似的经验。所以即便这一次，你是第一次看到台球把东西撞动，但是没有关系，你有了力的传递这样的类似经验了，你会知道（你可能没有自觉到）这个球打过去，因为力可以传到另外一个球，另外一个球就可以被撞走。

这就是休谟的一个回应：因为你曾经看到过类似的经验，你事先拥有了"力能够使物体运动的类似经验"，所以第一次遇到就能发觉那些因果关系——实际上是因为你早就有了类似的经验，只是你没有自觉到而已。

接下来我们看第二个方面，意识对身体的作用。这也是一种因果关系——我们的意识或者观念，好像能够指挥我们的身体。好比我现在说，胡好要举起他的右手了，右手就举起来的，对不对？现在胡好说，胡好想笑了，他真的就笑了。这说明什么？这说明观念是能够左右我们的身体的，我们都不会怀疑这一点，无可置疑。对于这样一个说法，休谟持什么态度？他的态度是批评的，否定的。

他认为，意志对身体的作用并不是真正的因果关系——为什么？他说我们身体的运动，遵循我们的意志的命令，这是我们实际上能够意识到的。就好像刚才那样，我说要举右手，我真的能够举右手，但是，对于意志发挥如此非凡作用所依靠的那个能力，我们完全没有直接地意识到。换句话说，当你说你的意志能够有一种能力使你的手动起来的时候，请问，那个能力你怎么知道的，你没有直接意识到，你怎么知道的？你只能说你不知道，那一个不可知的东西，你怎么断定它存在呢？这就是休谟对刚才那个因果关系的一个反驳。这个反驳表达为：心灵对身体的那种作用是不可知的，不可知怎么能够断定它存在呢？接下来，他提出第二个反驳——为什么意志对舌头能够起作用，对心脏或肝脏不起作用呢？你的心脏的跳动是不以你的意志为转移的，对不对？我刚站上来开讲的时候，我的心跳猛然加速，而我在台下已然告诉自己：不要紧张；但是上台之后还是很紧张，控制不了。你能控制你的舌头，你能控制你的手臂，你能控制你的身体，但是你控制不了你的心脏、你的肝脏。你又是如何知道这个差异的呢？除了经验之外，我们无法提供任何理由来说明为什么一个器官和另一个器官有如此明显的差别。如果是从单一事例来想象我们的心灵对身体的作用，你会发现这个是可以的；而从先天的角度就会发现：如果心灵有作用的话，它应该可以指挥身体的所有部分——但是你会发现，它只能指挥一部分，不能指挥其他一部分。

你为什么知道这一点？是因为你的经验，你告诉自己不要紧张，不要紧张，结果你的心还是跳得很快的时候，你才知道，原来我的意志是指挥不动我的心脏的。器官和器官之间的差异必须靠经验才能认识到——而如果靠经验的话，当然就不是来自于单一的事例。

休谟从这两个反驳中得出的结论是：在单一的事例中，意识真的能够对身体发生作用吗？对不起，不知道。第三个方面，如果说意识对身体可能没有作用，那至少意识可能对自身有作用啊——我自己能想象一个观念，这应该是我自己可以控制的吧？假如我现在让大家想想大象，你们想的是大象对不对？我现在要你不要想象大象，千万不要想大象，你想到的是什么？还是大象对吧？

你的想象力你自己可以控制的，所以如果说我的心灵对我们的身体好像没有作用的话，那么我的心灵对自身应该是有作用的。

休谟对这个观点持什么样的态度呢？对不起，也是否定的。他说心灵对自身的作用，好像也不知道——为什么呢？如果说我们知道一个人的能力，我们一定知道原因和结果以及它们之间的关系，但是至少我们应当承认：心灵感觉不到、也不知道，甚至不能构想那样的能力。这说的是：心灵对自身的作用同样是不可知的。你知道你的前一秒心理状态和后一秒的心理状态，你知道一个在前，一个在后，但是你怎么知道前面那个就作用于后面那个呢，你怎么知道前面那个就引起了后面那个呢？你不知道这一点，你感觉不到这一点，不可知，既然不可知，又怎么断定它的存在呢？这是他的第一个反驳。第二个反驳：心灵对自身的控制是有限的。正如心灵对身体的控制是有限的一样，这种自我控制在不同的情况下是不一样的。对于这些差异，除了经验之外，我们难道还能给出别的任何理由吗？

这个反驳和刚才的那个反驳是一样的，因为我们的心灵是有控制范围的，它能够控制这个而不能够控制那个；如果是单一的，你绝对不能知道为什么会有差异。按理说，心灵应该能够控制所有的东西，而现在你会发现：实际上它只能控制一部分，不能控制另外一部分。这说明你必须从经验中去看，你只有通过你才知道，心灵的控制力原来是有限的。

这样的经验当然不是单一的事例造成的。所以，心灵对自身的作用是否可以通过单一的事例给出来——他的答案只能是不知道。

如果说心灵对身体的作用不可知，但是我们却发现心灵和身体之间是有相互作用的。为什么我有一个观念，我有一个举手的观念，我真的可以举手，为什么呢？你说不可知，这肯定不是最好的答案——你总得给一个答案吧，你总得给一个解释吧。这个解释就是：来自上帝。

这说的是：并非我们意志中的这样的能力产生了肢体的局部运动，而是上帝自己让我们的意志指挥我们肢体的运动，而我们则错把这个运动归于我们自己的能力。意志和身体有如两架马车并驾齐驱，你不要以为是这架马车和另外一架马车之间有相互作用——这两架马车都是事先被上帝设计好了的，它们要按自己的设定要在这儿行进而已，仅此而已。

那对于这种观点，休谟也持反对意见。他是这么说的：我们不知道物体相互作用的方式，我们完全不理解它们的力量或者能力，但是我们不是同样不知道一个心灵哪怕是至上的心灵用什么方式和力量，对它自己或对身体发生作用啊？这个至上的心灵是什么？是上帝吗？

既然你不知道物体和物体之间的作用，你也不知道心灵和身体之间的作用，你甚至不知道心灵跟心灵之间的作用，请问你又凭什么知道这些作用是来自上帝呢？这种不可知甚至要比我们对心灵的不可知还要不可知一些，因为心灵对心灵的这种作用，至少你能想象到，但是上帝的作用到底什么样子，真的不知道。

从"奥卡姆剃刀"这个原则出发，你会发现：即便"心灵和心灵的作用"不可知，你也不必多加一个上帝的实体进来。何必呢？如无必要，切勿增加实体。所以从单一的事例看，上帝的作用也不是因果作用的来源，也不是我们可以分析的。总结一下，从单一事例看，只有这几个方面：要么是物体和物体之间的作用，要么是我们心灵和身体的作用，要么是心灵和心灵之间的作用，要么是上帝的作用。而这四个方面都通通给不出因果关系的来源。那怎么办？很简单，如果单一的事例得不出来，那么我们就不用单一事例。我们用多次经验。到目前为止，休谟都在怀疑，他进行怀疑——因果关系既不来自这个也不来自那个。

不来自单一的事例，而是来自经验，所以经验最起码的意思就是：首先来自感官，其次就是必须有多次经验，一次还不是真正的经验。在休谟的这个体系中，"经验"换成另外一个词，即"恒常汇合"。"恒常"就是经常，"汇合"就是伴随，就是两个事情、两个事件经常伴随到一起，比方说太阳晒石头热，天上下雨地上湿，经常伴随到一起。说因果关系不能来自单一的事例，必须来自恒常汇合——这是不是就给出了终极答案，好像也还不是。

我们来看，如果 A 和 B 之间有一个引起关系，那么 A 和 B

之间的引起关系是怎么来的呢？是因为类似的 A 和类似的 B 经常发生，类似的 A_2 和 B_2 伴随在一起，以至于类似的 A_N 和 B_N 伴随在一起，于是我们就推出这一次 A 和 B 一定要伴随在一起。

休谟说，下面的命题是不一样的。第一个命题，我们发现这样一个对象永远被这样一个结果所伴随，这叫恒常汇合；第二个命题，我们遇见到看起来相似的其他对象将会被相似的其他结果所伴随，我承认后一个命题可以恰当地从前一个命题推出来。

在进一步展开这个问题之前，我要谈一谈演绎推理。就好像刚才李老师举的那个例子：所有的人都会死；苏格拉底也是人；所以苏格拉底会死。在几何学里有"三角形的内角和等于 180 度"这样的命题，如果你认为三角形的内角和不等于 180 度，对不起，它一定矛盾；两直线平行，同位角相同，你认为不是这样就一定矛盾，不相等就矛盾，这个叫演绎推理。演绎推理的意思说设想出来的这个问题的反面一定是矛盾的。因果关系肯定不是这样一种演绎的推理，为什么？因为原因和结果之间的这种关系，你去设想它的反面完全是有可能的，它不会自相矛盾。

休谟在这里讲了一个例子：他说像雪一样的东西，你碰上去它会很热。像雪的东西大家都知道，在日常生活中，它是冰凉的。但是你可不可以设想，你碰到雪被烫伤了，你可以设想对不对？你完全可以设想，这是没有矛盾的。所以休谟说，因果关系不来自于演绎推理，因为演绎推理的反面是自相矛盾，但是因果关系的反面并不自相矛盾，这是第一点。

其次，如果因果关系不来自演绎推理，那么它能不能来自归纳推理呢？也不行，为什么？因为归纳推理在休谟的术语里面叫概然性的论证，它是建立在因果关系上的，怎么能够反过来为因果关系奠基？归纳是怎么来的呢？它主要来自自然齐一性，什么叫自然齐一性？就是将来与过去相一致。所有归纳推理要预设这一点，归纳推理一个典型的例子什么呢？我们遇见了一千只黑天鹅，于是我们就预测，下一只天鹅一定是黑色的。一旦"未来要和过去相一致"这个预设取消了，那么只要情况发生改变，环境发生改变，那么你这个归纳就没有效果。我们的归纳推理必须要预设自然齐一性，但是对不起，自然齐一性是得不到证明的；而如果你去用概然的论证去为自然齐一性辩护的话，就会陷入循环。所以因果关系也不来自于归纳推理。

综上所述，因果的必然联系既不来自知觉，也不来自理性。这就麻烦了，它来自哪里？休谟说，很简单，来自想象力。

想象力究竟是如何为因果关系提供根据的呢？很简单，休谟说在相似对象反复出现以后，心灵就由习惯所带领。当一个事件出现就期待与它相伴随的那个事件，并相信那个事件将会出现。因此我们在心中感受到了这种联系：想象有一个对象与它通常相伴随的那个对象的习惯性推移，也就是习惯性联想。我们从印象中形成了能力或者必然联系的观念，而能力和必然联系在休谟那里就叫做因果关系。

所以因果关系来自一个印象，即习惯性推移的印象。推移的印象是怎么产生的——它是由恒常汇合产生的，这就叫新的印象。A 和 B 是两个印象，当与 A 和 B 类似的 A_1，B_1，A_2，B_2，A_N，B_N 这样的现象恒常汇合以后，就会产生一个新的印象，即习惯性的推移。而有了这个印象，你就可以从 A 推移出 B 来。这是他最后的结论，就是说 A 和 B 之间的必然联系客观上是来自相似对象的恒常汇合。通过恒常汇合，在心灵中产生新的印象，这个印象就是习惯性推移，而习惯性推移使我们相信：从个别现象中可以归纳出相似的对象，引起相似结果的一个原则；也使我们相信这一次出现 A，就必然会出现 B。总而言之，特殊因果律来自客观的恒常汇合以及主观的习惯性的联想。

这就是对特殊因果律之来源的回答。接下来我们要去思考"普遍因果律"的问题。

休谟说过，回答完了特殊因果律问题，普遍因果律的问题也就会得到解决。答案也是恒常汇合和习惯性推理吗？"一切发生的事情都是有原因的"，你是怎么推出来的？这个休谟没有讲，但是我可以脑补。事件 A 有它的原因，事件 B 有它的原因，你发现事件 N 也会有原因，你们今天到这儿来听讲座也是有原因的，对吧？你们是为了求真。一切都是有原因的，既然事件 A，事件 B，事件 C，它们一直以来有个恒常的结合——于是我们得到一个新的印象，这个印象就是"习惯性推理"，我们推出：原来一切发生的事情都是有原因的——这就是普遍因果律的问题。

到现在为止，我主讲的部分就结束了。以下做个小结：

第一个是概然因果关系。休谟提到了，但是并没有深究，重点是特殊因果律，希望大家了解。如果从哲学史考察的话，在休谟体系里面，他并不太重视概然因果关系。其实休谟的论证可以分为两个环节，第一个是怀疑，第二个就是重建。因果性不是来自单一的事例，而是来自恒常汇合。恒常汇合既可能来自知觉，也可能来自理性，这就叫怀疑。重建是什么呢？在休谟提出想象以后，他开始了重建工作，所以他的大部分精力是放在怀疑的这个环节，这也奠定了他在哲学史的地位。

休谟在哲学史留下他的名字，不在于他重建的那个部分，重建的部分大家都觉得不靠谱。因果性来自想象力，想象力能提供必然性吗？这显然不靠谱。他的真正的地位来自他的怀疑，康德之所以能够认同休谟也是出于这一点。康德说休谟打破了他的迷梦怎么打破的？是通过休谟的重建吗？不是，是通过休谟的怀疑，休谟的怀疑是非常重要的。直到今天我们都还要给休谟贴个标签，说他是个怀疑论者。休谟也有重建，只是我们后世的人不记得重建的部分，所以我们只是把怀疑的标签给他贴上，这是第二个结论。

第三个结论，休谟秉持的是一个典型的经验主义立场，一切观念都来自印象。他追求印象的来源，从特殊因果律去推出普遍因果律，从特殊推出普遍，这不就是一个经验主义立场的表现吗？

第四个结论，因果关系的根据不在感官，不在理性，而在想象力。这是休谟的一个独特的论断，后世的人不一定能接受。

第五个结论就是因果关系只具有主观必然性而无客观上的联系。客观上，事件 A 和事件 B，A1 和 B1 之间到底有没有因果关系，我们不知道。但是由于我们看到了它们的恒常汇合，所以在我们的内心中有一个习惯性联想，必然就会得出"看见 A 就会得出 B"。这个习惯性联想是什么？不是客观上两个事件之间的关系，只是一种主观的必然性，并没有给出一个客观必然性——在客观性的方面，他一直持那种不可知的态度。

哲学史的考察就到这里，接下来看看休谟这一思想的后续影响。

首先，休谟对因果关系的界定引起了人们很大的质疑。比方说，我们会质疑恒常汇合的必要性——好像没有恒常汇合也可以有因果关系。这就会引起很多的问题，比方说我们的行动，行动的因果关系理论会告诉你，不需要一些类似的经验，你就会直接知道，一次单个的事例就能够得出结果，就能够产生结果。因为这是行动者自身的能力，由此批评恒常汇合的必要性。第二个方面就是恒常汇合的充分性也遭人质疑，有了恒常汇合就会有因果关系吗？未必，一个反例就是：白天和黑夜经常伴随在一起，那你能说白天就是黑夜的原因吗？你能说黑夜就是白天的原因吗？你都不能说。但是它们经常伴随在一起。闪电和打雷经常伴随在一起，你能说，因为闪电在前，打雷在后，闪电就是打雷的原因吗？不能这么说，所以仅靠恒常汇合就能界定因果关系吗？好像不能。经验主义的立场也有人质疑——这就涉及到康德。休谟认为因果关系来自经验——因果关系的观念来自印象，印象不就是经验吗？但是康德恰巧颠倒来说，你说错了。原因不来自经验，是相反的，经验是来自于原因的，所有的经验对象是通过我们的范畴把它构造出来的，这就是因果性范畴。所以经验对象是什么？是通过因果性范畴把它构造起来的，经验是通过原因得以成立的。康德的因果关系是从休谟那里颠倒过来的。

关于构造的印象呢——有人在休谟的道路上提出去修正他的观点，这就产生了新休谟主义。休谟还引起了对归纳问题，对概然因果关系问题的一些关注。休谟的这些东西甚至引起了大家对因果关系本身的关注，人们以前并没有质疑过因果关系，都觉得太阳晒石头热；天上下雨地会湿之间有因果关系，这值得怀疑吗？这不值得怀疑。没有人去挑战这种常识，自从休谟予以怀疑之后，大家才发现，这原来是一个问题。我们应该怎么去考虑因果关系，怎么去界定因果关系，这才在哲学史上产生了很重大的一些讨论。我们当代人还在讨论因果关系问题，一直争论不休，并没有定论。

休谟对因果关系的讨论在后世产生了很重大的影响，甚至影响到了关于自由意志的讨论。自由一定不能被决定，而假如只有必然因果关系的话，你会发现这个世界是被决定的，那我们还有自由吗？

接下来是一个过渡：休谟因果关系对我们的哲学产生了非常重大的影响——当然他关于事实和价值的讨论也产生了很重大的影响，我们需要知道其中的一些细节，以下就由贾老师来主讲。

贾克防： 大家晚上好，非常感谢李老师和洪总一直给我们提供这样一个平台，无论对于在听的还是对于在讲的，都是一种极大的荣幸。我今天的题目是"事实与价值的区分"。

这个区分在休谟的道德哲学中处于一个什么样的位置？说到价值其实我们可以分类，我们生活里面的价值有很多说法。比如"好"是一种价值判断，"不好"就是一种负价值或者说没有价值。大家注意,"好"可以用到很多方面:可以用到我们觉得好吃,我们觉得好看,我们觉得好玩,我们觉得讲得好,我们觉得做得好,甚至有些时候人们会说打得好,诸如此类。

这样看来,"好"可以有很多方面:涉及到道德领域的,政治领域的,甚至是审美领域。概而言之,价值主要体现在两个方面:一个是道德价值,另一个就是审美价值。今天我们关注的是休谟的道德价值方面。

我们也会发现,休谟在道德领域的结论其实能够推广到审美领域——休谟自己也经常这样说。在讲休谟之前,我想先讲讲古希腊的柏拉图、亚里士多德的人性问题——休谟的立场与之恰成反照。我们知道苏格拉底有句名言:知识就是美德。我不知道大家怎么理解这句话?

柏拉图把苏格拉底的这个观点细化了,深化了,以一种更加系统的方式呈现给我们。他说我们的灵魂是分三个部分:有理性的部分,激情的部分和欲望的部分。这三个部分中占主导地位的就是理性,它应该处于统治地位。一旦它处于统治地位,我们的灵魂就和谐了,我们就能真正认识 good:善。理性是帮助我们去认识善的唯一途径。欲望,激情只是理性的奴隶,这是柏拉图的理论。我们都知道他有这样一个很著名的比喻:我们的灵魂是一辆马车,它由两匹马拉着,一匹马好一点,一匹马坏一点。那匹好马叫激情,而那匹坏马呢?——最要命的是根本不听驾车人的话,用柏拉图自己的话说"聋得像柱子一样"。这个比喻是什么意思?柱子挡在你跟前的时候,它是不会给你让路的,只能吆喝它才给你让路,这个驾车人就是理性。

理性虽然处在这样的位置上,但是地位很尴尬。虽然它是主人,但是遇到了这样一匹聋得像柱子一样马,也显得应对乏术。这个理性主义传统可以说坚持了2000多年,从苏格拉底,柏拉图一直到近代的洛克。他们不单认为我们要做一个理性的道德哲学家，而且认为我们的道德问题可以像数学问题一样得到解答，这是什么意思？我们根据三角形的本性可以推出来：三内角之和等于两直角之和；要做一个有道德的人，这个也可以像解答几何学问题一样解答。我们根据确认的前提就可以推出确认的结论来，如果有这样的一门道德科学，如果有这样一门演绎的道德科学，这个世界可能就没有那么多不道德的事情了。

休谟却对这整个理性主义传统提出质疑，用什么武器呢？就是事实和价值的区分。休谟说，理性的功能仅仅在于认识事物，而要判断它的价值，靠的是什么？靠的是道德，这是一个很了不起的区分。这样一来就颠覆了两千年的传统。休谟是怎么做的？他做到了吗？这就是我们今天要谈的话题，展开来共有三个问题。

第一个问题是：什么是事实和价值的区分？我们要去看看休谟对这一区分的阐述。

第二个问题：为什么休谟要在事实与价值之间作出区分，为什么能做，他的根据在哪里？

第三个问题是我的一个总结。我本来想对休谟的整个论证进行一个评估，后来发现很难做，争议太多了。"休谟"这个译名特别好，"休"是停止，"谟"是争论——而休谟本人却是处处引起争论。

我们先看第一个问题，什么是事实与价值的区分？休谟在《人性论》第三卷的第三章第一节举了一个例子：关于弑。弑有专门的意义，就是以下犯上：子女杀害父母叫弑；下级杀害上级，叫弑。孩子杀害父母，不论是在小说里，还是在新闻里都有各式各样的呈现——为什么会有这样的事件发生？我们需要去思考。

休谟在这里作了一个比较。一棵树，它结果子，果子掉到了自己的脚下，然后这个果子就开始生根发芽，慢慢地长成了一棵小树。有一天两棵树离得太近了——也就是母子俩离的太近了——以至于把作为其起源的那棵老树杀死了。这有可能是争夺了老树的养分，争夺了老树的阳光，最后老树就死了。上述两个例子有什么区别？一个区别就是我们不觉得这棵小树杀死老树有什么了不起的，这种事情天天都在发生。我们不说树杀死树。在我们的协助下，我们还可以做出更多在我们人类道德上难以允许的事情——我们培育金鱼，培育哈巴狗，我们怎么培育的？全是靠近亲繁殖。

当然我们不去评价这种事情在道德上有没有问题，但是我们一定要去评价是否合乎道德。我们会很难接受，我们会抗拒，为什么？休谟在原文中给我们提供了两者比较之后的答案：一个人杀害父母是出于意志，由于他的意志或者因为由于他的选择；而一棵幼苗毁灭原来的老树，那是物质与运动的规律。虽然二者的原因不一样，但是由原因导致结果却是一致的。并且我们还说，如果父母是我们在这个世界上存在的原因，那一棵老树也是小树存在的原因。人在这个方面其实和小树没有任何根本性的区别。但是我们却认为子女杀死父母是大逆不道，忘恩负义，为什么？

理性可以帮助我们发现原因和结果，但是理性不能告诉我们该不该谴责，因为在这两个事例里，理性所起的作用都是一样的，但是得出来的结论却不一样。为什么呢？因为在第一个例子里，我们不单用了理性，还运用了自己的情感。我们觉得弑父弑母这种事是一件让人内心厌恶的事，是一件在感情上不能被接受的事。这就是休谟关于事实和价值的区分。那么，这一区分的原理是什么？休谟在这里说，他发现很多道德哲学家的书，一开始的推论都是：A是B，B是C这样的推论，随后就突然开始运用"应该不应该"这样的情态判断了——这让他很是吃惊。

他觉得这种使用得给出一个说明，如果你给不出说明就是有问题的。因为这里存在一个跳跃：从事实判断到价值判断的跳跃。但是如果我们留意一下就会发现：后果很严重。什么后果呢，因为这会推翻所有通俗的道德体系，和胡老师刚才讲的因果关系一样，休谟最强有力的一面就是怀疑，质疑。他的雄心非常大，在他面前站立的是两千多年的道德哲学传统，他能不能成功，我们到第三部分再说，现在我们进入第二部分，看看为什么会有事实和价值区分，他的根据是什么？事实和价值的区分，我们可以从很多的角度来理解，从根本的原因上来讲就是理性和情感两个领域的分离。休谟对此有很多论证，非常的细碎和繁琐。我想从一个角度来说，为什么可以做理性和情感的区分？这是我思考的框架，这个框架来自近代哲学之父笛卡尔。从近代以来，哲学家的思考路线就不一样了，不再思考这个世界的形式化构成是如何的，开始了一条通向内心的观念之路。

对任何一个观念我们都可以从两个角度来思考。第一个角度是形式表象的存在，这是一个术语，稍微有点难，还有更难的术语，我选了一个简单点的，它有好多同义词，我们就用最接近或者最容易让我们记住它的意思。作为我们的心灵状态，作为我们的一个心理的活动，它指向对象方面的存在，我们叫它表象性的存在。还有另一个方面，就是一个观念存在于我们的心灵里面，作为心灵状态而存在。我打一个比方，比如说鲁迅先生，他最引人注目的特点是什么？一个"立体一字"的胡子，我现在这儿有了一个"立体一字"，然后就有鲁迅先生的胡子。说两个鲁迅先生的胡子呈现"一"的样子，对吧？这个是用书法写出来的"一"对不对？但两个都是一，有什么区别？首先是材料不一样，这个是材料是笔墨，那个材料是什么？那个材料是一根一根的毛发，胡须。如果我们拿这个类比我们内心中的观念，我们就可以发现：任何一个观念都有这样的两种存在方式，在这个例子里面，这个对象可以以两种方式存在：一个是墨汁的方式，一个是胡须的方式。它可以由两种材料构成，同时它又都是一。任何符号，它的存在都有这两部分：一部分是它表象的内容，比如说"一"；另一方面是它由什么材料构成，是墨汁或者是胡须。休谟问题是说：对于同样的 idea，我们的观念存在于我们的心灵之中，也有这样两种方式的存在。比如说我有红色的观念，我用红色的观念表象红色的对象，是吧？这是他的对象性的存在，也就是它的表象的存在，还有另外一个方面的存在就是它形式的存在，就是它实际存在于我们的心灵里面，不管是作为一个被看到的红色还是被回忆起来的红色，还是我们想象的红色，我不知道大家能不能理解这一点。

如果我们可以接受这一点，那么我们就可以用这个模型来分析情感和理性之间的对立。现在我们有了一个形式意义上的观念，就是它的存在。用休谟的话来说，一个观念形式意义上的存在是什么？它活泼还是不活泼，比方说大家现在看着这片橘色，这是最活泼的样子，你闭上眼睛去想它，可能你已经不是太清楚这种橘色到底是一种什么样的橘色，这时你闭上眼睛去想它，这个橘色有多大面积？然后它和周围的关系是怎么样的？你发现变成了一抹红，变淡了，变浅了——这就像刚才提到胡子一样，有的胡子也是"立体一"字，但是你看不清楚，为什么？太浅了，这是他的形式意义上的存在。那么对象表现意义上的存在就是，它始终是表象的这个东西，无论它浅还是深，表象的都是同样的内容，它的内容和它的存在方式，存在于我们的心灵里面，存在于我们的脑海里面的这种存在方式。这里谈的内容与理性和情感是一个什么样的对应关系呢？简单的说，就是情感适用于上面形式意义上的观念；理性适用于表象意义的观念。当休谟说情感的时候，不仅仅是说我们内心的一些平常的情感，还包括了另外两种东西：一个是欲望，在柏拉图那里讨论过了，被放在情感里面；还有一个近代哲学家讨论的，最热门的词语就是意志，意志也被他放在情感里面。凡是理性之外的部分都被休谟放在了情感这个大的框架里面。他认为情感就是针对我们的内心，我们的情感有时候强，有时候弱。同样的情感，有时候是很强的，强到脱缰的程度，有时候你产生了要为天地立心的那种感觉；有时候又很弱。这种强烈程度还有很多，比方说我们更复杂的一些情感——爱情：有时候你只是有一点点喜欢他，有时候你喜欢他到了发疯的程度。

但是内容没有差别，没有任何差别，就是这样的一种东西，休谟说，从形式上看，我们的情感是有强烈程度的区分的。

我们有了这样一个理论框架，现在再去看看休谟的论证。这个时候不是更复杂，而是更清楚了。休谟有两个大的论证：第一个论证是说，我们的价值判断为什么不能来自于理性——是因为理性没有道德的约束力，而我们的道德是有约束力的。不能说你认可这个规则，你就会踏踏实实地去执行它，有时候你执行得不好，你内心还挺纠结。我特别想说谎，我觉得应该去说个谎，但是你知道说谎是不对的，这是你内心里纠结，或者你说了一个没有任何坏处的谎言之后，你会问自己，我这样说对不对？我这样说行不行？这就是道德的约束力，休谟说这个道德约束力不能来自于理性，理性给不了我们这个——为什么？因为理性是惰性的。

理性很懒，它是静止的，它不运动，它不能给我们提供动力，休谟考察了两个小的论证。

第一个理由是单纯理性不能引发意志，也不能引发我们的行为——我们的行为都是意志来发动的，单从理性是不能引发我们的意志的，为什么？我们理性的运用有两种，一种就是因果关系的推理，还有一种就是演绎推理和概然推理。因果关系的推理就是说，我们从 A 前提出发可以得到 B 结果。比方说这个例子：快步走可以产生减肥的结果，这是一个很简单一个推理。但是休谟说，你知道快步走可以减肥，但是你未必去做，为什么？你可能不想减肥，原因很简单，不愿意。不愿意是什么？不愿意是情感。第二个演绎推理也不行。演绎推理是关于逻辑的，或者关于数学的知识。比方说：我们的路程是10公里，现在我走上半个小时，那我们可以走个5公里，这是一道数学题是吧？数学演绎都是这样的，数学演绎没有告诉我们该不该去，要不要去？我们可以算。比方专家说运动需要20分钟以上，你才有减肥的效果。现在我只剩了5分钟，我还要不要去运动一下？你可以有一些计算，计算的结果可以帮助你决定，但是最后仍然是你来决定。理性的东西可以给我们的决定提供信息，给我们意识到的行动提供信息，但是它不能决定最终的结果。真正起决定作用的是你愿不愿意，是你想不想，是你喜不喜欢，是你高兴不高兴，是你恶心不恶心，这些都是情感。

第二个方面其实是前面一个理论的推论。有一些东西不能引发我们的意志，也不能引发我们的行动，所以理性就没有能力去对抗我们的意识，或者说对抗我们的欲望，对抗我们的情感。因为一个"情感对抗"需要另一个情感，比方说我很难过，特别伤心怎么办？通过交谈其实不能帮助我快乐起来，你要是给我买个礼物的话，我可能就会开心起来了，为什么？这是一种情感的变化。我前两天听说过这样的一个例子，说的是在农村赶毛驴车的一个农民，驴很犟，突然不走了。聋的像柱子一样，好言好语劝它不行，喂草也不行，鞭子抽也不行。农夫很有经验，抓一把土直接塞到它嘴里，后来这头驴怎么办？赶紧吐，吐完之后，上路了。为什么呢？因为塞一把土到它嘴里，它恶心，它要吐，这种恶心的情感已经对抗地掩盖了它原先不想走路的那种情感，它已经好了，它要继续赶路了。这当然很能说明休谟的问题。你用一种情感来对抗另一种情感，你就可以做到你想要的结果了——这是第一个论证。第一个论证得出的结论是：理性没有约束力。理性为什么没有约束力，因为理性只是给我们提供信息，却不能决定我们要不要做;"要不要去做"得靠情感。

第二个论证是一个经验性的论证,我们可以称之为表象论证。为什么理性不能使情感动起来？休谟说,理性在做伦理运算的时候,运动就是表象。表象有一个特点,它总是表象一个对象的,所以就存在真与不真的问题——符合就是真,不符合就是不真。但是情感不一样,情感没有表象,情感不表象任何东西,所以情感就没有真与假,没有真与不真,没有符合与不符合。所以不管理性产生的结果是真还是假,没有表象内容,你就无法判断它的真假。

接下来我们要看第三部分,一个总结或者说一个尝试性的评价。

我不知道大家的看法怎么样,反正休谟在很大意义上说服了我。在什么意义上的说服？我在想,他是靠理性说服了我吗？还是靠情感说服了我？如果我们接受了这样两种意义上的存在的话——一种就是形式的存在,还有其它的存在方式；第二种是在表象一个外物的意义上存在——那么我就要承认理性和情感的这种区分,那么我就要承认理性其实是没有道德约束力的。

休谟之后,这个问题还在不断地引发争论。有的人支持他,有的人发展他。比方说哲学家塞尔,他用现代逻辑的分析手段,证明我们的确可以从事实判断推论出价值判断。

反对休谟的那个阵营,我们也要去看一看。"对不对"这样的判断是真正存在的,价值也是真正存在于这个世界上的,不是你的情感赋予它的。如果我们这样想的时候,大家注意,那就可能出现一种现象。如果我们都靠我们的偏好去选择,那意味着什么？一顿饭好吃还是不好吃,你说好吃,他说不好吃,一顿饭100个人吃就有100个结论。这就出现了相对主义。我要不要说谎？我觉得说谎让我感觉不舒服,为什么别人骗我的时候我很难受。现在我有同情心,同理心,我再去骗别人我觉得不行。我讨厌这种行为，我有一种情感，但是别人不一样，通过屡次说谎他得到了很多的好处，他觉得说谎这件事可以继续做下去，这就出现了一种道德相对主义。

事实不能导致评价，这种观点是反复出现的。历史上反复出现的个人主义的终极概念化，个人会成为他自己的最后的权威，彻底的个人主义：人是万物的尺度。但是如果我们回过来看休谟，休谟并没有这个担心。他说道德意味着某种全人类共同的情感，我们对同样的东西，情感是一样的，为什么我们的人性是这样的？——我们被造成这样的。我赞同的东西，你赞同的东西，我们把它拿出来，发现大家都赞同，这使每个人或者绝大多数人在决定上达到了一致。在情感的基础上，更进一步，在道德情感的基础上，是可以达到一致的，这预示了我们都有共同的情感。休谟从经验主义的立场出发，认为即便没有最普遍的人赞同也没关系，绝大多数人赞同就可以了。这是休谟非常可爱的一点，今天我给大家报告和分享的内容就这些，欢迎大家的批评和讨论，谢谢！

李朝东：休谟探讨的学术话题和领域特别宽广。我们今天只是从休谟思考的问题里面找到了两个切入点：一个是因果关系；一个是事实与价值关系。虽然是两个视角，但是方方面面都是相互关联的，在这么短的时间内，要让我们两位年轻的学者把这个问题给大家讲清，讲透，的确也难为他们。据我所知，他们在下面准备这个题目的时候做了大量的功课，胡好在朋友圈里说，为了准备今天晚上讲演，他又重读了一遍休谟的《人性论》。

我认为休谟这个人是哲学史上的一个怪杰，有点类似于古希腊的芝诺。芝诺是巴门尼德的养子，后者认为"存在是一"，这个观点有两个基本命题："存在"是唯一的；"存在"是不动的。巴门尼德死了以后，很多学者对他的观点提出反驳，这个时候，芝诺站出来为自己的养父辩护——我们不认为他是一个在哲学上有独立贡献的思想家，但却是一个非常忠诚的哲学事业的继承人。芝诺说只要我老师和义父说"存在"是唯一的，我就认为是唯一的；他说"存在"是不运动的，那我就认为是不运动的。他从四个矛盾的悖论否定性地证明了"存在"的唯一性，捍卫了巴门尼德的观点；而且这四个辩题对后来西方哲学和科学的发展产生了非常深远的影响。休谟也是这样的人——从培根到洛克都认为一切知识来自于经验，而唯理论却说一切知识来自于理性——他也像芝诺那样要把前辈的立场发挥到极致，在休谟这里就是把"知识来自于经验"的立场发挥到极致。

今晚，两位年轻学者给大家展示了休谟在因果关系、事实与价值这些问题上的观点和看法，囿于他们的学术阅历，尚未把这些问题提升到一个更高的高度。好，下面我们进入互动环节，大家有没有问题？

提问者1：向胡老师和贾老师各问一个问题吧。首先问胡老师，反驳习惯性联想跟事物之间的习惯性推移究竟是一个什么样的关系？第二个问题要问问贾老师，如何定义"观念存在"？谢谢！

胡好：我觉得这个问题问得特别好，你的问题是什么呢？你的问题是说：按照休谟这个观点，心理联想和习惯性推移之间实际上仅仅是一种关系。但是这个关系你怎么推出来，凭什么说会产生一个新的印象就是习惯性推移？这个产生也不可知啊，对不对？我觉得你注意到的这一个点特别重要，对我是一个启发。我个人觉得就目前我的理解来看，这是对休谟的一个重要且有力的质疑。

贾克防：我直接回答这个问题，就是"观念存在"。我们可以有各种各样的疼痛。一种观点认为疼痛是没有表象内容的，疼痛有各种各样的属性，比方说它很剧烈。一到十，你给它标到十了，难以忍受。有的疼是一过性的，有的疼痛是尖锐的，有的疼痛是隐隐作疼。疼痛有没有表象内容，我们问的是疼痛？它是没有表象内容的。

疼痛不表象任何一种东西，它跟另外一种观念是不一样的，比方说红色。红色的表象，再比方说三角形，三角形表象着一个东西。我可以有很明确的三角形观念，可以有模糊的三角形观念——这些观念可以是强烈的，也可以是微弱的，但无论强烈还是微弱，无论清晰还是模糊，它都表象一个东西。疼痛表象什么？我觉得很难说。

李朝东：补充一下胡老师的问题。这个问题你可以去读一读胡塞尔的《逻辑研究》第二个研究：关于观念对象和观念直观。在这方面胡塞尔专门分析了观念直观这个问题。你读过这一部分内容吗？没有吗？我提示一下。胡塞尔《逻辑研究》的第二研究就是对你那个问题的解答。休谟只是把问题提到极致，他说一切知识来自于感觉经验——那么感觉和经验是什么呢？从胡好老师的讲解中我们知道：感觉经验来自印象，印象组成了我们的观念，观念构成了我们的知识。但是印象来自于哪个地方？印象或者感觉经验来自于哪些地方？休谟认为这个问题根本就没办法问，问了也无法回答。我们画一个圆圈，这个圆圈就是我们感觉和印象的边界，一切知识都来自于感觉和印象，这个圆圈就是最终的边界；那么你现在要问感觉印象来自于何处，这就要超出这个圆圈之外去找感觉和印象的来源了。这个已经超出了我们的感觉和印象，无法回答，这就是休谟的问题。

但是我们又必须解释我们为什么有实证知识，或者经验科学知识。比如说天下雨使得地上湿，我们总认为天下雨是原因，地上湿是结果。因为天下雨引起地上湿——通常的哲学观念告诉我们天下雨和地上湿之间有一种因果联系，这种因果联系是客观的，所谓客观的就是说它是不以人的意志为转移的。休谟说根本不是，因为我能看到，而看就是感觉。由于看，我有一个印象，我能看到天下雨，我也能看到地上湿，而我看不到或者感觉不到天下雨和地上湿之间的那种联系。或者我们再举一个例子，我能够看到一个男同学，也能够看到一个女同学，但是我就是感觉不到他们两个之间有爱或者有恨的那个关系。因果联系是一种关系——休谟的意思是说我们永远只能够感觉到两个事实存在的现象，但是我们却感觉不到两个存在事实之间的那种联系。但是这种联系如果没有，我们就没办法构造起我们人类的知识，那我们的知识来自于哪儿呢？实证知识、经验知识来自于何处呢？为此休谟必须要给人类一个解释，我们的因果关系究竟是怎么来的。所以他最后提出来是由于一个现象出现了，紧接着就跟着另一个现象出现，这两个现象恒常汇合在一起；久而久之就在我们心目中造成了一种习惯性联想，以至于天一下雨我们就自然而然地想到地上会湿。天下雨和地上湿这两个现象之间的联系不是客观本身具有的联系，而是我们通过习惯性联想——我们把它叫做想象力——通过想象力把它们联系在一起的。所以休谟把经验知识的来源问题归结为我们主观的联系。但是你能够用主观性来保证客观真理的普遍联系吗？休谟想说的是：我并不是要回答或者追问真正的真理知识是什么样的；我只是说经验论的原则如果发挥到极致的时候，只能得出"一切知识来自于我们主观的心理联想"这样的结论。但这行吗？当康德读到休谟的这个理论的时候，他说如果我们接受休谟的观点，这就是我们人类的耻辱。我必须要回答：我们的知识从哪儿来？我们如何拥有客观的必然的真理性的知识？康德的思考对后世的最大贡献在于：我根本不去考虑比如克防刚才讲的疼痛啊等等这些东西，它们只是知识的经验内容——我只是去考察知识的先天条件，或者知识形成的条件。这就是康德用来构成知识的两个条件，一个是形式，一个是质料。

一切知识构成的质料问题，交给更多科学，更多人去自己找寻。比如说历史知识，它的质料可以是利用考古材料，可能是传说，可能是传记，可以是民间的一些口口相传的故事。这些都是构造历史的一些主要材料，但是关键在于我们用什么样的形式法则把这些材料组织起来，得出我们的历史知识？物理学的材料知识是物理学的，那么我们人类普遍遵循的形式法则是什么？所以康德在休谟那个地方重新出发，他将"知识何以可能"的问题放到知性范畴里去研究。康德已经试图把心理学和哲学区别开了：心理学研究的是事实内容，哲学研究的是知识构造的先天形式，胡塞尔则进一步拓展了康德的先天知识法则，但他认为里边还有一个心理学的残余。所以胡塞尔的《逻辑研究》分上下两卷，第一卷用整个一卷的篇幅，试图把哲学和心理学划分开。

我想接着你这个问题回答一下。大家研究这个问题的用处在于：在哲学上不把知识的这些先天的形式法则搞清楚，自然科学就没办法进行深入研究，就没办法进入。这就是我前面说的形而上学作为第一哲学的原因，它给科学奠基，理由在于：形而上学越发达，科学研究就会越进步，科学研究越进步就越能反过来转换成技术。西方技术是科学来支撑的，我们中国古代的技术也很发达，但是我们的技术依赖的是个人的经验感觉，背后基本上没有科学原理。我曾经在多个地方讲到，西方每一次技术更新的背后实际上都是科学的进步。而科学要想进步就要依靠西方几千年来的哲学，对这些知识的形式条件和形式法则进行研究，才推动科学的进步。我们中国的形而上学体现在"仁"和"道"两个维度上。我们探讨的是道德、经济和社会关系，因此古代的哲学不支持科学，古代的科学没发展起来——虽然我们也有些技术发明，比如说中国人引以为豪的四大发明，但是它们只不过和我们经验感官有关，只是技术而已。技术在工匠身上，随着这个人的出世这个技术被发明，随着这个人的死亡技术就断绝了。

提问者2：我想请教贾老师一个问题。休谟一开始讲理性只能作出事实判断，而价值判断必须依据情感来作出。不过我觉得他的理由好像并不能支撑他这个观点。我的问题用一句话说就是：我觉得休谟只证明了理性不能够控制人的价值行为，希望贾老师再补充一下。

贾克防：嗯，很好的问题。休谟作出了这样的一个区分：一个是理性的部分，一个是非理性的部分。非理性的部分我们称之为情感，这其实并不等于是说休谟已经预设了这一点，他只是让我们看见在我们的心里边还有一部分是跟理性没有关系的，只是和表象性的存在有关系。这一部分也在起作用——它起的作用是什么呢？就是进行价值判断。为什么说它在进行价值判断呢？拿刚才讲到的"说谎"这个例子来说，我们之所以认为是不对的，是因为我们厌恶它。而理性却无法得出这个判断。

李朝东：由于时间关系，今晚的讨论就到这儿，我最后再做一个小结。前面我讨论了因果关系，后边我想谈一下事实和价值的关系。上一周（2019.4.27）北京召开了一个移动互联网大会，邀请当代著名的物理学家霍金作了一个视频演讲，题目是"人工智能可能是人类文明的终结"，这个题目是很刺激人的神经的。演讲中提到：机器人、电子计算机构成的这个人工智能的崛起，可能会终结我们人类的历史。大家肯定都知道机器人在前几年就已经能够战胜国际象棋大师了。去年有一个叫 Alphago 的人工智能和世界围棋第一人，韩国的李世石下了五盘棋，最后结果是四比一；据说 Alphago 输掉的那一盘还是有意输的。今年的5月20号左右，美国公司开发的 Alphago 还要在乌镇和中国的围棋大师下三盘棋，对围棋感兴趣的同学可以看一下。我们从这个里边就能了解到，一个围棋软件设计出来以后，它能够自我学习。你把程序设计出来以后，就不用再修改了，它只要跟你下一盘棋，或者它自己和自己下一盘棋就能够提高自己知识。人类现在让人工智能自己设计自己，自己制造自己，这是非常了不得的。我们知道：男人和女人两性结合可以生产下一代，生育下一代,每一代的遗传性生产,不仅是我们生命肉体的延续,更是我们人类基因的延续和再创造。

到目前为止,我们人类通过遗传生育下一代,我们不仅遗传了肉体生命,延续了肉体生命,而且也延续我们的知识、经验和智慧的积累,所以我们才能超出动物界支配和控制自然。我们把动物关进动物园,让它们做各种杂耍。在这里我们完全是以一种战胜者、控制者和支配者的身份和姿态在观赏动物,让它们给我们表演。现在的情况却不同了,计算机已经有很多能力超出了我们,假如它们一旦有了自我设计和自我制造的能力,就会脱离我们对它们的控制和支配。终有一天机器人会制造大大小小的"人物园",把我们关进去。让我们在"人物园"里做各种表演、杂耍、走钢丝、做体操,它坐在那个地方看。问题在于我们今天不知道机器人究竟喜欢我们表演些什么,这很麻烦。

我感兴趣的是霍金在这里提出的两条建议:一是科学家继续发挥自己的聪明才智,把计算机的设计和制造推进到极致,最终使计算机脱离人类的控制,自己设计自己,自己制造自己。二是我们现在就停下来,不再向下推进,止步于现有的计算机科研成果,让人工智能和机器人为我们的医疗卫生、建筑等各个行业进行服务。以后的建筑业可能会发生很大的改变:比如3D打印,我构造了一个什么样的图就能打印出来什么样的东西,有沙发的构图模型就打印出来沙发,那样的话建筑工人就会失业。我雇佣的机器人既不发牢骚也不埋怨,24小时干活。好处在于:机器人有可能真正地把我们从体力劳动中解放出来,我们就有可能实现马克思所说的人的自由而全面的发展,劳动仅仅成为我们的享受。反过来,计算机和人工智能有可能脱离人类的控制,成为支配和奴役人的他者。我可能是一个技术悲观论者,我估计后者的可能性很大——因为科学家们已经停不下自己的步伐,每一个科学家都为了证明自己的聪明才智,必然向那个未知的领域迈进,所以计算机科技还会向新的领域进展。

那么这就涉及到一个非常重要的问题：在哲学日渐式微的今天，上述重大的哲学命题必须是从事哲学研究的人要去思考的问题。互联网的出现对我们来说是一个无法改变的事实，我们将会作出什么样的判断？我们该何去何从？我们面对的未来究竟是一个必然的王国，还是一个偶然的地狱？这不仅是一个我们现在需要考虑的问题，也是我们在未来必须进行思考的一个重大问题。最后我在这个地方也建议和呼吁：不管我们从事哲学研究，还是从事其他学科研究，我们都需要立足于人类既定的事实。因为我们作出的每一个价值判断都将关系到人类的未来和命运。事实与价值的判断绝非一个轻松的话题，而是附加上了"对人类命运的关切"这一重深重思考的话题，任何判断都将是艰难的、多维的。好，我们今晚的讨论就到这儿，感谢洪涛董事长的光临，也感谢各位朋友的发言。我们尤其要感谢克防博士和胡好博士的精彩讲演，谢谢大家！

（主讲人：胡好　贾克防）

第六讲　中医体系对生命的认知

贾克防：欢迎大家来到我们哲学沙龙。今天我们请到的主讲嘉宾是甘肃省社科院哲学与生物学研究所所长谢增虎老师，他演讲的题目是：中医体系对生命的认知。有请谢老师！

谢增虎：尊敬的各位老师，各位同学，大家晚上好！非常感谢《中和论道》系列讲座给我这一次机会，和大家一起来探讨中医系统里对生命的认知。中医可以说是我们中国文化的根本学问之一，和我们中华民族一样古老，有几千年的历史发展，可以说是博大精深。我也只是从一个文化人的角度去思考中医，学习中医。今天和大家一起聊一聊，谈一谈我的学习心得。

大家都听说过《黄帝内经》。《黄帝内经》顾名思义与黄帝有关，而黄帝的学问与我们的《周易》有关，从源头上说，我们必须从医学去讲。中医的渊源首先要讲的是伏羲，伏羲就是我们甘肃天水人。伏羲画出了八卦，这是一个标志型事件。伏羲当时画的八卦是什么样子，现在无从知道。他之后就有了夏代的《连山》、商代的《归藏》这两部医学著作。现在这两部医学著作也仅仅留下一些残编断简的东西，没有完整的资料。到周朝时候，周文王写的《周易》可以说是我们最完整的一部上古文化典籍。所以说，我们讲中国文化，就从《周易》讲起。《周易》前面的文化可以称为易前文化，《周易》之后就是易学文化。为什么讲易学文化，不讲《周易》文化，因为这本书里保留了上古医学许多非常有价值的内容，可以说是《连山》、《归藏》和《周易》三大系统往下的传承。

中医发展史上的代表人物有：周文王，周公旦，孔子。孔子的学说标志着中国哲学真正的诞生，他还把医学从技术层面、科学层面上升到哲学层面——所以大家要研究孔子，必须去研究医学；没有医学，孔子的学问是研究不通的。为什么现在大家讲解《论语》，讲解得乱七八糟，就是你没有找到源头，你是以文解意，其实更多的是望文生义，问题就很多了。

《黄帝内经》的渊源，要追溯到我们的轩辕黄帝。轩辕黄帝出生于甘肃和陕西交界处，他的主要活动领域就在外河流域。黄帝流传下来的著作有三本：一本《素问》，一本《灵枢》，一本《太素》。《素问》和《灵枢》一直在传承，《太素》在唐代的时候传到了日本，我们中国就失传了，直到80年代日本人才一点一点地把完整的《太素》传回给我们。日本人把《太素》当作了宝贝，我们用了一百多年的交涉，才一点一点要过来的，到了80年代终于出了这本书的全本。这些书的成书时间是否在战国时代，这个不重要，因为一种学问从起源到发展，到最后集大成，需要很长的历史时期。

接下来，我们先看一看《周易》。既然讲《周易》和《黄帝内经》，我们就要去看《周易》用什么思想指导了《黄帝内经》，也就是说用什么思想指导着人去认识生命，认识人。《周易》有三道：天道、地道和人道。人生存于天地之间，这就是我们中国人认识事情的起点，也是基本框架——头上有天，脚下有地，顶天立地，这就是人。所以，记住我们中国人对人字的写法和西方人是不一样的，我们就是戴天履地，这是《周易》的讲法，后面我们普通的讲法就是顶天立地，什么意思？宇宙的能量与地球的能量交融，形成一个我们人类能够生存的环境，这一种环境养育了人类,那么人类自然也是天地能量交融的结果和产物。天,就是这个天人合一的天,地是大地的地,土地的地,大家别理解错了。所以说,"天人合一"的意思是:每一个人,每一个地球上的生命接受的能量,既有天的一部分,也有地的一部分,这两者合成我们的生命。

那么当大家出生以后,这两者怎么合成?一个是嘴巴,一个是鼻子,呼吸的空气,就是来源于太阳,当然也可以讲宇宙的能量。嘴巴吃的东西,喝的东西来源于大地,所以你从生到死,一直是天人合一,天地合一的产物。那么《周易》的"易"是什么意思?就是日月为易——这是正宗的讲解,后期的医学家提出了各种各样乱七八糟的讲解,可以忽略不计。日月往来,日往而月来,月往而日来,日月交易,这就是易。所以,日月的这一种循环往复,这一种不变成了常道。何谓"常道"?太阳系的基本地形,这个不能变,这个变了,人类不能生存,所以这是"常"的一面。但日月一直在变易,春夏秋冬。再一个,月亮,一月一个周期,所以日月它有周期性的变化,这是变易,变易是有规矩的,不是乱变。最核心的就是交易,日月的能量与地球的能量相互交融,才给我们一个生存的生机。所以我们《周易》讲生机,没有生机就是死的,生机靠什么?靠日月,还有我们的地球。所以说,日月为易,这个大家要把它记住,这就是我们中医的基本的框架。所以一个人生病,两个原因,一个就是呼吸上出问题,这是鼻子的问题;呼吸的问题,当然也是肺部的问题,一个嘴巴的问题,肠胃出问题了,不能消化,人主要的病就这两种。肠胃吃下去的东西主要生成血液,这是我们中国人的讲法。鼻子呼进去空气,所以有了气血的平衡,气血的和谐——这就是健康的由来。气血的失调,就产生了病态。我们的中医就是从这开始讲的,这肯定和西医差距很大,西医很少讲到气对人身体有什么作用,因为用仪器是看不见的。从中医的角度来讲,没有呼吸,人

第六讲 中医体系对生命的认知

肯定死了，五脏六腑的运行的道理就是气。所以气更重要，人气一旦淤滞，就会生病；在脏腑的什么地方淤滞，什么地方就生病。所以说：血液供养能量，气则把能量运送到全身各个角落、各个层面、各个系统，这就是气和血的关系。

天地人三层体系集中地表述于八卦，有"先天八卦图""后天八卦图"。大家也许要问什么是先天？什么是后天？先天就是宇宙能量对地球的影响；后天就是地球自身能量的展现。地球受到宇宙能量的影响，虽然是不均匀的，却不是散的、无序的，而是有序的——这一种"有序"我们用"后天八卦图"表示，《周易》的运用几乎都与"后天八卦图"有关系。那么，"先天八卦图"有什么用呢？近代以来，古今中外许多医学家做出了各种各样的阐释，但是问题都很多。其实非常简单，它就是画出了"太阳升起，太阳落下，太阳在天空之中"这一组变化的过程——这就是八卦图的"先天八卦图"的用意。那么上面三横，乾卦，就是正中午的样子；下面坤卦六节子，这就是半夜里边太阳在我们地球的那一面，看不见的状态。所以一个表纯阳，一个表纯阴，其他的都是这一种变化的过程——不要做各种神秘的讲解，也不要过分地去标新立异，那样做反而会让大家误入歧途。

后天八卦图表现的是一个地的层面，你任意画一个区域，它自然有一组能量的分布状态，这一种分布使得在这个系统里边的各种各样的存在物表现出不同的形态——这些不同的形态就是卦象。我们的教室就是一个区域，在这个区域里又可以划分出八个区域或者九个区域，每一个区域里边人的状态是不一样的。这就是分科之学，分不同的层面，不同的重点，去把它一点一点认识清楚——一个系统分到八个层面或者九个层面，每一个层面都有它的特性，一个层面一个层面去认识它。

接下来谈谈"阴阳"。"阴阳"是一个中国人每天都在讲，每天都说不清楚的一个概念——其实古人也没能耐说清楚，现在的人有没有能耐？同样没有能耐。我们现在科学已经很发达了，我就能保证说清楚，那就自吹自擂了，说不清楚的。为什么？道理非常简单，当我们发现物质和暗物质的时候，大家感觉物理学差不多表达清楚了，表达完备了，这是今天的认识。当我们没有发现暗物质的时候，我们认为我们把物质世界也认识清楚了，其实没有。为什么阴阳这么难认？很简单，我们讲冷暖，大家马上明白冷暖是什么意思？讲阴阳，大家感觉有点摸不清楚，其实你用最简单的层面去讲，因为我们人是个恒温动物，当你感觉你周边的温度比你的体温高得多，你受不了的时候，这就是热，这就是暖；当低于我们的体温，冷得你受不了的时候，这就是冷，冷暖就是这个样。那么，我们地球上的温度也有冷暖。四季的变化，就是冷暖的变化。大家感觉怎么这么简单，就是这么简单——古人观测出夏至和冬至，这两个极点观测出来以后，冷暖就慢慢地能够把握住了。但是这个有地域的差异，为什么要分九宫，我们讲后天八卦图时会讲到。一个国家这么大的系统，你必须分区域，东北，西北，东南，西南，大家能够把较为相同的东西归拢在一起。所以说，春夏秋冬的轮替是人类最早发现的科研成果之一，中国也不例外。

这一种冷暖的变化，引起了地球上大家所能看到的一切物象的变化。随着季节的轮换，万物也在发生变化——鱼啊，树啊都在变化，人当然也不一样，夏天穿得很少，冬天棉衣穿上，皮衣穿上，所以一切物象都在变化。《周易》为什么要讲象？就是你先从象上去辨别。为什么《周易》里不用冷暖，而用阴阳，因为简单地区分白天和晚上，白天就热，晚上就凉，白天有太阳，晚上没有太阳，所以用阴阳把它表示出来。只是这个概念太庞大了，几乎我们所涉猎的一切概念，能够想到的一切事情，都牵涉到阴阳这个概念——这就是为什么到现在大家能够感受到，但没办法准确地讲出来的原因。几千年里，许许多多的医学家给了五花八门的定义，但是都得不到大家的公认。科学就需要大家的公认，你讲的当然也有你的道理，但是能不能被公认，这才是关键。

第二个说五行。请记住：这是我们的根本理念，和西方的上帝一样，这是根本理念。五行起源于《连山》、《归藏》，商朝、周朝就已经有了，我们的甲骨文里就有了关于"五行"的记载。现在还得说明一种情况：大家往往用五组物质去表达五行，这是不对的。"行"是什么意思，就是"变化"。我们前面讲《周易》的根本特征，讲到变易和交易，怎么变易呢？怎么交易呢？这个原因就是五行。五行就是我们中国的形式逻辑，大家不要以为西方的形式逻辑才是逻辑学，其他的都不是；这是大家不了解中国文化，五行是我们的逻辑。举个例子，木生火，水生木，这都是生生的因素。相邻的时候是相生的，隔一是相克的；那么克同样是五个，这构成一个圆周——这与西方的直线运动的形式逻辑不同，它是两种思维方式。我们的形式逻辑就是五个元素，也就是"金、木、水、火、土"。火、木表示什么？木就是树木，树就是往上生长，这是一种很形象的表达；当木生长到一定的高度变成火的时候，燃烧起来，这是另一种形态。火再没办法往上走，它是往下走，火都是从最上面往下燃烧——大家要注意，木生火，这两个就是阳，阳必须是往外边扩张的。有些人很胖，原因是他的阳气很足，往外边扩张的力量很大。为什么有些人很瘦？在他身上阴的力量很多，收缩的力量很大——两种情况都没有达到很好的平衡，稍微有点偏离真正的平衡。

那么现在看金和水。金往下沉，水也是往下沉，水沉到最低。这就是阴，往下沉的，收缩的力量全是阴；往外边膨胀的，往上升的力量全是阳。宇宙之间所有的物质都具有这五个力量的五个形态。而每一个形态，每一个物质都有这五种形态——大家看小孩长得很快，这是木的状态；成年以后，18岁以后，自己脑袋开始变成智慧的火花，这是变成火的状态；人过中年以后就是金的状态，开始收缩了，象征着秋收；到冬天了，像种子一样藏起来，这是水。当然作为一个人来讲，到水的层面就接近死亡了。

那么，和这五类相反的东西好不好？很好，人希望青春常驻，但是生老病死乃是自然的变化过程。青少年时代的能量最充沛，是阳盛。让你青春永驻，这就是阳盛。我们中医正因为明白了这个原理，就要求我们去养生——看病是没有办法的事情，人生病了，必须去看病，但这不是最好的，最好的是什么？大家在吃穿住用，生活起居里边去养生。阴阳、五行，最后还有"中"——这就是中国的哲学。因为我们有圆，所以就有中，三段论是没有中的，所以西方人不讲中道——这与他们的思考方式有关系，不存在哪个好，哪个不好，各有各的优点。

日常生活中，我们把中庸之道解释为"平庸、庸俗"，这是很荒唐的事情。如果我们老祖宗几千年的智慧最后变成平庸和庸俗，大家感觉这是不是很可笑？"中"是什么概念？五行之中就像圆形一样，就是要做到"恰到好处，不走极端"。在《中庸》里有这么两句话：喜怒哀乐之未发谓之中，发而皆中节之谓和。大家说这个人修养很好，什么叫修养？就是中。"喜怒哀乐之未发"，什么意思？面对任何喜怒哀乐的场景，你能够保持心里没有喜怒哀乐，这样一种境界，一种境地。把喜怒哀乐掂量得很清楚，把握到分寸才能恰到好处；一旦沉浸在喜怒哀乐之中，你就必然会走极端——在管理学上，这是黄金定律，而且真正的黄金定律就这一个。"发而皆中节之谓和"说的是你在表达你的欢乐的情感，悲伤的情感的时候要做到恰到好处，不能过，也不能不及，这就是人生的修养。没有修养是什么？别人很悲伤，你在那儿幸灾乐祸，这是标准的没有修养。有修养，别人有不幸的事件发生，你作为朋友，你要表达你朋友的感情，要恰如其分，不能过，也不能不及，你是同事，要表达你同事的感情，不能过，也不能不及。你是领导，你要表达你的符合你身份的情感，这就是修养。

"喜怒哀乐之未发谓之中"，大家看一看小孩刚生出来就是这一种状态，吃饱了喝足了往那儿一躺，很快乐，有没有快乐的事情？没有，但他就是很快乐。他不是因为有个外在的事情让他很快乐，他就是内在的很快乐，但也不是我们的高兴。大家注意，我们的高兴是外在的——今天去上班，单位给你发了5000块钱的奖金，特高兴，这是外在的事件引起一种高兴；而内在的快乐，不是由外在的东西引发的，大家要注意，这就是修养。越没有修养的人，越会被外界的东西牵着走，环境让你开心，你就很开心，环境让你不满意，你就不满意，这就是没有修养。你有修养的时候，外边的世界怎么变化，你自己内心都会像春天的天气一样，充满了生机。《论语》里记述了孔子讲他的心态的时候，谈过的一句话："暮春者，春服既成"，叫上一帮同学们，朋友们出去高高兴兴地玩。这一种心态，生机无限，不管外边的环境是什么样，自己的内心都充满了生机，这就是修养，这就是中庸之道。

大家看一看，下面的这是河图。

河图就是后天八卦的另一种表述。大家看看这么多圈圈，最下面一个，上面九个，左面三个，右面七个，正面角上八个，那面角上两个，这面角上四个，那面角上六个，非常平衡，非常对称。《洛书》是从什么地方来的？不知道，据古代的记载，从洛河里出来了一只乌龟，乌龟身上有这个图，我们的祖先把它画下来，发现很奇妙，这就把它记录下来了。另外，乌龟的身上会有各种各样的图案，是不是都是这个样，我不知道，但是那个传说未必可靠，但对于这个系统的发现，是人类非常著名的一个发现。现在大家把它称为魔方图，魔方图是不是从我们国家发源？

我们不知道,但是我们国家肯定是源头之一,这个没有问题。16世纪才传到欧美,欧美人看着这个东西太神奇了,所以把它称为魔方。一说魔方大家马上知道:现在做出了许许多多的魔方,从二级三级一直到几十级的魔方;魔方不是玩具,而是大家学习数据的一个工具。它是什么?它是我们中国的系统论。

听到这里,大家肯定认为我在吹牛,其实我很认真的。我给大家讲一个实际的例子。美国人把F16战斗机卖给台湾以后,进行最高级别的飞行员培训,那时就讲到这个魔方图,讲到《洛书》。台湾人一看就傻了,这不就是我们老祖宗传承下来的东西嘛,这个和飞机有啥关系?其实,所有的巨型系统,航母,超大客机,多中心的大系统,都必须形成一种综合的平衡;而这一种综合的平衡模型的建立,就是以我们的《洛书》为源头的。今晚为什么我要把这个给大家选出来讲,就是让大家不要认为读个《论语》,念个《弟子规》,就是在讲国学,那差得太多了。从《洛书》开始,我们的数学,几千年的数学积累,同样堆成山,需要大家去好好地解读。

由于时间关系,我没办法详细展开;下面去看《黄帝内经》。前面在讲《周易》的时候给大家讲了和中医、《黄帝内经》息息相关的内容。为了把作为中医之源头的《黄帝内经》讲清楚,所以把《周易》里边最核心的内容抽出来,这样才能做到纲举目张。

大家看一看三教,即天地人,刚才给大家讲了,这是三才。在我们的身体里边,脑袋就是天,我们的身体为人的层面;两只脚,两只手,四肢称为地,这就是天地人的框架,在人的体系上的布局。这叫三才体系。

那么,第一个三教,大家看一看上教,心肺为上教,脾胃为中教,肾、膀胱、大小肠为下教——这样就把人的一部分,即五脏六腑这一部分,分为上中下三个部分。心肺与我们的天道有关，下教与我们的地道有关，中教与我们的人道有关。那么，心肺与我们的鼻子有直接的关系，所以为什么说与天道有直接的关系。人道中教与我们的嘴巴有直接关系，你吃的、喝的、冷暖饱饥多少都会让你的脾胃受到保护或者受到破坏。下教是干什么的？凡是上面排泄下来的垃圾，都要经过下面的处理，下面的处理是要消耗能量的。大家注意，一个社会的发达程度与它的垃圾处理能力有直接关系，处理得越好，这个社会越发达，越健康，人也是这个样。所以说，大家需要让你的肠胃经常清理，让它很健康，这是养生的一条。因为人是恒温动物，所以大家吃东西，不要吃太凉的，也不要吃太热的，要和你的体质相适应；温的食物对大家的脾胃是最好的。所以说，大家在饮食上要注意：中医第一课就是养生。呼吸就是要呼吸新鲜空气，这个不用多讲。所以，大家多做户外的活动，尤其是空气好的时候；什么时候空气好？太阳出来的时候。大家现在的这一种工作方式，工作习惯，让大家早上六七点钟锻炼身体，其实不好，最好的时候就是太阳出来的时候，八九点钟。所以学校应该把作息时间调整一下，八九点钟太阳出来的时候，学生老师都出来，到外边多吸一些新鲜空气，真正的高质量的空气。

　　前面给大家讲了，天道的能量全部通过鼻子进入你的身体，这与植物光合作用是一个道理——所以我开玩笑说，植物有两个系统，一个是光的系统，达成光合作用；另一个系统就是根部的水循环系统，水合作用是由根部完成的，由根部达到树叶，光合作用从树叶达到根部，所以它形成一个交易。我们讲的《周易》的交易，这和我们的这个体系是一样的——鼻子呼吸进去的东西，送到全身每一个细胞，每一个角落；地的能量同样送到全身每一个系统，每一个角落，这两个形成一组交易。那么，哪个能量更重要呢？空气的能量更重要。所以大家可以发现了，身体非常好的时候，吃的东西反而不是很多，你什么时候吃东西最多？

身体过了高峰往下走的时候，是人吃东西最多的时候。因为你总感觉你的能量不够，所以年轻人不会发胖——他的鼻子用得很多；中年人，中老年人是嘴巴用得很多，非常注意营养，其实是因为他已经到顶点以后开始走下坡路，他的能量不够，他的这一组鼻子的呼吸系统慢慢地已经开始失效。

所以说，鼻子的呼吸，呼吸得越深，人就越健康，这就是我们中医的养生原理。要有意识地培养你的呼吸，让你的呼吸既长又细，均匀还要深。用什么办法去实现？随你自己，跑步也好，散步也好，打篮球也好，游泳也好，都可以——但你要明白这个原理，就是让你的呼吸通过你的有意识的训练，像婴儿一样，用小肚子呼吸。这就是我们专业术语说的"气沉丹田"——不要搞得太神秘，其实没什么神秘的。回到我们小孩子的状态，你就可以养生，可以健康。不用吃任何的补药，这是最好的补药，当然这个前提是什么？需要很好的空气，污染严重的时候，别出去锻炼。

刚才讲了身体的内在系统，现在讲身体的外在环境系统。夏天有热和湿，所以说夏天是火过盛，冬天则是水过盛。水是什么？水是血，冬天养血，夏天养气。夏天，大家整个的热量在往外边扩散，人身体是寒的；所以最热的时候尽量少吃寒的东西。现在许多小孩的病与小时候吃冰块有关系。因为最热的时候你吃最寒的东西，消化不了，就会在肠胃里结住，这就落下病根了。冬天有外在的寒气，所以要保暖，尤其人到中年以后，头发少了，要戴帽子了；不戴帽子会被寒气伤损，你的脑会受伤。所以说，冬天要注意身体的保暖，夏天要注意中暑，其实中暑的表达太局限了，它其实既有暑，又有湿。那么这两种情况，气不足就是阳虚，血不足就是阴虚。女人做妈妈了，生小孩，就会让她的血严重受损，所以生过小孩的母亲，血常不足。大家注意这一种体质特征，男的基本上也是这样。过了中年以后，气不足。为什么需要大家有意识地调整自己的呼吸，就是这个原因。你呼吸只有细，只有长，只有匀，才能够往下走，过分剧烈的运动，对抗性的运动，你的呼吸非常短促，你的呼吸就浅，越浅的呼吸，越短促的呼吸，伤身不养身，大家注意。年龄大的人少去进行对抗性很强的体育运动，对你没有好处的。年轻人成长的时候，十几岁，二十几岁，需要这一种超强度的运动，这样能够让你的五脏六腑扩展开，让你变得很健壮；你不进行这一种运动，你的身体就没有充分地长开，你的五脏六腑发育不充分，所以你一辈子就会处于亚健康状态。所以，大家要注意，阴虚和阳虚是中医的根本，中医看病主要就是从这里入手；看病先看阴阳，不是先看五行。阳虚还是阴虚——这就把根本的原则把握住了，你再用药就不会犯原则性的错误。

从阴阳到十二经络，五脏六腑，上古时候没有现在这么先进的仪器，没办法知道人的五脏六腑的状态是什么样子；我们的祖先就用我们的另一种智慧去探究它，这就是十二经络的发现。十二经络是怎么发现的？十二经络是在养生的过程中，静坐的过程中发现的，我们下面会讲。

十二经络就是让内在的五脏六腑和大脑的整个内在的运行，在我们的体表反映出来，所以十二经络既然反映到了身体的表面，我们就能够观测它，能够准确地把握它，能够判断病。此外，这十二经络全都交错于我们的手腕，这就是为什么要号脉的原因。左手的三个是阳，右手的三个是阴。所以左右手都要号脉——现在的半拉子医生只号一面，不行，都要号。男女阴阳不一样，女的就是阴，男的就是阳；所以女的号脉以右手为主，男的号脉以左手为主，这个基本的东西不能搞错。人的病因有内因和外因，外因就是风雨雷电，各种各样的引起火燥湿寒的东西让人生病，我们把它归为六气。那么内在的，喜怒哀乐这些东西，也都会让人生病。

那么中医为什么不太讲内在的东西，喜怒哀乐这些为什么不太讲？因为你把上述原理搞清楚以后，内在的东西也是清楚的，这是一样的。不是说我们中医不懂得讲那些，你把外在的这些搞清楚，内在的就清楚了。你生气，生气是什么？我们讲怒火中烧，它就是火，和夏天的火是一样的，火会让你的心脏生病，怒生火所以它会让你的肝受损，火大了，火又克金，让你的肺出问题。这就是中医的判断。大家再看一看最极端的两个：一个就是热，一个就是寒。冬天冷不太重要，冬天的风是要命的，所以大家要注意，出门最好把自己包起来，尽量别受风；夏天尽量别中暑，尤其湿，湿是要命的。十二经络，大家看一看，这十二经络有脚上的，有手上的，所以手上脚上全合起来，就是六经。两个手的号脉就可以把六经的变化情况，你的基本情况全部掌握清楚。这就是我们祖先真正的智慧，现在大家讲高科技，我说我们的中医是真正的高科技，最复杂的病用最简单的方式去诊断，最简单的疗效，最简单的方式去治疗，这叫真正的高科技，而且效果非常好。十二经络健身就是顺着这些经络去活动，我们的太极拳，我们的形意拳，我们的八卦掌，都是依经络而排列，所以它以健身为根本，不是以搏击为根本。所以说，绝大多数人所学的中国武术都是健身层面的，很少有人真正去学技击。其实绝大多数人学技击没多大用，还不如好好健身。它的动作全是按照十二经络来排的，你好好练就能够让你的身体非常健康。五行生克，在我们的身体里边，就是这么表达出来的。大家看，心肝脾肺肾，这是五脏，那么大肠小肠，膀胱胆肾这是六腑。所以五脏六腑，五脏为阴，六腑为阳，阴阳要排出来，一阴一阳之为道。用药就是通过五脏六腑的阴阳来用药，气不足就是阳虚，血不足就是阴虚。所以，阴阳就是这么分开。

这样一看，中医也太简单了，是，中医就这么简单。问题是，现在的中医学院把中医讲复杂了，讲得大家不会看病。中医

第六讲 中医体系对生命的认知

要回到传统的中医。为什么现在的中医学院讲出了这么多问题，学生四年大学，三年研究生，再上三年的博士，毕业了，十年上学，连个简单的感冒都看不好，很可悲，为什么？我们的中医教育有问题，其实学起来就这么简单，用不着去贴合现代的西方科学，这就是我们的科学，你把它学懂了，你能见着的病几乎都可以治。当然了，有些病不可能治好，没有人能够把所有的病都治好。所以，医院才会给许多病人下死亡通知书，那就是没有办法了。但是，用真正中医的办法治，都可以有非常好的疗效。癌症晚期的病人，治不好，这个明确的给大家讲，能治好的非常少；但是可以保证患者没有痛苦或者少些痛苦，这个中医完全可以做到。原理就是阴阳的平衡，哪个不足，调整哪个，这就是我们的原理，不是看病；但要注意：中医不看病，中医只是看你五脏六腑的平衡状态。你说我的病怎么会好？我的指头上有病，你给我调五脏六腑的平衡怎么能好？你五脏六腑平衡了，你这地方的病就好了，这就是我的原理，不是这地方给你开刀，开刀治不好了怎么办？砍掉，就这个简单。砍掉好了吗？没有好，只是别的地方不太受影响。

人的身体总是阴虚或阳虚，它的平衡有一定的限度，超过这一种平衡状态必然得病。至于你在什么地方生病，这与你的体质有关系。有些人先天性的肺上比较弱，那就在肺上生病；有些人先天性的心脏比较弱，那就在心脏上生病，你会问这些东西怎么能够看出来？——算命。大家以为我在讲迷信。我不讲迷信，我给大家讲科学，因为算命是对我们命运的认知，至于认知的准确度有多高，大家尽可以去质疑，这没有问题。但这是思考问题的一个方式，研究问题的一个途径。我们既然在高校，我们就讲科学，需要大家认真地去研究。举个简单的例子，你生在秋天，只要是正常状态生下来的小孩，他的肺比较强，他的肝比较弱，这个没有办法，这就是先天的，这就是我刚才讲的体质性的东西。

阳虚和阴虚这是你的生命运行的状态，在什么地方生病，与你先天的体质有关系；冬天生的人，你的肾脏一般都很健康，你的心脏不健康，因为水火相冲，这个没有办法，谁都有体质上的优势，有体质上的弱势，就这么样。你问我这个理论在科学上有多大的可靠性？这个可靠性几乎是100%的——所以说大家都要认真地去研究这些问题，这就是我们祖先的智慧，它把我们出生的状态作为起点，完整地结合当前的病状，来判断你现在的状况，你的身体状态，你的心理状态。

学中医的人要把十二经络背下来，那么再需要把什么背下来？基本的药物。《神农本草》你一定要背下来，因为我们生活的环境，我们周围长的各种各样的东西，比如植物，动物的生命能量可以给我们补充，这是中药的原理。老百姓都有一句话：缺什么补什么，是不是这个原理？中医上确实是这个原理，有没有效？还是比较有效的，你说百分之百的有效，那个没有可能性。你把你的东西保护好，这才是最关键的，所以养生是关键。大家看一看我们古代没有现代的化学，没有现代的这些先进的仪器，怎么辨别药性？就是从五色五味上去辨别。我们吃的东西，红色的东西补血，白色的东西补肺，就是从颜色上辨别的。这样一讲，我们的文化就能够普及了，你跟老百姓讲，老百姓也懂：血不足了，多吃些枣，多吃些枸杞，多吃些西红柿，老百姓懂；你现在去跟老百姓讲化学方程式，老百姓听不懂，所以大家要注意，文化需要传播，文化需要普及，我们的文化的发展与普及有关系。老百姓当然有发明权，有许多民间的验方，民间的偏方非常有效，为什么？他明白了这个原理，他就去临床实践，不是大家在实验室里去做，他在病人身上直接去做，有效就用，没效就不用。

生活中养生的原理就是这个，你哪个不足，你就平时多注意一些，多补，五行不能平衡，但要一定的均衡。我们前面讲

《洛书》的时候，一二三四五六七八九十，十个数字都可以主中，也就是说每一种体质都可以作为一种基本体质，但是每一种体质都可以表达出它的健康状态。大家注意：每一种平衡状态是不一样的，当然以五和十为中心的状态是最理想的；这样你就能够把你的身体和你的外界关联起来。

大家再看看五方——东南西北中。你的心脏不太好，怎么办？往南方走。大家一听，这像算命一样，对，就是这个原理。你到南方，因为南方火非常强，你的心脏很弱，对你形成一种补充，你就可以生活得比较好一些。你的肾脏不太好，往北方走，有没有道理？非常有道理，大家可以在自己的生活中慢慢地去实践。那么，最后要归到什么？中和，刚才讲了中庸的中和，这是我们整个中国文化的根本。我们的《黄帝内经》先给你讲生命的最圆满状态是什么样子，再下来是其次的状态，再次的状态，再下来才是健康人的状态。"上古有真人者，提挈天地，把握阴阳，呼吸精气，独立守神，肌肉若一，故能寿敝天地，无有终时，此其道生。"大家一听，长生不老，对，我们道教就是在讲长生不老，从哪儿来的？就是从刚才讲的原理来的。

"中古之时，有至人者，淳德全道，和于阴阳，调于四时，去世离俗，积精全神，游行天地之间，视听八达之外，此盖益其寿命在旦夕而强者也，亦归于真人。"这就是成道的状态，成道的方法，都在这儿。你说谢老师这个系统的讲解在哪儿？在《道藏》里边，所有的《道藏》都在讲这些。那么，下面圣人呢？"处天地之和，从八风之理，适嗜欲与世俗之间，无恚嗔之心，行不欲离于世，被服章，举不欲观于俗，外不劳形，内无思想之患，以恬愉为务，以自得为功，形体不敝，精神不散，亦可以百数。"亦可以百数是什么？活到100岁。"其次有贤人者，法以天地，象以日月。辨列星辰，逆从阴阳。分别四时，将从上古。合同于道，亦可使益寿而有极时。"这一块内容，大家认为是迷信，所以大家只讲健康人，只讲怎么治病。其实《黄帝内经》首先讲这些，让你明白真正的人是什么样子。道教把成道的人叫真人，那我们是什么？假人，就这么一个概念。

下面我把养生修道的一些核心问题，给大家简单地讲一讲。

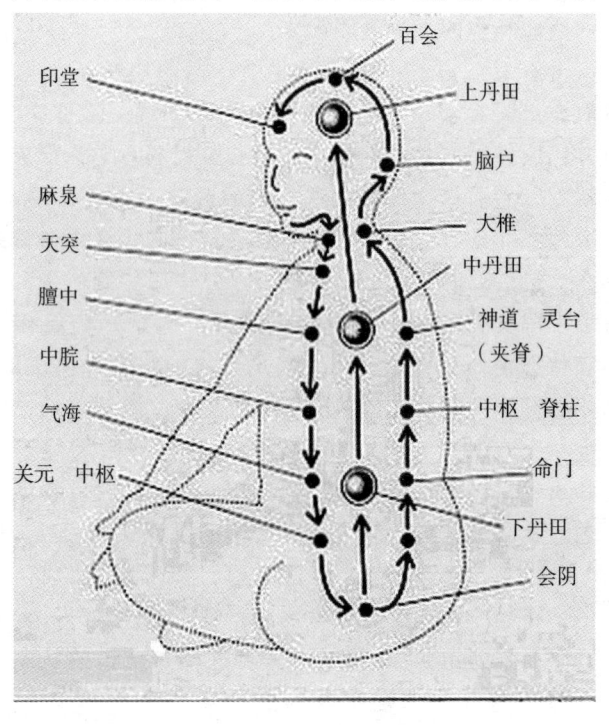

图中标注：印堂、廉泉、天突、膻中、中脘、气海、关元、中枢、百会、上丹田、脑户、大椎、中丹田、神道 灵台（夹脊）、中枢 脊柱、命门、下丹田、会阴

这是小周天的图，大家看一看。从头顶往前面，这是人脉，从后面顺着脊椎骨往上走，这是主脉。修炼之道在于打通任督脉，这时小周天打通，调整呼吸就可以做到。我把呼吸调整好了，那你可以让身体健康，但是真正的健康你达不到，只有把小周天打通，才能让你的身体非常好。那么，中间的这一条是什么？这是中脉，在我们的中医里面叫冲脉，中加上一个二点水，冲脉；真正冲脉的贯通是修道，任督二脉的打通叫养生，这就把

养生和修道搞清楚了。小周天是任督二脉，大周天以修中脉为主，最后全身十二经络全部贯通。人身有七万两千条微细脉，这些都要全部贯通，这才叫真正的成道。我们的祖先对生命的关照达到这样的层面，令人惊叹。

第三个问题谈谈"伤寒"。《伤寒杂病论》是东汉人张仲景完成的，据说当时写过16稿，现在传下来的是第7稿。因为张仲景的书在当时非常流行，被亲戚朋友全借走了，借到最后他自己也搞不清楚了，所以其他几稿就失传了。传下来的《伤寒杂病论》是一部分，《金匮要略》是另一部分，这两部分合起来都成了"伤寒学"。"伤寒学"一共记载了397条治法，113个药方，这是我们最根本的药方。截至2002年，研究《伤寒论》的书达到2000种，遍及全世界各个语种。大家再看看六气与生命的关系是什么：太阳在表层，这就是我们的皮肤层面，在外层面；第二个层面，阳明层面；第三个层面，少阳层面；第四个太阴，第五个少阴；第六个厥阴。从最内在到外在，形成这六个层面。你的病深入到哪个层面就调整到哪个层面——大家可以想一想，几千年前没有任何科学仪器，我们的祖先对生命的认知就能达到这个层面，这全是伤寒论的贡献。六气形成六种，少阳与肺有关系，阳明与肝有关系，太阳与心有关系，厥阴与脾有关系，少阴与肺有关系，太阴与肾有关系，六气与我们的脏腑完全对应起来。由于病症是不一样，所以治法也不一样。人过中年以后，大多数都是阳虚症，阳虚症能占到多少？3/4到9/10，阳虚就是你很瞌睡，啥时候没精神，精神不足。许多女性感觉四肢冰凉，肯定是阳虚。这就是判断的标准。你只要掌握这个标准，你自己的体质就可以大致判断出来。

"阴虚"用我们老百姓的话来讲叫"虚火旺"，就是血气泛到外边，阴纳阳这是健康状态，阳气泛到外边这是病态；所以面若桃花，这是病态，大家注意，这不是健康状态，白里透红才是健康状态。阴虚是因为女的有月经，每一月有排血，所以说女性多为阴虚的体质。女性在当妈妈之前，怀孕之前，最好把体质好好调一下，这样能够保证小孩的健康以及女性的健康。

太阳病就是我们讲的感冒，冬天的中风感冒，就是太阳病。脉浮、头痛、恶寒都是太阳病。一发现这个症状，桂枝汤就能解决问题，不用你去吊瓶子，一周十天，还整不好。大家要注意的是：太阳病也会变成阳明病，也会变成少阳病，那就不是那么简单了，那就要用别的方法去治了。阳明病就是胃病，现在许多人吃凉东西，吃垃圾食品，胃病比较多，就是阳明病。少阳病，这个季节比较多，大家口干舌燥，不喘，感觉恶心就是这一种病。腹满而吐，食不下，不想吃东西，吃下去就吐，这是太阴病。少阴病就是想睡觉，脉很细。厥阴，厥阴是非常危险的，感觉着任何时候都很渴，气上冲心，心中痛热，厥阴一般就是比较严重的病，所以必须慎重对待。

"伤寒论"把我们的病归为这六大类，每一类有太阳，有阴虚阳虚，阳明有阴虚阳虚，每一个有虚食凉肿。所以一共有12个基本方，你把这12个基本方记住了，吃两次药就解决问题。所以说，我们的治病与养生是一个统一的整体。

由于时间关系，今天就讲到这里，讲得不对的地方请大家批评指正，谢谢大家！

贾克防：非常感谢！刚才有老师告诉我，谢老师不仅对于儒释道这三个流派特别精通，而且能够融会贯通在一起；尤其可贵的是谢老师对《伤寒杂病论》有特别精到的研究，这或许也因为他很多朋友就是医生，中医。现在我们很多人讲中医的时候，讲到中医是一个大的资料库，里面最宝贵的东西是系统和辩证，而这些理论可能现在成了两张皮，分开了。从谢老师这里，我们看到了孔子的那句话：吾道一以贯之。从阴阳、八卦、五行，一直讲到《伤寒杂病论》的应用，其中的线索贯穿整个中医理论。

这是我听完讲座的一个感受。

接下来，我想说个题外话。有人说中医这个话题，你跟谁是朋友，你给他谈中医，就不能做朋友了。怎么说呢？中医和我们的传统文化今天面临着一个困境。接下来还有很多的时间，所以欢迎大家，把你想到的问题都提出来，我觉得我们的谢老师肯定会给你一个平等的对话。

同学1：想问一下，谢老师既然研究得这么深入，我想问一下您在生活中有什么好的养生习惯，使用了一些什么样的养生秘诀？

谢增虎：这个是现在大家最关心的一个话题，养生要把握这几点：第一点，就是子时，也就是半夜里11点到1点钟。子时非常关键，我们的身体都有一个活子时，什么意思？太阳在我们地球的对面，就是我们的那一边，这个点上给我们另一份能量，这一份能量是非常珍贵的一个能量。这个时候需要大家干什么？需要大家睡觉——所以第一个要点，子时最好是休息。第二点，别吃太冷的东西，别吃太寒的东西。第三个要点，尽量少吃反季节蔬菜。大家最好来吃农作物、大白菜，这些是最安全的。再一个，刚才讲了多晒太阳，大家都在从事脑力劳动，脑力劳动缺太阳，所以大家有时间的话，早上出去晒太阳。晚上记着我说的事情，晚上上半月就是从阴历的初三，月亮不是出来了吗？你月圆了，到十五之前，去晒月亮。大家没听过晒月亮，晒月亮有什么好处？晒月亮能把你的阴气调正了，因为有些人的阴阳二气是足的，但是不正，只有太阳的阳气和月亮的阴气才能够把我们的阴阳二气调正。所以，这时候大家多去晒月亮。晒月亮的时候要注意，一定要穿暖和，不要受凉，这和晒太阳不一样。所以，把太阳和月亮当作你的朋友，别把它赶到门外面，赶到窗户外边，尽量多去和它们交谈，这是养生的真正秘诀。

姜宗强：谢老师好！我有一个问题。您刚才讲到呼吸的办法，说这个气最好沉到丹田。但我之前好像曾看过一本书，好像是南怀瑾先生写的,他说不能让我们所有人都把气沉到丹田,如果有一些人不适合这么做,就可能会导致血崩还是什么其他的情况;此外是不是还有一个男女差异的问题,您怎么看?

谢增虎:气往下沉,这是总原则;在这个总原则的下面,就得看个体差异了。最基本的差异就是女性的月经,月经期尽量别去做这一个练习,方法不当,确实会引起一些危害身体的事情。但其实没那么严重,除非你是病人,有病的状态;只要你是健康的状态,一般不会有太多的问题。气沉丹田需要专门地训练,这确实也是一个高难度的事情。但你让呼吸越长、越细匀,这个是可以锻炼的,而且这么锻炼对你的身体肯定有好处。

贾克防:好,我看现在有一种趋势——讨论变成了谢大夫现场治病。我也提一个问题:我的一个朋友,他是研究科学哲学的,吴国盛教授的高徒。我经常跟他交流,他做的一个研究,让我很诧异:就是从现象学的角度来研究中医,因为现象学尤其会对人的身体或精神的交融现象做很好的探讨。我这个朋友认为中医里边明确体现了:人作为一个肉身的存在,同时又是有精神的,又是有情感的。我们刚才从谢老师对中医的一些解读里面也能看到:人的精神规律其实都会体现在身体上。我要问的是:中医或者说我们的国学,怎样来看待人的精神和肉体之间的关系,能不能给我们明确地讲一讲。好,谢谢!

谢增虎:可以,因为这个问题在中国文化里不是个问题。到西方科学那里就变成了一个问题,身体和精神分为两个。西方对身体的研究确实是高于对精神的研究,各种仪器做得非常好,这一种不平衡,让大家感觉这是两个问题。在我们中医里,在中国文化里,这是一个问题,不讲两个问题,不讲精神和肉体的分离或者相合,不这么讲。它就是阴阳的问题,这两个放到一起,精神可以用阳来表示,它是扩散性的,相对扩散性的;身体是收敛性的,所以身体可以用阴来表示,而精神可以用阳来表示,万物负阴而抱阳,从《道德经》开始,就提了这一个根本问题。那么我们的生命也是负阴而抱阳,你阳越足,你的肉体系统就越高明,质量就越好。为什么要修道?就是通过转换,让你的生命系统上升和提升,不是说精神提升了,肉体不提升,而是两方面同时提升。这个"同时提升"也各有侧重,像我们的武术,内家拳,外家拳,这就是侧重于身体。而我们静坐、深呼吸,这些就侧重于精神。大家说深呼吸怎么就侧重于精神了?其实,呼吸的时候,你的精神要控制它,让它很有规律,让它变细,变长,变匀,这属于精神控制的范围。这一种控制让你的肉体系统越来越有序,越来越运行得好,反而会促进你的精神越开放,灵敏度越高。给大家讲个方法:你可以用游戏的形态去做,也可以作为一个诉求,很严谨地去做。这两者都会让你的心情更加愉快,而你持续地做,会让你的智力更圆满。那么,以这种玩游戏的态度来学习,大家一边学,一边玩,既能学得很好,又能够很开心,身体才能够健康。身体不健康,从紧张开始,你越不能放松,不能坦然,你的身体就越不健康。焦虑、恐惧其实都是紧张的一种极端表现,人的身体系统就会失常,这一种失常会引发身体的病,也会引发心理的病。哀求、不幸、恐惧这些负面的情绪同样会让你的身体越来越不健康。大家喜欢讲古希腊的悲剧精神,从哲学上可以去探讨;但是就个人来讲,少去探讨悲剧性的东西,多去探讨喜剧性的东西,让你的心情喜乐,你才能够生活幸福,才能够健康。

同学2:老师好,我要问的是一个现实的问题。我想请教一下"少白头"的问题,因为我也是其中之一。从我自身来看的话,我的"少白头"并不是因为遗传——因为我父亲40多岁以后才开始有白头发;我母亲也不是这样的。我从初中开始就已经有白头发,现在基本上白完了。我就想请教一下:如何从中医的角度来准确地解释一下这个东西?如何打小的时候就预防这种事情的发生?已经发生以后,该如何来治疗或者缓解?

谢增虎：确实有"少白头"这种情况。白头，头发白，从中医的角度来讲，主要是血热。看中医的话，一般会开一些清凉的药，但清凉的药会把肠胃搞坏，所以治疗的效果很一般。

第二个，你的血液循环系统不好。从养生的角度来讲，多喝一些茶是有帮助的。当然也有问题——种茶的时候化肥用了很多，农药很重，茶的效果其实已经不再是我们传统讲的那个效果。但是，喝总比不喝好。古代的茶是野茶，野茶长在森林里边，它的周围是各种各样的花草树木。茶的吸附能力非常强，把周围各种各样的花草树木的养分都能吸来，所以茶的营养成分就很高。血过热以后，血的循环不好，一个是稠，一个就是热。你的血比较热，比较稠，这样你就喝一些参茶——普洱茶就是参茶，能够慢慢地让你的血变清。

同学3：谢老师，我发现咱们追求社会和谐，如果追根溯源的话，也可以从中医找到根据。咱们追求人自身的和谐，但是我想问的问题就是，必须融入社会的竞争的体系。中医里面有没有这方面的知识——对自我的话，已经比较和谐了，但是我想变得更强，有没有这种方法？谢谢老师！

谢增虎：好，这个可能是现在讲国学最容易遇到的一个问题。我记得有一次讲的时候，一个同学这么问我：他说谢老师，你们说要做个好人，但在社会里好人总受到别人的欺负。我和他开玩笑，我说你就做一头大象，别做绵羊。什么意思呢？你要做一个很强的人，就像大象一样，你可以不去欺负别人，但不能让别人欺负你，你做绵羊，那谁都欺负你，虽然你很好，但别人欺负你。社会的健康与个体的健康是一致的。中医从养生到修道，里头讲的是追求健康之路，这是个体的健康之路。那么社会的健康之路就是大家都这么做，大家就能够帮助弱势群体，你自己是弱势群体，你怎么去帮助别人？所以，先自己强势，这是必须的，竞争是什么？竞争不是目的，让所有的人健康地发展，这才是目的。竞争是手段，大家不要把竞争当成目的。考试排名这只是让大家学习得更好，排名不是目的。竞争让社会健康地发展，这才是目的。所以说，建立和谐社会，建立和谐世界，这是人类共同的话题。当然，每一个文化形态中的讲法不一样，侧重点有差别，但是这个目标没有差别。从社会的角度来讲，要有两种东西，一种是人的健康发展，一种是爱心的增长，这样才能够让我们的竞争走向更健康的状态。

同学4：请问谢老师，中医和西医的差别到底在哪里？

谢增虎：我对西医了解得不多，我只好谈谈我的看法，供大家参考。西医侧重于我们身体的层面，以解剖学为基础。解剖学针对的是消化系统，排泄系统等，肯定是能抓在手里搞清楚的东西。中医就不同了，更注重讲气，气恰恰是西医仪器看不见的东西。西医也能从该侧面反映出些问题——血压，人的心脏跳动，也可以反映出一些问题，但这毕竟是很侧面的东西，没有专门地测量人体运行的仪器。所以大家对同一个病有不同的看法，这都很正常，因为它是两种思路，两种认识的方式。这取决于大家在生活中怎么取舍。就我的经验看，与生理关系密切的病，我建议大家去看西医，它能够看得更清楚；而凡是与气有关的，就是与功能型有关的疾病，你去看中医。比如你的心脏，你去检查是好着的，但你总感觉心脏不舒服，这是因为你的身体上没太大的问题，但是你的综合状态上有问题，功能上有问题。这种情况我倾向于去看中医，这样可能效果更好一些。

同学5：谢老师，您好！中医对十二经络有具体的描述，但像七经八脉，任督二脉好像只落文字，不知道它们详细的功用，没有具体的例证，我们该如何来看？

谢增虎：经脉，经络这些东西直到现在也没有得到西医的认可。他们说仪器看不到，这一种质疑是正常的。中医来源于大家对病的治疗，来源于长久经验的积累。《黄帝内经》上都没讲人的标准是什么，健康的人的标准是什么，真正理论意义上最圆满的人的标准是什么。西医说血压的正常值是 80 到 120，这是普通人的标准，不是真正健康人的标准。

我跟大家讲一个最简单的例子。大家一分钟呼吸 70 多次，而通过专业修道的人，十几分钟呼吸一次，你能做到吗？西医肯定认为修道的这个人是一个病人，不是一个健康人——因为健康人的标准就是普通人；而中医的健康标准在前面已经讲了，有真人、智人、圣人、贤人，这是真正健康人的标准，不是普通人的标准。从考古的资料看，魏晋南北朝时候，人们呼吸很慢；现在普通人的呼吸很快，这就说明现代人心浮气躁，这有时代性。另外，社会生活的节奏越来越快，人的脉气也在变化。据说现在日本和韩国已经发明出了一种能够看清楚十二经络在身体里运行的仪器，包括七经八脉都可以看清楚。也就是说检测仪器的这个层面已经做到了，但是我们中国还没做到。所以，到今天有许多搞西哲的人在那讲中医是不是科学。中医是科学，但不是西方的那一种科学。中医的源头就是修道，你不承认这个，那怎么学习呢？

贾克防：好，谢谢谢老师！时间也差不多了，今晚的演讲到此结束！

我简单地说两句，只是我的一个感触。我一方面对中国哲学，对中医始终抱着巨大的热忱和好奇，因为我们都是中国人。另一方面，我的专业是西哲，从我的知识背景，我的思考方式出发，我也可能会对中医的某些方面进行一些批评。谢老师的讲演结束之后，我脑袋里的问号更多了，我觉得这是好的。可以启发我们去进一步地探索、思考——任何科学都必须经得起质疑，都必须经得起独立的思考和批判。这或许就是谢老师今天的讲座给我的启迪，再次以热烈的掌声感谢谢老师！

（主讲人：谢增虎）

第七讲 人是什么？
——卡西尔与叔本华的回答

马俊峰：各位老师好，我们今天有幸邀请到了兰州大学哲学社会学院的石福祁教授和西北师大马克思主义学院哲学系的姜宗强博士。石福祁教授主要从事德国古典哲学研究，是研究卡西尔的专家，他在国外用德文出版了他的博士论文。"人"这个问题是一个不解之谜，从古到今，有说不完的话题，不同的哲学家有不同的定义。今晚就先请石福祁教授给我们破解"人"之谜。下面让我们以热烈的掌声欢迎他！

石福祁：首先，谢谢"中和论道"的邀请，谢谢姜老师，谢谢马老师的介绍！我先用前面五十分钟的时间来回答姜老师给我布置的一个问题，就是卡西尔是怎样回答"人是什么"这个问题的。这个问题要简单地回答，就一句话——人是符号动物。

但重点不是知道"人是什么"这个问题的答案是什么，这一点可能是重要的，但是对于做哲学的人来说不是那么重要。对于做哲学的人来说，更重要的是这个答案是怎么得出来的。通过一种什么样的考虑，通过什么样的路径，通过什么样的概念的设计，什么样的命题，最后得到了自己的答案。我今天做的这个工作，其实就是对卡西尔怎样回答"人是什么"这个问题的一个思想追溯。

首先我把主要内容介绍一下。今天报告的内容分为五个部分：第一，卡西尔是谁？第二，回到符号形式哲学去；第三，世界理解与康德的"人是什么"问题；第四，卡西尔的回答；第五，"未成文的伦理学"。

我先来简单介绍卡西尔是谁。可能大家对他本人以及他的著作，比方说我手上拿的这本《人论》，这本非常畅销的著作都有一些了解，但可能除了专业人士之外了解不多，那我先概说一下。我从三个方面来说卡西尔是谁。第一，他是最著名的新康德主义者。所谓新康德主义实际上就是指 1865 年左右，当时一些尊重自然科学知识最新发展的哲学家，试图回到康德的认识论传统中间去，来恢复古典哲学的生机，这样一个运动我们把它称之为新康德主义。新康德主义有两个重要学派，一个是马堡学派，另外一个是所谓的西南学派。卡西尔属于新康德主义学派马堡学派阵营。

今天的新康德主义在德国学界、在欧洲学界重新成为一个"显学"，但是这个"显学"的重点实际上是在马堡学派，而不是在西南学派。对这个学派，我需要从三个方面来说。

第一，卡西尔的生平。他于 1874 年生于布雷斯劳，这是今天波兰的一个城市，当时属于东德的西里西亚。1945 年在流亡时期他逝世于纽约。第二，他在马堡学派时的两个老师需要介绍，一个是 H. Cohen（柯亨），另外一个是 P. Natorp（纳托普）。除了这两位老师之外，第三位重要的传人，或者说整个新康德主义的一个代表人物其实就是卡西尔，他在当时已经获得了一个盛名，叫做马堡的奥林匹亚，在马堡的学者中间唯一一位无所不知的，代表着人类智慧最高境界的一个人，就是卡西尔。另外要说的是，他是德国历史上第一位犹太裔的大学校长。在 1929 年到 1930 年之间，曾担任过汉堡大学校长。

第二，卡西尔是《符号形式哲学》三卷本的作者。粗略来讲的话，卡西尔哲学可以分为三个阶段：第一，从 1899 年完成其关于笛卡尔的博士论文开始,一直到1920年之间,他的工作主要集中在认识论阶段;第二个是符号形式哲学阶段,主要指的是从1923年发表《符号形式哲学》第一卷开始,一直延续到1940年左右的这个阶段,我们也把这个阶段叫做文化哲学阶段;第三个阶段是跟今天的主题相关的人类学阶段,也就是在最后几年里他热衷于探究的一个重要的话题,即"什么是人"。《符号形式哲学》分为三卷,第一卷叫做《语言形式现象学》,第二卷叫做《神话思维》,第三卷叫做《知识现象学》。其实还有第四卷,以前学术界并不知道,一直到1995年到1996年左右才第一次出版出来,叫做《符号形式的形而上学》,关于其具体细节我在这里就不多说了。

第三,从典故的角度来说,他是与现象学亦敌亦友的这样一个卡西尔。他跟胡塞尔过往甚密,保持了几十年的关系,保持着彼此欣赏的态度;另外一个就是在达沃斯论辩中作为海德格尔"对手"的卡西尔。

在今天的出版界有两部著作值得一说。一个是《卡西尔全集》,纸质版包括二十五卷,还有一卷是电子版。卡西尔的遗著,到目前一共出版了18卷。我想通过他的在世著作26卷和他的逝后著作18卷来说明,卡西尔的著作不仅仅限于哲学范围之内,实际上他的领域跨度非常宽广,从浪漫主义到人文主义,从精神科学到科学哲学等等,都有所涉猎。也正因如此,哈贝马斯曾经在一篇纪念卡西尔的文章中说,"卡西尔是20世纪最后一位集大成的学者",也就是说,20世纪最后一位大全学者非卡西尔莫属。

这是一个简单的介绍,接下来我们就回到正题上,回到符号形式哲学上去。我认为卡西尔在《人论》这部小书中确实回答了"人是什么"的问题,其中有三个理由:第一是因为这本书"上篇"的标题就叫做"人是什么";第二,在这本书的第一章中，卡西尔认为哲学上有史以来最重要的一个问题就是探究"人是什么"，或者是认识自我这样一个任务，因此他认为，他自己得出一个对"人是什么"这一问题的回答，是跟历史上比如说"人是语言动物"、"人是政治动物"、"人是理性动物"的回答一脉相承的；第三，他在正文中的确明明确确地把人定义为一种符号动物。不仅如此，他在这一定义之后还做了一些方法论的交代，比如说，他认为他自己的定义是功能性的定义，而不是实体性的定义。除此之外，作为例证，他在《人论》这本书的后半部分通过科学、艺术、历史、语言等所谓的符号形式，或者人类文化的各个维度、各个层面，进一步阐释了"人是什么"这样一个命题。这给我们的一个印象就是，卡西尔的确回答了"人是什么"这一问题。大家都记住的就是：人是符号性的动物。但是我在这里要问的问题是：他是不是真的回答了这个问题？

这个问题实际上在《人论》的"前言"中可以找到一点线索，他在这里说，我们在对这个问题回答之前，我们现在可以回到我们的中心问题上来：我们用各种各样的方法去探究"人是什么"这一问题的答案，我们到底走的是一种什么样的途径，我们还有其他的一些途径吗？于是他在这里说："在我的《符号形式哲学》中我已经努力揭示了这样一种可供选择的方法……《符号形式哲学》是从这样的前提出发的：如果有什么关于人的本性或'本质'的定义的话，那么这种定义只能被理解为一种功能性的定义，而不是一种实体性的定义。"（EM, 67-68）而且他在这里也一再地说，他在符号形式哲学中所包含的问题，有"新的角度"和"新的面貌"。

为什么要这样说呢？因为卡西尔在上世纪40年代流亡到美国之后，美国人很好奇他的哲学地位为什么会这么高，但是，美国哲学界和欧洲哲学界相互隔膜，不大知道他到底讲了一些什么东西，于是当时耶鲁的同事就请他写一本浅显易懂的介绍自己哲学的书，他就应这些哲学家的要求，写了《人论》。但是这本书在他看来不仅仅是一个《符号形式哲学》的缩写本，他认为包含着一些新的角度和新的面貌，实际上就是人类学的角度和人类学的面貌。但是，他认为他在这里继承的是以前的工作方法，这就提醒我们，如果我们不能回到《符号形式哲学》这个三卷本中去的话，他在《人论》中回答的"人是什么"这一问题的答案，即"人是符号动物"，其实是难以得到真正的答案的。

什么是符号形式哲学呢？英语是 Philosophy of Symbolic Forms，德语的写法大概差不多。我们先来说"符号形式"是什么。符号形式大体来说就是指我们理解世界，或者说我们在世界中间、在文化中间，维系我们生存的各种不同的方式，各种不同的角度。比如说艺术就是我们生存的一种角度，语言也是我们生存的一种角度，历史、技术等也可能是我们生存的一种角度，是我们文化的一个扇面，大概说就是这样。因此，符号形式哲学用最简单的语言来讲，其实就是关于不同符号形式之追问的一个哲学体系。我们用他在1923年一篇演讲中的一段话来系统认识他的符号形式哲学用意何在，请原谅我要把这里的文字逐句读一下：

> "符号形式哲学"所追寻的，乃是康德"批判哲学"所指明的道路。它的出发点不是关于绝对存在的本质的普遍教条，而首先是这样一个问题：关于存在、关于"对象"的言说到底意味着什么？通过什么途径和方式可以通向"对象性"？……对于我们今天看到的所谓"精神科学的事实"，康德尚未认识到，也不能以他当时的形式去预设，它只有在19世纪才逐渐成为一个真正的哲学问题并为人们所认识。"符号形式哲学"所要试图抓住的正是这点。这一哲学的问题不针对绝对的存在，而是对存在的认识。教条主义的存在

论将被抛弃，而一个谦虚得多的分析任务将取代它的位置。不过这里的分析，不再只是针对"知性"和纯粹知识的条件，而是要概括"世界理解"的全部范围，揭示精神之中共同起作用的不同能力和力量。在我看来，由于康德以来具体精神科学、语言科学、宗教科学和艺术科学所经历的进展，这乃是哲学必须接受的使命（WWS, 227-229）。

在这里我们读出来了，卡西尔哲学的出发点不是存在问题——即便是存在问题，也不是一个存在论的问题，而是怎样对存在加以认识的问题。其中最重要的概念就是"世界理解"概念（Weltverständnis）。这个"世界理解"是从哪里来的呢？其实是涉及到一个概念的对分，也就是从学院概念到世界概念的转折。学院概念（Schulbegriff）与世界概念（Weltbegriff），这个概念对分意味着什么呢？在卡西尔看来——或者在他揭示的康德看来，世界概念针对的不再是康德意义上的自然科学、数学的先验条件，也就是说，针对的不绝对是自然科学知识的先验知性条件这一范围，而是世界理解的全部范围。简单来说，世界概念是要把握整体，而不仅仅是把握学院派哲学所掌握的知性知识这块领域，因此世界概念就是使人与世界全部精神联系中的力量得以揭示、得以考察的这样一些概念，实际上是工具性的概念。同时在《符号形式哲学》的第三卷中，他也明确地对人和世界的关系做了一番阐发，从而进一步说明了他的世界哲学是一个怎么样的哲学；而作为一门知识现象学，符号形式哲学的出发点，不是人与世界之间刻板的对立，而是二者分离与统一的条件。不同的条件对应着不同的理解维度，也对应着人与世界之间不同的关系；进一步说，人与世界的关系是在各种特殊的形式中形成的。而之所以有形式上的差异，是因为对象化的种类与方向是彼此不同的。也就是说，不存在一个一成不变的、呆板的与世界打交道的方式，我们进入到不同的文化维度中间去，就有不同的和对象打交道的方式，也就是使对象向我们呈现出来的一种方式，因此，对象化的方式和方向是一个多元世界得以构建的基本前提。他接着说，一切世界把握和世界理解的形式都关系到不同的对象性直观，被直观的对象自身也随着对象化的不同种类和方向而改变。因此他说："一切世界把握和世界理解的形式都关系到不同的对象性直观；但是，被直观的对象自身也随着对象化的不同种类和方向而改变。因此符号形式哲学并不想从一开始就树立一个关于对象的本质及其基本属性的特定的教条主义理论；正相反，它要在一个耐心的批判工作中把握和描述对象化的不同种类，如其在艺术、宗教和科学中本已的、对这些［符号形式而言的］特征性的所是。"（WWS, 209）

后面就是他的工作，《符号形式哲学》分为不同的卷本，任务无非就是要把握和描述对象化不同的种类：第一卷是引言和语言，第二卷是神话与宗教思维，第三卷重点是自然科学知识。在他看来这就是我们对象化的不同方式，我们要做的工作就是要考察这些对象化是何以可能的，是如何以不同方式为我们构造出一个特定的文化领域的。那么，我们下一个简单的结论就是：如果不对"世界理解"这个概念进行深入追问，恐怕很难理解符号形式哲学的动机。我们从《人论》追寻到符号形式哲学，但是我们要继续往前追，要继续追问"世界理解"这个概念是从哪里来的。而这个概念都与康德的"世界概念"有关。所以第三部分就进入到世界理解和康德的"人是什么"问题。

首先我们在这里要引用一个工具性的概念，也就是一个"操作性概念"。这个概念是胡塞尔的学生、助手芬克在1957年的一篇文章中提到的。什么是"操作性概念"呢？简单来说，就是哲学家、写作者并没有把它当做一个主题性的概念来使用，但是它作为一种隐喻，作为思想的一种原型，作为一种暗中涌动着的力量，一直主宰着某个哲学思想的变迁，主宰着某个命题的形成。这样一些概念就是操作性概念。或者我们也可以说，操作性的概念就是一些工具性的概念。我们不能根据字面上的意思来理解它们，尽管它们进入不到文本的核心之中。另一方面，操作性概念为我们的文本解释或者说是进行某种特定的联系铺平了道路。

我们在这儿把"世界理解"就当做这样一个操作性概念，而这一操作性概念不论是在康德的哲学体系当中，还是在卡西尔的哲学体系当中，从来不是一个主题化的、被加以对象化考察的概念。我不去定义什么叫做"世界理解"，"世界理解"包含着什么内容，它是我拿来就用的一个上手概念。其实我们应该需要去澄清，在这些拿来就用的概念后面包含着什么样的哲学史线索。因此我们在这里说，我们可以把"世界理解"当做这样一个操作性概念，它不是卡西尔哲学中主题化的一个对象，却是符号形式哲学的根本动力。如果我们把后者的发展分为三个阶段的话，每一个阶段其实都是服从于"世界理解"这一概念的。比方说我刚才讲，三卷本的《符号形式哲学》，其实就是阐释"世界理解"的不同的对象化方式而已。

下面我们来到"世界理解与康德"这一问题。我们先不说"世界理解"这个词在《纯粹理性批判》里面是怎么样的，我们再往上追一追，回到他的《逻辑学讲义》中去。这个作品应该是在1781年左右由康德的学生记录下来的。在《逻辑学讲义》中，他区分了学院概念和世界概念，他说，"哲学是哲学知识或来自概念的理性知识体系。这是这门科学的学院概念。就世界概念来说，哲学是关于人类理性的最后目的的科学。这种崇高的概念赋予哲学以尊严，即一种绝对价值。"（Logik, AA IX, 23）康德之前的体系在他这里当然指的是沃尔夫——莱布尼茨体系，这是一个学院派的、仅仅是一些教条的理论，而真正的哲学是要确立人与世界的关系，确立人的尊严，确立关于人的存在在世界中最高的智慧的知识。因此，他认为，"世界概念"这样一个词所代表的哲学知识是一种绝对的价值。他进一步说，学院哲学强调了哲学的思辨，而"世界理解"强调哲学的有用性。前者是一门思辨哲学，而后者则是一门价值哲学。于是，学院哲学中的哲学家都是理性的艺术者，而世界概念中的哲学家则是世界的立法者。我们在这里只需要记住的一点就是，"世界理解"这样一个康德的概念实际上是与康德把人确立为哲学的最高目的这一动机相关的。我们知道，在他的实践理论中，比方说《道德形而上学》、《道德形而上学奠基》、《实践理性批判》当中，他一再强调，人只是目的，不是手段。你要把自己的行为准则当做一种命令，而当这种命令当做一种法则的时候，它能最后成为约束自己也约束别人的这样一种原则。因此，道德就是遵从命令，道德就是服从义务，这种绝对的道德是以自己为出发点的，当然也是以他人的存在为出发点的，因此，这种不以其他的任何的前提为出发点的道德之学就是一种自由之学，自由就是自律，管好自己，从自己出发，这就是自由的真正要义。那么，人的尊严就在于此，人的目的也在于此，这是他的一个观点。事实上，"世界理解"这个概念就是跟他的实践哲学主张是关联在一起的。在刚才我说的这几部著作发表之前，在《逻辑学讲义》中，他已经提出了另外一种版本的"人是目的"这一命题的陈述，这个陈述就是哲学史上著名的四个问题，我们来看一下。

正是在作为"关于人类理性的最终目的的一切知识和理性使用的科学"的哲学中，康德才提出了关于哲学的四个问题的表述：1）我能知道什么？2）我应该做什么？3）我可以期待什么？4）人是什么（was ist der Mensch）？这四个问题很有意思，除了最后一个问题外，前面三个都是由情态动词来引导的。但是，三个情态动词都不一样，第一个是能（können），第二个是应该（sollen），第三个这里没有翻译出来，实际上是允许（dürfen）的意思。这三个问题，实际上对应着他的三类著作，比如，"我能知道什么"对应的是《纯粹理性批判》，"我应该做什么"对应的是他的道德哲学著作《实践理性批判》章，"我可以期待什么"对应着他的神学命题。而最后一个命题是什么呢？这就是我们要讨论的一个重点。按照康德本人的说法，前三个问题分别由形而上学（确定"人类知识的源泉"）、伦理学（确定"一切知识之可能的和有用的使用范围"）和宗教（确定"理性的界限"）来回答，最后一个问题则由人类学来回答。不仅如此，康德还给后世哲学家留下了一个争讼不休的论述，即："但是从根本说来，可以把一切都归结为人类学，因为前三个问题都与最后一个问题有关系"（Logik, AA IX, 25）。也就是说，在康德的四个哲学问题中间，其实四个问题并不是并列的。前面三个问题可以认为是并列的，而跟前三个命题整体并列的是第四个问题，因为前三个问题总体都是为了回答最后一个问题"人是什么"？可见"人是什么"这一问题是和世界理解相关的一个问题，也是康德哲学中一个比较重要的问题。

　　卡西尔怎么来回答这一康德式的"人是什么"问题呢？首先我们要问的是，这个问题在康德哲学中意味着什么。我们首先搞清楚了这个问题，再来看卡西尔是怎么回答的。从逻辑上来说，"人是什么"这个问题与哲学的世界概念均指向以理性为目的的人的最高规定，世界概念下的哲学不是超凡脱俗的知识哲学，而是要为人类的理性制定法则，最终服务于人类的最高尊严，使人真正成为目的本身。因此，作为人类理性之目的哲学，并不是一个与最高目的不相关的学院概念，而是深深植根于人的最高的内在要求的必然兴趣，因此，康德的世界概念已经蕴含着对于终极目的的人的追问。而"人是什么"这一问题，则是要以设问的方式换取人们对人之目的的反思。也就是说，"人是什么"这一问题其实也就是要回答人何以只能把自己当做目的，而不能把自己当做手段。从另外一个角度来说，康德的前三个问题都是为第四个问题服务的，是第四个问题的应有之义。当康德说"前三个问题都归结为人类学"的时候，并不是说前三个问题导致我们思考"人是什么"这一问题；相反，这个问题的答案，至少回答这一个问题的途径，都已经在前三者中被揭示出来了，知识、伦理和信仰都是一个有智慧的明智之人的内在规定，也是他的必然兴趣。因此，康德的第四个问题并非是与前三个问题相并列的问题，而是前三个命题的最后归宿。显然，这四个问题的顺序本身并不反映这四个问题的逻辑顺序，好像只有先回答了前面的问题才能回答后面的问题似的。事实上，前三个问题中的任何一个，都应该被看作是"人是什么"这一问题的侧面——如果我们不去考虑是否还存在更多侧面的话。

从历史上说，《逻辑学讲义》（完成于1800年）中这四个问题，也不指示一个严格意义上的康德的工作表。《康德手册》的编著者Irrlitz就令人信服地指出，"这三个或四个问题并不反映康德哲学的整体结构。《判断力批判》的关键奠基成分在这里付之阙如。但是它们的确纠正了关于启蒙的学院派概念和凡夫俗子的功利主义概念"（Irrlitz, 67）。后者指的是当时在围绕着"什么是启蒙"的哲学争论中，门德尔松等人提出的启蒙观点，以及康德在他的伦理学著作中一再反对的自然主义伦理学观点。

而更值得注意的是，康德似乎并没有写出与"人是什么"这一问题的地位相匹配的著作。他提出了"人是什么"的问题，可是他没有写这部著作。《实用人类学》虽然冠以人类学之名，康德在"前言"中也强调，要将知识的熟巧用于世界，形成关于理性的地上存在者的人与世界的知识，也就是人类学。然而这一工作并不符合康德给"人是什么"贴上的纯粹哲学的要求。纯粹哲学的要求是在一封信中间提出来的，也就是说，"人是什么"这个问题要予以先验的回答,而不是经验的回答。因此经验性的实用人类学很难被纳入到纯粹哲学范围之内,也不能被看作对"人是什么"这个问题的直接回答。因此康德并没有直接回答这一问题。

那么卡西尔作为新康德主义者,他是在接续的意义上来回答这个问题的吗?我们来看,他是怎么回答这个问题的。首先我们还是从历史上来说,卡西尔作为新康德主义者,其实是绕不开"人是什么"这一问题的。一方面,尽管卡西尔只是有限地接受新康德主义者这样一个头衔,但是断难摆脱从康德那里得来的这样一个意识。从卡西尔的学术背景来看,他也能跳出马堡新康德主义关照认识论的传统视野,摆脱康德的那个视野而进入到更广阔的人文世界中去。作为世纪之交的哲学家,卡西尔一方面为精神科学而担忧,这个担忧表现在1942年的《人文科学的逻辑》之中,而且作为未来文化哲学导论的符号形式哲学也是要克服这个危机,这在1923年已经明确表达出来了,他的文化哲学或者说符号形式哲学就是要克服人文科学和自然科学之间的紧张困境。另外一方面,他也同舍勒等当时另外的哲学家一道关注"精神和生命"这样一个时代主题。而这个主题在同时代的哲学家,比如说海德格尔那里,遭到了无情的嘲讽,觉得这是错误的命题。甚至在纳粹时期作为一名犹太人,卡西尔的个人遭遇也促使他不断地考虑"人是什么"这一问题,并写出了《人文科学的逻辑》和《国家的神话》等反思人类命运的著作。因此,我们从他的科学背景、康德背景、人文主义背景、歌德背景,从所有背景出发,都发现卡西尔没法回避"人是什么"这一问题。作为一个大全学者,他必须把所有问题最终簇拥到一个问题上去:"人是什么"。

第二,从他内在的哲学逻辑上来说,他认为笛卡尔的观念论,黑格尔的精神现象学等都是顾此失彼,只有在维科的哲学中才实现了在感性中间把握人类理性的内在要求。他认为自己的符号形式哲学就是从这里来的，无论是符号形式，还是我们所说符号本身，都是一种感性之中的理性。我们在艺术、在语言、在神话这样的符号形式中发现的不是纯粹的概念性的理性本身，也不是像经验性的人类学所做的，仅仅罗列一些关于各种各样的精神世界中的经验性的知识，而缺乏精神的构造和向度。他认为，要真正把这二者衔接起来的，其实只有符号形式或符号，因此他在这里说："我们只有追随精神之本源性构造力量的不同方向，才能够把握它的形形色色表现的体系。在这个力量中，我们在回光返照中看见了精神的本质"（PsF I, 21）。在回光返照之中，就是在符号的使用、符号的体系之中。但是，精神在符号中的构造不是被动的，而是凭借自身能量的自我开启。于是各个符号形式就不再是精神向自在的现象展开自身的不同方式，而是精神在其自我开启中追随的不同道路。

这样一来，我们就可以说我们人类所拥有的自由，其实就是使用符号的自由，就是符号性地去过一种生活，去行动的自由。这样一种自由，他用一个短语来表达，就是"精神做为的自由"。他认为，正是在这种自由中间，才有人的本质。不论是《符号形式哲学》前三卷中的"做为"（Tun），还是第四卷《符号形式哲学的形而上学》和《人论》中的"劳作"（Werk），都是卡西尔用来为人类此在奠基的核心概念。卡西尔说："构成人类对现实予以精神构造的核心出发点的，不是单纯的沉思，而是做为"（PsF II, 187）。也就是说，符号性的做为不仅包括科学知识，更涵盖人类精神活动的所有可能，人类做为就是首要的、真正的基础现象，做为不仅包括科学认识，更涵盖人类精神活动的各种可能。有人评论道："只有在做为和劳作中，我们才能成为我们的所是……因此，'做为'概念中的'存在'奠基就包含着一个人类学的基本观念，借此我们才能在现实的行为中达到我们的精神同一性"（Schwemmer 1, 28）。因此我们可见，精神做为的自由或者说跟世界理解相关的自由这样一个概念，其实就是真正理解卡西尔和"人是什么"这一问题的最后归宿。只有在一种把人当做自由的理性存在者，把人当做一种在符号性的活动中进行着自由创作、自发创作，并且彰显人之为人的特性的这样的陈述中，才能理解他所说的"人是一种符号动物"这样一个命题。回到前面的问题来说，卡西尔说，他对"人是什么"的回答不同以往的是，以往的回答都是实体性的回答，而他的是功能性的回答。所谓实体性的回答就是种加属差的回答，比如说，"人是具有语言属性这样一个物种"，这是一个种加属差的回答，"人是理性的动物"，也是类似的一个回答，这恰恰是海德格尔在他的《康德书》中批判的关于"人是什么"问题回答的模式。但卡西尔认为自己的回答不是这样的，而是功能性的回答，功能性的回答不直接定义人是什么，而是从人做了什么去定义它。人做了什么呢？人说话的时候要借用符号，而且我们在符号中创造出来一个语言的世界；我们在神话中间利用各种各样的符号，于是神话的世界、宗教的世界对我们来说，也成为一个符号性的世界。科学知识也是这样，比如说 A + B = C，我写三个字母在黑板上，首先我们看到它是它的感性存在，是它的感性质性，但是它表达出来的、背后的内涵是什么呢？只有通过一种符号性的规定才能揭示出来。不管怎么说，A、B、C，还有中间的" + "或" = "等等，它们的价值不在于它们的感性质性，而在于它们表达出来的位值（Stellungswert），它们在不同的地位上就会获得不同的价值。因此一切具体符号组成的、作为我们人类文化不同的向度的符号形式，其实都是一些我们人不断地用自己的能动性的精神创造出来的符号性的世界。这就是他关于"功能性的定义"这一方法的考虑。

最后一个问题是：卡西尔到底有没有回答"人是什么"这

个问题，我们又回到了问题的出发点。是的，他回答了这个问题，在《人论》当中，他说，"我们应当把人定义为符号的动物（animal symbolicum）来取代把人定义为理性的动物（animal rationale）。只有这样，我们才能指明人的独特之处，也才能理解对人开放的新路——通向文化之路"。（EM，26）但是，如果我们要问，卡西尔是否回答了康德在《逻辑学讲义》中所提出的那个独特问题，恐怕将难以得出一个肯定的答案。在康德那里，对"人是什么"这一问题的回答，以对前三个问题的回答为基础。卡西尔早期的知识论著作和《符号形式哲学》第三卷涉及第一个问题，《符号形式哲学》第二卷对符号和宗教的考察部分地涉及到第三个问题，也就是"我可以希望什么"。但是对第二个问题"我应该做什么"，卡西尔则没有对应的陈述。他尽管回答了最后一个问题"人是什么"，但是对于第二个问题，就是"我应该做什么"这个问题是一片空白。而"我应该做什么"这个问题对应的是康德的实践哲学，无论是通过对人类纯粹理性现实的考察来确立道德上的绝对命令，还是探讨实践理性在经验中的运用，"我应该做什么"这个问题都应该帮助处在启蒙的惊涛骇浪中的古人或者面临新的生存危机的现代人，使其认识到"头上的星空"和"内心的道德律"，从而给自己的道德实践以某种引导。就此而言，卡西尔的哲学人类学提供了一个缺少实践维度的回答，也就是说，他的哲学是缺胳膊少腿的。无论是"精神做为"还是"做为"，在我看来，这些概念都是对人类在创造文化过程中展现出来的精神力量的形而上的描述。即便卡西尔是在语言、神话、艺术、历史等具体的文化形式中讨论它们，但是这些形式还是携带着浓重的学院色彩，或者说具有一种世界观哲学的特征，而难以成为真正帮助人们以实践的方式参与世界、理解世界的世界概念。也就是说，要真正的回答与"人是什么"这个问题相关的那个世界概念的问题，也就是把人真正当做目的的那个实践性的问题，卡西尔并没有答案。

事实上，卡西尔既没有像康德那样发展出能给予公民以实践导引的法权学说，也没有提出给个人的道德实践提供导向的美德学说，甚至也没有像他的马堡的老师柯亨那样提出一套伦理学来。我们在卡西尔的哲学著作中能够找到的大概只有两部著作部分地涉及这个问题，但都是一些散乱的、不成体系的学说，没有真正的关于实践哲学的论述。因此，我们在这里要简单地下一个结论：卡西尔回答了"人是什么"这一问题，但是他回答的问题是自己的问题，而不是他所理解的那个康德式的问题。换句话说就是，康德所提出来的"人是什么"的问题，在卡西尔这里仍然是没有完成的一个使命。

最后我要说的是，当代的学者们当然也注意到了这一问题，他们试图去弥补这个问题。比如说，有些学者认为"文化"概念或者"劳作"概念等包含着实践的维度。是的，它包含了实践的维度，比如说"文化"这个词，作为对思想静观的一种描述，文化可以是静态的对象。但是也可以把"文化"当做教化来理解，因为culture这个词来自cultivate，cultivate是种植的意思。按照中世纪人们给自己确立的人之为人的那些准则，按照七艺之学的话，文化恰恰就是要培育一个人之为人的内在品性的东西。因此，"文化"这一个词当然包含着使人为人的这样一些要求，但是伦理学是要有完整的概念体系的，是要有完整的命题陈述的，可是在这一个方面，卡西尔是没有做到的。因此我们可以说，是，没错，他的这些概念当中包含着实践的维度，但是并不能说他有完整的实践学说。也就是说，所谓的未成文的卡西尔伦理学，在我看来其实是一个不成立的说法。

我报告的就是这些内容，谢谢大家。

姜宗强：非常感谢福祁博士给我们做的报告。当时邀请福祁时，他提了一个议题：科学的危机。因为胡塞尔讲过科学的危机，而福祁博士也想讲一讲卡西尔怎样理解科学的危机。李朝东校长的研究专长是胡塞尔，他出差在外，没有办法回应此议题。所以最后建议福祁给我们讲一个通俗点的议题，人是什么？以后有机会再请福祁博士给我们讲科学危机的问题。作为对福祁上述议题的回应，我选哲学家叔本华是如何讨论人的问题来回应。我认为叔本华和卡西尔有一个共同点，就是他们都是从康德出发，他们都明确承认从康德那里继承了一些思想遗产。但是，他们各自对人的界定和理解是多么的不一样！就像卡西尔所说，我们不能用经验的方法来研究这个问题，我们必须用先验的方法。但是叔本华很多时候用到的就是经验的方法，包括生物学上很多生存竞争的例子。如果我们从纯粹西方哲学的角度来看，你会发现卡西尔更像是继承了康德的正统。叔本华则有些异端，他对黑格尔嗤之以鼻，只对康德称赞有佳，因为只有康德能被他所用。另外，卡西尔理解人更接近于符号人类学的角度，叔本华很大程度上是从个人的生命体验上来讲的。所以，叔本华、尼采这些人都很接近文学的角度，当然他们也有一些理性的论证。但我认为叔本华很像西方哲学传统的异端，是因为叔本华继承了另一个伟大的智慧传统，古代印度哲学的智慧传统。

  叔本华为什么能突破康德哲学的框架？很大程度是因为吸收了古代印度婆罗门哲学思想的智慧，也吸收了古代印度佛教的智慧。叔本华曾被誉为西方"最大的悲观主义哲学家"。根据他自己的叙述，在他6岁的时候，父母从外面散步回来了，发现他陷入绝望中。他六岁就陷入了绝望中，所以说他的天性是很悲观的。17岁的时候他的父亲自杀了，他父亲是一个富商，他母亲要比他父亲小将近20岁，她母亲是一个交际花，后来和德国大文豪歌德关系很好，歌德经常去他家聊天。在歌德的影响下，叔本华对光线、色彩以及自然科学的研究充满了兴趣。他父亲的尸体被发现的地方，是在他家仓库旁的小河沟里，这加深了叔本华抑郁的天性。所以他将自己与佛陀放在一起相提并论,他说,我17岁还没有受到多少正规教育,就在父亲死的那一年,我像青年释迦牟尼一样看到了生老病死,痛感人生的苦难。所以,叔本华理解这个存在的真相是什么?应该不是博爱众生者所造的,而是魔鬼的作品。所以这个世界是一个不完美的世界,是魔鬼的作品。大家知道,在佛教里面把它称作"五浊恶世"。叔本华的母亲对他很反感,因为他母亲是交际花,当交际花不可能是悲观的吧,如果悲观的话,谁愿意跟她在一起?叔本华的母亲抱怨叔本华总是热衷于抑郁地思考人间的苦难,快乐的事情引不起叔本华的兴趣,哪里有悲惨的天灾人祸,哪里就是他特别感兴趣的地方。叔本华专门订的报纸就是这样,哪个报纸记载的天灾人祸越多,他就越爱去看哪个报纸,他就喜欢看这种悲惨的东西。他的性格比较悲观孤僻,他生病身体不好的时候,他说恨不得用剑和毒药来结束自己的生命。他对婚姻也抱悲观的态度,他说结婚意味着尽量地做使对方讨厌的事情。他甚至向往一夫多妻制,他说一夫多妻制的许多好处之一是,做丈夫的不必与妻子的娘家亲戚们关系如此密切。他的意思是,如果你只有一个老婆,你就不得不和娘家关系密切。为什么有些男人选择独身?他的解释是什么呢?因为要跟娘家亲戚来往太恐怖,这种与娘家的"社交恐惧症",阻止了许多婚姻。所以他最后的结论是:与其要一个丈母娘,不如要十个。所以大家可以看到,他的孤僻、荒谬、不合群。一直到他成年了,他的母亲都很担心他,有时候,他一个月内不出门,把自己锁到屋子里面,不与任何人交往。他只跟他能看得起的人交往,如果看不上的人,他坚决不交往。但是他看得起的人又没几个,连黑格尔他都看不上。那谁的智力能跟他相当呢?他一辈子独身,他不想结婚,也不想见丈母娘,所以他就不结婚。他33岁的时候去追一个19岁的女歌手,但他不跟人家结婚,断断续续,恋爱关系维持了十年。过了十年之后,他又去追一个17岁的少女，叫维斯，被人家拒绝了，他就吃不到葡萄说葡萄酸，他说男人怎么能把这个腿短、宽胯骨的怪物叫做女神？后来，他就不断地跟女友约会，他的邻居女裁缝占用了公共过道，这个公共过道据说是叔本华和女裁缝两个人共用的。有一天叔本华要见女朋友，那个女裁缝在公共过道忙着，把这个空间占据了，叔本华非常生气，他可能把这个女裁缝给推倒了，她从楼梯上摔下去了，他就是这样把这个女裁缝给致残了。法院判处重额罚款，还要负责女裁缝的治疗、养老费用。20年后这个女裁缝去世了，叔本华写了六个字"老妇死，重负释"。①

　　32岁的时候，他是柏林大学没有工资的讲师，当时黑格尔已经名满天下了，叔本华偏要把他授课的时间放在和黑格尔同一时间，要和黑格尔一较高下，结果听黑格尔课的学生有三百多个，听他课的学生只有五个。自然他的课就开不下去了，那么他怎样评价黑格尔呢？他认为黑格尔的讲课是"傻瓜喜爱的最空洞无意义词语的展示，他的表述是最讨厌的胡言乱语的废话，使人想起了疯子的呓语"。他把黑格尔的讲课说成一个疯子的胡言乱语。一方面他对自己的观点很自负，另一方面他认为自己怀才不遇。他说我的精神和我的思想，对于日常生活而言，就好像把天文望远镜放在歌剧院了。歌剧院一般拿的是小倍数的望远镜，普通人用的望远镜。他说他的思想是天文望远镜，看得太远了，所以我们这些凡夫俗子都理解不了。这样他怎么可能找到朋友？他把他一起的同伴都比做了蚂蟥和青蛙，他说但愿我能祛除把一代蚂蟥和青蛙视为同类的幻觉。意思是说，如果我是叔本华的话，你们就是蚂蟥和青蛙；我的智慧就是天文望远镜，你们的智慧只是近视镜。有一次他吃饭，吃了两大碗，有一个人盯着他

---

　　① 关于叔本华的思想和轶闻的很有趣的介绍，见阿兰·德波顿《哲学的慰藉》，资中筠译，上海译文出版社2009年版，第189—223页。

看，他生气了。他说"你看啥？我的饭量是你的两倍，但是我的智慧也是你的两倍"。就是这样一个人，他认为别人都无法理解他的学说。他说他的学说是诞生在天才大脑里的，是宽脑门下炯炯有神的大眼睛像太阳的光芒一样射出来的思想，而被我们这些凡夫俗子的窄脑门一解释，尤其窄脑门下那一双患得患失鼠目寸光的小眼睛一扫描，就把他的思想彻底稀释了、歪曲了、弄走样了。而且他说，大众不喜欢看第一手的著作，只喜欢看二手的解释之作，这些庸俗的蚂蚁们的解释之作把他第一手的原创的学说彻底地曲解了。

学术界流行的看法是，康德对叔本华的思想影响最大。在我阅读叔本华的过程中，认为这个看法不太对，因为古代印度哲学的影响可能大过康德的影响。叔本华自己承认，古代印度典籍对文明的影响不亚于文艺复兴。他还说，如果大家都接受了古印度智慧的洗礼，这就是为理解他的思想所做的最好的准备。另外，歌德对光学等自然科学的研究兴趣很深的影响到了叔本华，这些科学素养对叔本华思想的影响，都没有被充分地评估。

可以说，主要是古印度的智慧影响了叔本华的学说。叔本华热衷古印度宗教，尤其婆罗门教。他每天临睡前都要读几句《奥义书》，他认为婆罗门人是最高贵、最古老的人种。有一次他雇用了好多年的一个女佣叫玛格丽特，他非常生气地要开除这个人的原因就是因为这个人拿鸡毛掸子把叔本华书房里面佛像头上的灰掸掉了。从这个细节来看，他对佛像是很尊重的。他不允许这个佣人用鸡毛掸子掸佛像，意味着不允许不尊重佛像。另外，叔本华喜欢养宠物，他比较喜欢养狗，他不喜欢跟人相处，他喜欢跟狗相处。他养死了好几条狗，但是他一直在养。他给一只白色的卷毛狗起名叫阿特曼，后来白色的卷毛狗死了以后，他又养了一条狗。邻居们把那条狗叫做小叔本华。从"阿特曼"的起名上，可以看出叔本华对古印度宗教的热衷。

有一个日本的尼姑写了一本著作，里面讲释迦牟尼出家的缘由。释迦牟尼出家之前，曾经看到一个农夫翻地，地里的虫子刚翻出来就被天上的鸟给吃了，自然界这种弱肉强食的生存竞争的残酷深深震撼了释迦牟尼的心灵。叔本华对生物界的生存竞争同样表现出浓厚的兴趣。这个哲学家阅读了很多关于动物的书籍，例如，蜜蜂、鼹鼠的习性及捕杀方法。他还读了很多关于蚂蚁、甲壳虫、蜜蜂、苍蝇、蚂蚱、候鸟的书，并且怀着悲天悯人、困惑不解的心情观察这些生物怎样全都表现出热烈而无意义的对生命的依恋，这些生物全都执着地要活。他特别同情鼹鼠，他认为这是一种发育不良的怪物，住在潮湿而狭隘的地道里，因为很少见天日，所以它的眼睛就慢慢退化。它的初生儿长得像滑腻腻的软体虫，但是就是这个滑腻腻的软体虫，还要尽一切力量来求生存和传宗接代。就像我们所说的不孝有三，无后为大，可能鼹鼠也很担心自己没有后代。叔本华对这个特别感兴趣，他对鼹鼠的评价说，鼹鼠坚持不懈地用脚挖洞，周围却是永远的长夜，他们有眼睛，却是用来避光的，什么都看不见。鼹鼠这毫无乐趣辛苦的一生究竟是为了什么？就是一辈子在用脚挖土，眼睛又看不见，这么活有什么意义呢？还有他从忙碌的蚂蚁、昆虫看到周而复始的劳动，生儿育女然后死去，他说这些动物除了饥饿和性欲得到短暂的满足外，什么都没有，最后还是死了。所有这一切究竟是为了什么？

当我们嘲笑叔本华所说的鼹鼠的时候，叔本华就说到我们身上了。他把我们看作是蚂蟥，他最想摆脱的是这些蚂蟥同类将他们看作与自己是同类的这种幻觉。也就是说，他认为人的生命并不比蚂蚁和鼹鼠高明到哪里，人一辈子忙忙碌碌的，生儿育女，然后就是死，整个世界都是如此。他甚至用了个形象的说法，星期一到星期六你的生活就是劳苦的、辛苦的，为了吃饭你要挣钱，辛苦忙碌。到了星期天，你的生活就是空虚。所以，你的整个人生就是由空虚和忙碌所构成的。在这期间你获得短暂的性欲和食物的满足，然后就悲惨地死去。这就是叔本华看世界的眼光，这就是叔本华理解的人，他看所有的生命都是这个样子，他认为人也不比蚂蚁高级到哪里。

现在我把叔本华的思想简单归纳一下，他认为整个宇宙被一种不可改变的必然性所支配，这种必然性就是所有的生物、生命盲目追求的生存意志。叔本华认为这种盲目求生存的意志并不仅限于人类，而是遍及整个动植物界的众生。叔本华曾经写过一本书叫《自然界中的意志》，整个世界就是一个盲目求生存的意志，这种意志的目的就是不顾一切地要活下来。叔本华吸收了康德的主体性视角，也就是说，叔本华不是先承认一个物质的外部自然界的存在，然后在这个前设下讨论问题。恰恰相反，外部世界的存在，相对于我们主体性的视角而言是次生的、第二性的东西。对于意识的主体性先存而言，所有的东西都要经过意识的主体性过滤才会被认知。至于意识的主体性所没有看到的世界，是存在还是不存在？不知道。即便存在，也无法知道。所以，这里面就有康德所说的人的先验范畴去看对象，看到的这个东西就是现象界，离开主体先验滤镜的对象不可能被人类认知，叫物自体。叔本华的新思想是利用印度教或佛教心物一元论的思想贯通被康德所割裂的现象界与物自体这两个分裂的东西。这种心物一元论用我的身心一体来比喻，外部宇宙相当于我的身体，支配我身体的灵魂就是支配整个宇宙的精神，这个精神就是宇宙的本质，就是盲目求生存的生命意志。叔本华就是从这个主体性的视角看待宇宙和生命的实相。从这个意义上说，整个宇宙只是这个盲目求生存的生命意志的表象和外显，而盲目求生存的生命意志才是整个宇宙的本质。所以，叔本华的哲学著作叫《作为意志和表象的世界》，世界展现为盲目求生存的生命意志的表象。

按照叔本华的说法，宇宙就是那个求生存的生命意志，宇宙就是生命意志的客体化，它的本质就是求生存。那么这个求生存的生命意志在我们每个个体身上如何表现？他说，这个求生存的生命意志最集中地表现在生殖和种的繁衍上。所以，生殖器就是这个宇宙的求生存意志的最集中的客体化。他甚至嘲讽那些认为理性是人的本质的观点，他说当性冲动来的时候任何的理性都被抛到九霄云外。而且他说性冲动是一种最强烈的冲动，很多时候理性都控制不住，所以叔本华认为理性是从属服从求生存的生命意志的。也就是说，人的本质不是理性，而是生命意志。刚才我们听到福祁博士介绍卡西尔是把人类的理性或者人类的精神符号世界作为最高的目的，作为人的崇高本质。而叔本华不是这样看待世界的，他认为非理性的意志才是宇宙的本体。那么这种非理性的宇宙意志到底是什么？我认为，这就是叔本华从古印度思想中吸收的"无明"概念的变形。这种无明导致人产生了一种对生命的贪恋，也导致了宇宙的"业力"和"轮回"。例如，刚才我们提到的鼹鼠整天用脚刨土眼睛也看不见，还要顽强的活，还要繁衍后代永不放弃，这就是古印度思想中的"无明"。然后一代一代不停的繁衍，一代一代重复同样的生活，这就是轮回。所以，这种"无明""业力"就被叔本华诠释为宇宙的盲目求生存的"生命意志"，是宇宙生命的本体和实相。所以，叔本华吸收了古代印度智慧的"心物一元"或者"梵我一体"的一元论，从本体论的角度抗拒了康德认识论的主客体二元分裂，所以叔本华所理解的本体就不是自然科学家所说的支配外部宇宙的自然规律，叔本华所说的本体就是支配整个宇宙的一种非理性的"求生意志"或"生命意志"，这种意志他认为在每个物种身上，在人的身上都体现出来，在人的身上体现的最强烈的就是生殖冲动。

叔本华举了很多例子来解释这种生殖冲动，人类误以为是为了自己而生殖，其实他只是宇宙生殖的工具。那必然性的求生意志集中表现为生殖意志,他说为什么那些个子特别小的女生总是希望去追求个子特别大的男生,而且有时候在外人看来,是那种很奇怪的"高低搭配"。高低悬殊为什么会成婚?在我们外人来看觉得不平衡,但是为什么会成婚?其实是生殖意志在潜意识的起作用。叔本华认为爱情的实质就是生殖,只不过人没有意识到或有意回避。小个子的姑娘为什么和大个子的男生恋爱经常能够成功呢?就是因为在那个男子的意识里面,或者说,其实是他的潜意识在发生作用,通过和这个小个子的女生结婚生下的小孩个子刚好匀称。假如他要找一个跟他个子一样高的,他是一个很高的姚明,再找一个跟姚明一样高的女生结婚,那么你想一下他生下的后代是啥样子?就成巨人了。再举一个例子,很多看来特别聪明博学的男人,结果他找的老婆那么庸俗,当初是怎么看上的?叔本华说其实是生殖意志,我们一般讲的要志同道合,叔本华说促使人结婚的不是志同道合,他不是用理性来考虑这个问题的,看到这个女人之后觉得这个女人能给我生一个漂亮的、健壮的、匀称的后代,我就要找她。我并不管她懂不懂哲学,有没有志同道合,而是生殖意识蒙蔽了他的眼睛,这就叫情人眼里出西施。他看着她的身体三围比例刚好给他生小孩,他就与她恋爱,生孩子,等生完之后就后悔。为什么呢?因为宇宙的这个生存意志体现为生殖意志就要繁衍种类,宇宙生命意志的目的在于繁衍种类而不是照顾个体,但是为了繁衍种类就必须通过个体进行,这个盲目求生存的意志必然性主宰在个体身上,个体眼睛就盲目了。等生下后代之后,这个宇宙意志因为已经完成了接种的任务,完成把这个种类传下来的任务了,生存意志就从个体身上削弱了,削弱之后个体的视力又恢复正常了,眼睛又恢复了正常,发现自己怎么找了这么一个庸俗的配偶,但是已经来不及了。这就是叔本华对恋爱和婚姻的理解。叔本华同样用生殖意志来解释同性恋的问题,他讲一个男人和一个男人为什么会出现这个问题，他认为是宇宙求生意志为了避免人口的增长过快或过多，男人和男人是没有结果、没有后代的。在上述所有这些解释中，有一些是具备很强的洞察力的；但是也有一些是胡言乱语。叔本华不像理性主义哲学家有很严格的论证，他有时候用诗，用比喻，或者用生动的例子，他的文风吸引了另一位大哲学家尼采。

那么在叔本华看来，人是什么？他认为人是一种不自由的、被盲目的、无明的生存意志所支配的满足性欲与饥饿欲，并从这中间获得短暂欢愉的，生殖和繁衍后代的这样一种生物。人的最强的目的就是求生存。但是因为人处于生物的最高层，所以他生存的欲望和需要是最多的，需要越多，痛苦就越多。他说一个需要被满足之后就会有新的需要产生，不可能每个需要总是都能满足，满足不了就会造成痛苦。那么历史是什么？历史就是这种生存意志的体现。为了生存，历史充满了一连串的谋杀、阴谋和抢劫，如果你看了它的一页就懂得了它的全部。历史就是一些人抢劫、谋杀另一些人而生存下去。从叔本华的这个灰色眼镜去看历史，历史就是这样。叔本华举的例子很惊人，例如，有一种澳洲的猛犬蚁，这种生物的生存意志多强大，就是人一旦把它切成两半之后，它的头和尾巴都不死，然后尾巴和头就互相进攻对方。这个头就想把尾巴吃下来给它提供营养，然后它的尾巴就特别想用刺把头刺死，它们能搏斗半个多小时，最后以一个失败或者同归于尽，或者被别的蚂蚁拖走而告终结。叔本华感兴趣的就是这样的例子，举这样的例子是为了说明支配我们的就是这种生存意志。他认为人类的历史充满了这样的生存斗争。

另外，我还想提到一个例子，就是为了生殖有些雌性动物会把雄性动物吃下去，吃下去之后给自己的后代提供营养。这样，大家可能要问一个问题，如果按照叔本华所说，生命还有什么意义？生命是不是纯粹的错误？是的，在叔本华看来，被这种盲目的生存意志、生殖意志所支配的是一种不自由的生命。那么自由的生命是什么样子？那就是摆脱这种盲目生存意志的生命。如何摆脱？叔本华提供了很多方法，包括吸收印度教和佛教的思想。当然叔本华没有明说印度教和佛教，但是叔本华提到了忍受各种各样的屈辱，对各种各样屈辱的安然处之，就是对盲目的生存意志的初步放弃。接下来他就说审美，他认为审美是一种静观的艺术，你的欲望，你的生存意志，各种欲望需要平息之后你才能欣赏到美，就像水面平静了你才能观照清楚事物。这些都是受到印度智慧的影响。换句话来解释，叔本华的意思是人在解决饥饿和生育后代之后，如果想从这种盲目的疲于奔命的生活中还能获得一些休息、安歇的话，就是你去欣赏艺术作品，比如看场电影，看场戏剧，听场音乐或者欣赏一个很好的作品。但审美的静观并不能从根本上解决问题，如果要从根本上解决问题，叔本华在《作为意志和表象的世界》中提到了两种方法，他认为宇宙生存意志最强的体现就是生殖和吃喝，那么终极的解决之道就在于：你要慢慢的绝食，放弃生殖，禁欲，最后当你不吃东西禁欲而死之后，你就彻底摆脱了盲目无明的生存意志对你的支配，你就获得了自由。我判断这是叔本华对印度教或者佛教类似"空"、"涅槃"概念的改造和曲解。

所以怎么理解叔本华关于人的界定呢？他理解的人，第一种就是像蚂蚁一样的凡夫俗子被性欲和饥饿所支配，盲目的在求生存，这种人的存在是不自由的。他理解的另外一种生命，则是从盲目的求生存意志中解脱出来的，放弃生存意志而死，这是自由的生命，就像印度教、佛教里面的圣徒或基督教的一些圣徒，摆脱了盲目必然性的求生意志的束缚。所以叔本华理解的人有不自由和自由两个层次。低层次的人被性欲和生殖意志所支配，可以在后来弗洛伊德关于人的"力比多"学说中找到知音。那么，高层次的摆脱盲目必然性生存意志支配的自由生命的状态是什么？叔本华在《作为意志和表象的世界》中指出是"追求圣道的人"。

> 追求圣道的人则绝对戒色并禁一切淫逸之乐,要散尽一切财产,抛弃任何住所、亲人,要绝对深密的孤寂,在静默的观照中度此一生;以自愿的忏悔和可怕的、慢性的自苦而求完全压制住意志。这种自苦最后可以至于以绝食,葬身鳄鱼之腹,从喜马拉雅山圣峰上坠崖,活埋,以及投身于优伶歌舞欢呼簇拥着的、载着菩萨神像游行的巨型牛车之下(等等为手段)而甘愿自就死亡。……那就是人们在读一个基督教或一个印度忏悔者或圣者的传记时,对于双方那种互相符合的地方还有不胜惊异之感。①

叔本华甚至指出,应该以印度传统中的这种苦修、禁欲精神来理解耶稣基督和基督教的精神:

> 人们就应该永远在普遍性中理解耶稣基督,就该作为生命意志之否定的象征或人格化来理解(他);而不是按福音书里有关他的神秘故事或按这些故事所本的,臆想中号称的真史把他作为个体来理解。②

叔本华关于人和人生的学说最深刻地影响了尼采。尼采有一次在书摊上买到叔本华的著作,他打开一看时,整个人就像被电击了一样。尼采叙述整个世界遮掩的幕布被拉开了,生命和生存的完整实相被清清楚楚地展示出来。叔本华这个怪异的天才吸引

---

① 叔本华:《作为意志和表象的世界》,石冲白译,商务印书馆1982年版,第532—533页。
② 同上书,第556页。

了尼采,在以后的十几天、二十几天中尼采都沉迷在叔本华著作里面了。尼采可不可能完全深刻地理解印度教、佛教的智慧呢?当然不可能。甚至叔本华都将印度教的"梵天"和佛教的"涅槃"误解为虚无,[1] 所以尼采理解的叔本华的思想就是虚无主义,李朝东老师在《形而上学的现代困境》一书中总结认为尼采以一个贵族英雄主义的激进和叔本华的悲观主义、虚无主义做了殊死搏斗,在凯撒和耶稣基督之间徘徊不已,最后产生了自己就是"超人"这样一个疯狂的幻觉。也就是说,尼采恰恰不像叔本华那样说历史中充满阴谋和谋杀,尼采认为像凯撒这样的"超人"是值得称赞和肯定的,他超越了悲观的生命,活着的时候就要活出生命的质量,去面对人类的最大危险和最高希望。也就是说,尼采提出与叔本华"禁欲的圣徒"或"追求圣道的人"相反的人格类型叫"超人",尼采强调与叔本华盲目求生存的"生命意志"所不同的"强力意志"或"权力意志"。尼采希望自己活出这样"超人"的生命,尼采在诗中说自己向最深刻处挖掘,哪怕下边是个地狱。还说自己始终踽踽独行,时而云掩,时而日出,但始终走在众人的前面。尼采提出一个与"禁欲的圣徒"相反的概念,就是"超人",后来希特勒误认为自己是超人。罗素在《西方哲学史》中对尼采的超人做了一个评价,超人是权力意志的体现者,无情、狡猾、残忍,只关心自己的权力。[2] 罗素还设想了如来佛与尼采之间关于伦理的一场对话,罗素的立场是"至于我,我赞同以上我所想像的如来佛"。[3] 詹姆士在《宗教经验之种种》中同样批评尼采,詹姆士说圣徒可以

---

[1] 见叔本华《作为意志和表象的世界》,第564页。

[2] 罗素:《西方哲学史》(下卷),马元德译,商务印书馆2008年版,第320页。

[3] 同上书,第326页。

做尼采所说的超人的事业,但是,超人做不了圣徒所做的事业。① 我的理解是因为超人不可能让自己禁欲,不可能控制自己的内心。超人可能创造功业,但是他管不住自己,管不住自己那种盲目的求生存的意志。但是圣徒同时可以做超人做不了的事情,可以管住自己。这就是王阳明所说的"除山中贼易,除心中贼难"。王阳明可以建功立业,创立功业;也可以管住自己,做圣贤圣徒的事业,所谓立德立功兼顾。

从印度教、佛教智慧传统去解读叔本华的思想,过去很少有人去做,我从这个视角出发去进行的解读可能会有一些偏颇和错讹,欢迎大家批评指正,谢谢!

马俊峰:下面是我们的提问、互动环节。在这之前,我谈一谈我的感受。石福祁教授谈到了卡西尔,我在听的过程中有三个疑问:一个就是,他提到关于卡西尔论人是什么的时候,好像不是从实体论给出定义的,而是从功能论这个角度来谈人论的。但是他讲到最后的时候,给出人是符号的动物或理性动物的时候,我觉得这又是一种实体论的界定,所以他的这种界定方式好像存在悖论,这是第一个问题。第二个问题就是他提到了一个关于学院派的问题,卡西尔想要逃离学院派,最后在他讲的过程中,好像又出现了这个学院派,还没有完全脱离这个学院派,我觉得这也是个悖论。第三个是关于实践的问题,一开始他没有提到这个问题,但是我听到他在后面讲的过程中又提到了这个问题。因为符号实际是一个中介,他提到需要通过实践的运作,使符号本身得以展现,所以在这里面还蕴含着一个实践性的问题,我觉得这里也存在这一个悖论。也就是说,这三个悖论不知道是卡西尔自身的哲学问题,还是在讲的过程中讲述的问题。以上是我提的三

---

① 威廉·詹姆士:《宗教经验之种种》,唐钺译,商务印书馆2007年版,第364—368页。

个问题。当然，石福祁教授对于卡西尔人是什么的论证是很严谨的。

接着就是关于姜老师的报告评述，姜老师对于叔本华人论的讲述视角是很幽默的。他是以对个人的生活方式进行一种切入分析来进行讲述的，实际上，如果说石福祁教授是从构叙的方式来讲述，姜老师在讲的过程当中，实际上是以叔本华个人的经历和生活方式来进行解叙，以解叙的方式来说明叔本华自身对人的一种理解。叔本华的著作和康德的著作是完全不同的著作，康德的著作有严谨的逻辑论证，而叔本华的著作不是那个样子，在某种程度上具有文学色彩。所以，这两者在风格上形成一种相互对立的样式。在我看来，叔本华在某种程度上想要对传统的理性哲学提出一种挑战，这是我的一种看法。我们听姜老师讲的时候，提到叔本华对黑格尔的一种蔑视和嘲笑。后来大家提到的哲学上的非理性主义以及后现代主义，我们可以看到在这里出现了端倪。另外，石老师和姜老师两个人的讲述都提到了自由，但是我们会发现一个是在构叙中讲自由，就是说在理解世界过程中来展现人的自由的本质；另一个则是在解叙的过程中提到关于人的自由的理解。但不管怎么说，这两个从两种完全不同的风格、不同的哲学文本里透视了关于人的问题的演讲，可以带给我们很多思考。下面把互动的时间交给大家，大家可以针对他们的演讲提问或商榷。

朱海斌：我先请问姜老师一个问题。听完您讲叔本华之后，让我想起维特根斯坦说的"哲学就是治病"。叔本华的"病"就在于，经过了初级反思之后，他会将某个东西一般化，然后认定它是本质性的东西，进而将这种规定性从这一类类推到整个世界。比如他解释人，他把人的本质看作是生存意志，然后将此推广到整个宇宙，这显然是由于最简单的初级反思导致的以偏概全而犯下的疾病。根据维特根斯坦的看法，哲学就是要治疗这种典型的理智上的疾病，我想问姜老师怎么看这个问题？

我也想问石老师一个问题。我对卡西尔不是很了解，您讲的世界理解是一个操作性概念，它是否指的是人和符号打交道的过程中符号意义得以开启的前提？或者更直接一点，人、符号和世界三者究竟是怎么关联起来的？谢谢！

姜宗强：海斌老师的问题问的特别好，大多数哲学家都有病，因为没病就当不了哲学家。大家都知道我们正常人不会去想那么怪的问题，哲学家想出来的问题都是很少常人去想的。海斌的问题给我一个启发是什么呢？就是叔本华，也许通过他自己的这些作品来治愈他自己的悲观主义的倾向，他自身的性格特质。他的著作和他个人性格的特质有很大的关系，他写这些东西，包括最后禁欲等，他自己是做不到的。在北大赵敦华老师写的《现代西方哲学新编》里，介绍叔本华的言行很不一致。在叔本华的藏书夹页里发现了一个药方子，是春药的药方子，① 他说要禁欲，讲究要做圣徒，但他自己并不禁欲。所以，如果他这是一种病，我在想，任何一种哲学或者科学里面都存在一种病。因为任何一个抽象的理论都存在极端化的倾向，都存在以偏概全的倾向，他总是要把问题讲到彻底，讲彻底之后就讲极端了，就等于给你放到放大镜下去看了。比方说，任何一个专业，你把它推向极端它就是病，如果从警察的专业来看，所有人都是罪犯；从医生的角度看，所有的人都是病人。你说眉目传情、明眸善睐，或者一见钟情，在眼科医生的专业眼光看来，可能就是一种青光眼或者白内障的疾病。我是从医学的角度打比方，不管哪个学科，推到极端都是病，推到极端有助于你把问题看清楚，但是放大镜或显微镜下的东西有可能是以偏概全。纯粹自然科学角度，或者纯粹理性哲学对人的理解角度不是病吗？叔本华就是要批评这种

---

① 赵敦华：《现代西方哲学新编》，北京大学出版社2010年版，第15页。

纯粹自然科学角度，或者纯粹理性哲学角度的人论。他说自然科学总是要把高级的东西还原成低级的东西，要把人这种高级复杂的有着精神世界的生命还原成蛋白体，还原成细胞。这种抽象和还原难道不是病吗？我认为，这是一种病。所以叔本华极端强调人的非理性是一种病，但是黑格尔那种极端的理性主义者也是一种病，黑格尔最后讲全是规律了，全是绝对精神，最后个体生命的独特性和价值又在哪里呢？所以，如果叔本华的哲学是一种带有极端性质的疾病的话，他的这种病可以消解或平衡黑格尔纯粹理性主义的极端病，这就是以毒攻毒。

石福祁：马老师的洞察力颇为深刻，提的这几个问题都非常好，也非常感谢朱海斌老师的精彩提问。我先来回答马老师的三个问题。第一个问题是：人是符号动物这样一个定义是不是仍然没有摆脱他所批评的那个实体性的定义，这样一个构建是不是也表现出一种悖论？我觉得，问题是有一点点，但是没那么严重，因为"人是符号性的动物"意味着一种实体性的定义，我们做定义的时候，不这样定义还能怎样定义呢？我认为这里涉及到对"是"这个概念的理解问题，另外涉及到具体在这个定义中是怎么样来解读人的。从第一个方面来说，如果我们仅仅是把历史上所有定义看作是一主词加谓词，通过小写的"是"来构成主谓命题的话，那就是传统意义上的一个种加属差的定义。但是我们为什么不把这里的"是"只理解为一个只具有逻辑规定性的，连接主词和谓词的逻辑词，而把它看作是一个动词性的实词呢？那么这样一来的话，我们说人是符号性的动物，就意味着说我不去考察他是什么这个逻辑问题，而是考察人何以是一个符号动物。如果我们这样去追问的话，我们就要去看人何以去"是"，人何以是这样一种动物？这就回到了他自己的活动上，或者按照卡西尔的话说，回到他自己的劳作，回到他自己的符号性意识，符号性的行为上面去了。正是在这个意义上，他自己所做的工作恰好是如此。他考察的刚好是在科学、艺术等之间符号性的意识是如何可能的，符号性的行为是如何可能的。人的符号性表现在人的符号性意识和符号性活动上。而符号性不仅仅是说我们利用符号的含义，凡是有意义的意识和有意义的活动都可以称为符号性的。但恰恰是通过一种他自己的活动，反过来说人也是这样的动物。因此他这样一种定义的方法，不论是把"是"作为另外一种理解，还是说他实际是如何来回答这个问题的，他其实并没有所谓的错误。因此这个悖论表面是有一点，但并不严重。

第二个关于学院概念，恰恰是我在今天报告中所试图说明的。因为"世界理解"概念的最终指向，是人何以为把自身确立为最高目的这一个实践问题。刚好在这个问题上卡西尔是缺失的。因此我觉得，尽管他在一定意义上摆脱了教条主义的关于人的定义的方法，但是他并没有在伦理学中开出自己的视域。我也不能认为他完全做到了康德所树立的那种世界哲学的高度，因此我觉得您的这样一种判断是成立的。

第三，涉及到对实践概念的理解问题。我有一个观点针对的就是对符号概念的实践维度的理解。我今天要讲的其实也是这样。就是说，尽管他在自己的一系列著作中间，通过解释说明这种符号性的活动是人之为人的前提所在，规定了人之为人的内涵，但是符号性所包含的实践维度，并没有发展出成熟的伦理学和实践哲学。我们只能说他包含这样的倾向，这样的潜能，这样的向度，但是它并没有完全抽离出来。我觉得这恰恰是我们今天能够从卡西尔这里出发的一个点，我们可以把符号看作一个实践性的概念，而不是一个知识性概念，问题就在于，这需要一个新的哲学奠基——这恰恰是后来许多人接着卡西尔思考的一个方向。总而言之，我觉得这三个问题非常精彩，谢谢！

朱海斌老师提的是两个问题，第一个是关于"世界理解"

的问题,第二个涉及到人、世界、符号之关系的问题。关于"世界理解"这个词,我之所以在这里说,要把它当做一个操作性的概念,实际上想表明的是,无论是在康德的这些问题之间,还是在卡西尔的符号形式哲学之间,"世界理解"都不是一个多么重要的概念。但是恰恰是这么一个不那么重要的概念,这么一个未被明确论述的概念,其实构成了他哲学背后的真正的力量。因此我认为,整个的卡西尔的哲学,不论是从他的早期、中期、晚期,还是从《符号形式哲学》的三卷本来说,其实都是从不同的方向、侧面去回答世界理解中所存在的问题。那么正是在这个意义上,我像芬克那样,把"世界理解"这个概念当做一个操作性的概念。

第二个是关于人、世界和符号之关系的问题。在这里,先不讲卡西尔,先讲洪堡。洪堡在自己的语言哲学中有一个非常重要的区分,就是说语言不是一个 ergon,而是一个 energeia。ergon 指的是一个现实的、完成了的作品,而 energeia 则是一个不断地生成着的东西,是一个不断地从潜能变成现实的东西。我们知道,这样一组概念实际上来自于亚里士多德在《形而上学》关于潜能和现实的区分。对亚里士多德来说,ergon 指的是一个不断地能够自我发生着的,能够把自己实现出来的这样一种力量。这种力量表现出来的就是一种现实。我们知道后来的中世纪哲学也正是把亚里士多德学说中 ergon 概念进一步发展成了 pures actus 这样一个概念,一个纯粹的做为。我想借用洪堡的这一个观点,说明符号其实也像是洪堡所说的像语言一样的东西。也就是说,符号不是现成的,就摆在那儿的,你直接可以拿来就用的这样一个东西。符号不是一个死的东西,不是一个工具性的存在,符号是活着的。甚至是,如果你一定要去追问,人、符号、世界之间这三者中到底哪一个更重要,卡西尔的观点是,毫无疑问,符号是第一位的,是根本性的概念,而人、世界只不过是同一个符号化的过程、同一个符号性世界中的构成要素。所以，既不存在作为一切行为和意识的发起者这样一个主体，纯粹的意识性的主体，也不存在一个赤裸裸的、没有被任何符号性的理论关照过的纯粹的、单纯的事实和世界。实际上在符号中，人自身也被符号化了，世界自身也被符号化了。因此，只要你说到人的时候，他就一定是一个符号性的人，因为你一生下来，就必须去借用符号，借用已经创造出来的符号跟人、跟世界打交道。而且，你也可以不断地去创造出新的符号来，比如说，科学研究就是一个不断地从既有的符号到不断地去创造出新的符号的过程。我创造出新的符号来，就等于说我创造了世界的新的边界，符号创作的边界到哪里，世界的边界就可以推广到哪里。因此，在符号、世界和人的关系中间，其实它是一个 trinity 关系，而不是哪个先、哪个后的问题。但是不论怎么说，对他最为重要的就是"符号"这一个概念。因此，有人说，卡西尔是一个客观唯心主义者。我觉得这种观点是对的。他的确确也没有去说人怎么样，世界怎么样，整个人和世界都是已经符号化了的，或者像他的《符号形式哲学》说的那样，符号正如玛雅的面纱，玛雅是古代印度教的一个女神，它就像一个面纱一样，罩着你，你永远揭不开这个面纱；你要揭开这个面纱，想过一个没有符号的、一种纯粹的生活，这根本是不可能的。人向来就生活在符号之中，而且，人的自由恰好就是，在有限的符号和无限的符号之间，从有限者向无限者实现超越的过程。所以用一个比较形象的话来说的话就是，符号性的意识和符号性的行为，就像戴着脚链在跳舞一样。谢谢。

胡好：两位老师好，我想提问的老师是石老师，我的一个小疑问是，当卡西尔说人是符号动物的时候，这样的提法的意义在哪里。我在想，他是针对什么问题来提出这一观点的？比如说当人和动物区分不开的时候，尤其是当现在人类学不断发展的时候，也就是说，当我们发现人和动物、人和机器、人和人工智能区分不开的时候，才需要定义什么是人。我想问的是，卡西尔提出人是符号动物这个观点时是针对什么现象，什么问题，那个问题域是什么？这是我的一个小疑问。然后就是说人是符号动物，它的优越性在哪里？比如亚里士多德就提出了人是理性的动物，马克思也说过人是社会关系的总和，卡西尔又说人是符号动物，所有这些哲学家都对人是什么做了一个定义，那在这些定义当中，他的合理性在哪里？他提出这一问题和观念，只是多增加一些看法呢，还是它真的优越一些呢？

石福祁：胡老师的问题在我理解是三个问题，第一个是卡西尔为什么会提出"人是符号动物"这样一个定义？我想这个定义不仅仅是从康德那里来的，虽然说他的思想资源是从康德那里来的。我们也可以说他是想回答康德提出的这一问题，但是我想更准确的来说，他解决这个问题是因为他所处的那个时代的环境，也就是说，在德国还存在着一些思想纷争，比如说存在主义哲学、意志哲学、生命哲学、历史哲学；同时也有很多的哲学家开始去讲，现代自然科学如此之发达，自然科学方法论越来越渗透到人文科学之内，甚至原来我们认为像心理学这门学科属于哲学领域，但现在都不复存在了，当实验心理学已经完全占据了我们的地盘，那人文科学和哲学的地位何在？如果这样一个地位不在的话，那怎么样去理解人，这个人完全就被理解为一个经验性的动物，我们完全可以把人当做一个唯物主义的存在，不当做一个精神的存在。所以我觉得，卡西尔来回答这些问题，他的思想资源是康德的，但是他真正的压力、推动力是时代给他提出的要求。作为依据，比如说，在同时代的马克思、舍勒，还有齐美尔、狄尔泰，甚至是西南学派的文德尔班这些哲学家的表述中间，都可以找到一个共同的迫切的问题，就是科学勃兴了，越来越占据了精神的地盘，人的地位何在？人到底是什么？比如说齐美尔回答这个问题很有意思，他就发展出来了货币哲学、各种各样的形容词哲学，但在他看来人最重要的问题就是，人已经是被分化在各种不同的领域之内了，但是人本身却不见了，因此他说人在古代的时候可以用自己的一生掌握这样或那样的知识，人可以把所有的智慧都集于一己之身，但现在不可能了，我们人完全被锁定在了一个人类知识的一个狭小的角落里面，已经出不来了，那么人怎么办？因此我觉的，回答"人是什么"这一问题其实更是时代的一个问题。

第二个问题是，"人是符号动物"这样一个定义何以与其他的定义，比如说"人是语言动物""人是社会的存在"这些定义区分开来。我觉得这个区分开的东西，或者也是与第三个问题相关的，属于他的独特的东西，其实就是，"符号性"的这样一种定义具有更强的包容性。我们知道，卡西尔所出身的马堡学派最初的奠基者其实都是自然科学家，我们知道的那些物理学家，比如说赫尔姆霍兹，其实都可以被看做是早期新康德主义的杰出代表。对于科学来说，符号是一个概念，显而言之，是一个非常非常重要的概念，按照迪昂的说法，不存在一个赤裸裸的现实，如果没有符号的话，根本就没有任何的科学理论可言。科学理论就是符号自我延伸、自我发展的过程，这是一个非人化的过程，甚至是，有时候我们不知道现实在什么地方，我们先用符号发展出来一套科学理论，然后再去实验中间寻求它的证实和对应物。所以科学的发展过程，完完全全是符号理性所自我延伸的过程。卡西尔的出发点就是在这个地方，也就是说，他一开始是作为一个自然科学家受到训练的，在后来他又逐渐接受了人文主义的影响，主要是歌德的影响，当然还有哲学这方面来自康德的影响。因此，用"符号性"这一概念作为一个定义的区分项，实际上把自然科学、人文科学在内的所有文化现象都包含在里面了。

当然，我们一定要回到"什么是符号"上去。"符号"这个概念，这个词，在古代的意思其实就是指把两个分开的东西重新结合在一起。比如说，古希腊人做生意的时候，先把一个硬币一掰为二，然后给两个人一人一半，交易的时候两个再对到一起，所给的是真实的，这个交易就可以做了。因此，"符号"这个词它最原始的含义就是指，一个感性的、部分性的东西却能够承载一种超越部分的、整体性的意义。因此，不论是自然科学中的符号，还是比如说宗教艺术中间表达象征意义的符号，还是说更为大一点的符号，它都具有这种作为部分，作为感性的一种存在，作为有限的存在，同时能够把一个非感性的整体意义承载于自身的这样一种特性。这样一种在部分中间蕴含着整体，在感性之间蕴藏着意义的现象，在卡西尔这里叫做"符号性的孕义"，就好像说在一个现象中间，意义本身先天地就像一个母亲孕育小孩一样被孕育到中间去了。我们说它是感性的，理性的，或者是在先的，在后的，都是事后的区分。所有的这些我们所说的可以区分开来的东西，它都是以一种方式从一开始就结合在一起了，这就是我们人类文化的一个原初现象。这也是我们讨论一切文化现象的出发点。因此我想在这里回答胡老师的第二个和第三个问题，也就是说他的这个定义的区分项，或者是他的这个优势表现在哪里，那么我简单来说就是，这是跟他第一个问题相关的，他的问题的出发点是，怎样融合人文科学和自然科学的紧张关系，而他采用的思想资源就是，符号也恰恰是能够覆盖到自然科学的现实和人文科学的现实的这样一个概念。我的回答就这样，谢谢。

贾克防：谢谢两位老师的精彩演讲，真是受益匪浅！我有两个困惑想向两位老师请教。第一个是关于叔本华的"宇宙是一个意识"的问题。我们在这个意识的本体论的面前，似乎一直这样，另一方面个体的意志是引领我们的自由，而引领我们个人的意志的也是一个意志本体的部分，所以我们个体意志追求自由的这种企图，是一种必然，还是一种追求的自由监督？我们都活在这个巨大的意识本体里面，所以，按照姜老师讲的，叔本华他应该是最后要追求的还是解脱、自由。我好奇的是，对于叔本华来说，他追求的自由究竟有何价值？因为，按照这种本体论的设定，我们完全是意志本体的必然产生，我们也不可能超出去，那我们怎么能有自由？那么自由还有什么值得我们追求的？它值得我追求，它的价值是什么？它的来源是什么？希望姜老师进一步再解释一下。

第二个是向石老师请教。卡西尔特别强调符号，认为"人是一种符号动物"，原因在于，他认为人之为人，最核心的东西，就是这个"精神做为"。可以看出，他特别强调精神性的方面。从我们的直觉来看，一个明显的事实是，我们都是通过感性知觉来与世界打交道的。哪怕是符号，我们也是通过感性的符号进行交流、思考，符号本身是感性的，因而也就是物质的。另外一个是关于我们的身体，我们的精神显然是依赖这个身体的。我好奇的是在卡西尔那里怎么放置物体性的东西，怎么放置我们的身体？他会不会把物体、身体放置在非常末端的位置？谢谢两位老师！

姜宗强：克防老师提出了一个非常好的问题，这也是我非常想研究的问题。因为叔本华思想里面印度思想的来源很重要，但很少有人去研究，大家主要从康德等西方哲学的主线去理解他。但是叔本华本人承认印度智慧传统的重要性不亚于西方的文艺复兴；并且要读懂他的书，首先需要接受印度智慧的洗礼。那么叔本华关于个人的自由到底是什么呢？首先，他认为一般的俗人受到宇宙盲目必然性的求生意志或者生命意志的支配，这种盲目必然性在人身上最集中体现为饮食和生殖意志，就是食色，尤其是生殖冲动。举个例子，普通人难以克制食色冲动，宗教圣徒如果把这个生殖意志、吃饭的意志消解掉，彻底平息之后，就会有一种新的意识出现。在普通人那里，你可以理解为这就是美学里面的审美静观意识，这个意识可以让你获得暂时的解脱和自由，甚至可能是非常愉悦的审美意识体验。但是这个里面也有矛盾，比如说盲目必然性的求生意志、生殖意志或者生命意志是宇宙的主宰，这种意志来的时候就把你的认识冲昏了。如性冲动来的时候，理性的东西就没有了。那么，个人的小的意识是怎么和宇宙盲目必然性的这个大的求生意志、生殖意志相对抗呢？这是一个很古老的问题，必然性与个体的意志自由的问题。我只能说，叔本华的回答很模糊，首先他强调宗教圣者有可能达到这种自由，唯一能经常安慰我们的一个考察就是考察圣者的生平及其行事。① 其次，关系我们对终极实体——"无"的理解，在叔本华《作为意志和表象的世界》结尾有这么一段话："我们却是坦率地承认，在彻底取消意志之后所剩下来的，对于那些通身还是意志的人们当然就是无。不过反过来看，对于那些意志已经倒戈而否定了他自己的人们，则我们这个如此非常真实的世界，包括所有恒星和银河系在内，也就是——无"。② 这里的"无"到底是什么？在叔本华给这段话的注释中指出这个"无"正是"佛教徒们的禅波罗蜜，是'一切知的彼岸'，亦即主体与客体不再存在的那一点"。③ 我理解这段话中叔本华的意思，对于第一种"那些通身还是意志的人们"，也就是凡夫而言，这里的"无"意味着死亡。但是，对于另一种"那些意志已经倒戈而否定了他自己的人们"，也就是觉悟了的宗教圣者而言，这里的"无"意味着"佛教徒们的禅波罗蜜"，实际上类似佛教"空"的概念，应是超越了生死界限、超越了主客认知，却又包括了整个浩

---

① 叔本华：《作为意志和表象的世界》，商务印书馆1982年版，第563页。
② 同上书，第564页。
③ 同上书，第564页下脚注。

瀚的星空和宇宙的"空"。这个"空""无"到底是什么呢？叔本华本人的答案是"'一切知的彼岸'，亦即主体与客体不再存在的那一点"。我的理解，这个在佛教来讲是最基本的东西，就是佛教讲的"万法唯心"的"宇宙之大心"，就是作为宇宙本体的终极"佛性""真如"。如果"轮回"是宇宙盲目的生存意志，自由就是跳出"轮回"这种盲目必然性藩篱的"觉悟心"。叔本华所谓摆脱这种盲目生命意志支配的自由，翻译成印度教、佛教的语言，就是跳出生死轮回的藩篱，达到对生命本质的自觉的觉悟，这就是佛教理解的意志自由。印度教、佛教这一番语言思想经叔本华改头换面后就扭曲变形为"追求圣道的人"或"宗教圣者"绝食禁欲而亡的"自由"了。至于"宇宙大心"与"个体之心"的关系，可以用中国哲学家陆九渊的话"宇宙便是吾心，吾心便是宇宙"来理解。这是另一个问题，这里不便赘述。我觉得克防提的这个问题特别好，有助于我们进一步厘清叔本华的哲学思想与古老印度智慧的深层联系和区别，谢谢！

石福祁：一个精神问题，一个身体问题。精神是什么呢，这个对于德国来说好像是一个不需要问的问题。但从卡西尔那里给一个定义的话，可以说精神就是能动性的活动。能动性的活动当然就是自由的活动，谁的自由？——人的自由。人的能动性活动在卡西尔的体系中表现为三个阶段，第一阶段是表达，第二阶段是表象或再现，第三个阶段是纯粹的旨义。也就是说，在第一个阶段中，主体与客体、人和对象之间，事物的里外之间、表层和内层之间这些区分都是不存在的，所有的事物都是融为一体的。第二个是表象，比方说语言就是表象，我可以用一个词语来表象一个对象，对象不在场时我可以用词语去指称它。第三个阶段是纯粹旨义的阶段，分配给一个符号以特定的意义，指的主要是抽象知识中的符号功能。精神的三个阶段是三种不同的功能，这就涉及到第二个问题，身体问题。实际上在卡西尔的体系中，它是放在第一个阶段来说明的。在他看来，历史上所讨论的比方说灵魂和精神的二元论问题都是不成立的，因为身体是一个完整的表达现象，你不能在身体中间找出哪些是精神的，哪些是非精神的，哪些是里，哪些是外；或者说，即使你一定要找出来的话，那一定是说，精神它不过是种索引，而身体不过是精神的一种事实，实际上它是一种原始现象。那么，关于身体的这一部分，实际上就是在这三个不同类型之间的第一种类型中来加以说明的。

马俊峰： 由于时间关系，互动环节到此结束，非常感谢大家的积极参与，也感谢中和集团洪涛董事长的支持，感谢李校长！谢谢大家。

（主讲人：石福祁　姜宗强）

后　记

以下文字是我和姜宗强教授为某媒体合写的文字，记述了我们对"中和论道"的定位与期许，现摘录如下：

经典著作记载着人类文明革新与述旧的痕迹，彰显着人类智慧超拔与沉潜的伟力，人类无论是高视阔步地恣意前行，还是瞻前顾后地徘徊与趑趄，经典著作总是如影随形，调校着道路的方向，拓展着行走者的路标，延伸着思想者仰望长空时那一道似有还无的天际线。诠释和传播经典著作，既是对思想的致敬，也是思想启迪思想、生命点燃生命、话语激发话语的过程，每一个参与其中的人都被那种虔诚的诉求和神圣的使命所簇拥——于是，与经典的对话绝不是言笑晏晏的流俗之论，更不是做挥麈之谈的故作高深，而是命运的交托与灵魂的嘱咐。

兰州中和集团与西北师范大学哲学学院、社科处和教师发展中心联合举办的哲学沙龙——"中和论道"——肇始于2015年秋季，每两周举办一次（每周二晚7点半），至今已27期。每一个静影凝碧的冬夜，在演讲者的口中，孔子、老子、释迦牟尼、朱熹、王阳明、黄宗羲、顾炎武等等诸位先贤越过时间的藩篱与我们一一照面；每一个繁星满天的夏夜，通过思想者的绎解，苏格拉底、柏拉图、亚里士多德、奥古斯丁、孟德斯鸠、卢梭、康德、黑格尔、马克思、胡塞尔、海德格尔等等诸位名哲跨过学科的畛域与我们亲切交谈。

在这里，有发言，有提问，有辩论，有互动；在这里，我们思考，我们感悟，我们成长，我们超越；在这里，演讲者放言高论，聆听者恂恂而坐，提问者飞辩骋词，回答者知无不言。在这里，辩论场上唇枪舌剑互不相让的双方往往于散场时拱手一笑、相忘于师大校园。一句话，在这里，高天的流云与联翩而来颉颃而去的学子，落地无声的秋叶与侃侃而谈浑然忘我的人们，都是那样的真诚与自然。

我们西北师范大学哲学学院尚处于肇造之初，一切建院事宜都是我们西师哲学人长念却虑、手胼足胝地渐次达成的。个中的艰难与辛酸，唯有亲历者才能一一体味。幸运的是，一系列以"思想"的名义去领受的事业赐予了我们这些"思想"的爱好者最高贵的赠礼，使得我们能够坚定地走在学术的道路上。"中和论道"就是这当中最纯粹的一项思想事业，洪涛董事长的高掌远跖与学人情怀；西北学者的孤怀独抱与学术自识；西师学生的淳朴真诚与学而不厌……每一次加入其中或是驻足凝望，我们的内心都会生出一种"吾道不孤、大道如砥"的感慨。

此外，本书得以出版，还要感谢西北师范大学"经典诠释"专业 2018 级博士生高永德同学、"外国哲学"专业 2017 级研究生于宝山同学，他俩先期整理好了本书的文字部分。书中涉及到的主讲人则在这一文字稿的基础上作了进一步的修订，于此一并感谢！

师庭雄

2019 年 6 月 12 日于西北师范大学哲学学院